ZEN Y EL ARTE DE CAMBIAR EL MUNDO

THE WOODS OUT BACK

THICH NHAT HANH

Zen
y el arte
de cambiar
el mundo

Edición y comentarios
de la hermana True Dedication

**Meditaciones, historias y reflexiones
para salvar al planeta y a la humanidad**

URANO

Argentina – Chile – Colombia – España
Estados Unidos – México – Perú – Uruguay

Título original: *Zen and the art of saving the planet*
Editor original: HarperCollins*Publishers*
Traducción: Begoña Laka Mugarza

1.ª edición Abril 2022

ISBN: 978-84-17694-57-9
E-ISBN: 978-84-19029-17-1
Depósito legal: B-3.528-2022

Fotocomposición: Ediciones Urano, S.A.U.

Impreso por: Rotativas de Estella – Polígono Industrial San Miguel Parcelas E7-E8
31132 Villatuerta (Navarra)

Impreso en España – *Printed in Spain*

ÍNDICE

PREFACIO   9

INTRODUCCIÓN   15

PRIMERA PARTE
UNA VISIÓN PROFUNDA RADICAL:
UNA NUEVA FORMA DE MIRAR   21

SEGUNDA PARTE
LA DIMENSIÓN DE LA ACCIÓN:
UNA NUEVA FORMA DE VIVIR   83

REVERENCIA POR LA VIDA:
LA NO VIOLENCIA ES UN CAMINO, NO UNA TÁCTICA   97

SIMPLICIDAD PROFUNDA: ERES BASTANTE 119

EL COMBUSTIBLE CORRECTO:
CUIDA TU MENTE, ALIMENTA TU ASPIRACIÓN 145

DIÁLOGO VALIENTE: EL PODER DE LA ESCUCHA 175

AMOR VERDADERO: ¿ES REAL? 207

TERCERA PARTE
COMUNIDADES DE RESISTENCIA:
UNA NUEVA FORMA DE ESTAR JUNTOS 233

EPÍLOGO. 271
PALABRAS FINALES: *TÚ ERES EL FUTURO*. 277
AGRADECIMIENTOS 281

PREFACIO

Hermana True Dedication

Thich Nhat Hanh (o *Thay*, como le llamamos) es un poeta, erudito, activista por la paz y maestro zen: un hombre de acción. Encarna un compromiso inspirador, decisivo, compasivo y valiente que nace de una serena y profunda visión. Thay enseña que meditar es «contemplar profundamente el corazón de la realidad, ver lo que otras personas no pueden ver». Y añade: «Cuando se ha visto, debe pasarse a la acción. De no hacerlo, ¿de qué sirve esa visión?».

Este maestro, monje durante casi ochenta años, ha descubierto vías asombrosas para combinar la práctica de la meditación y la plena consciencia con acciones extraordinarias en bien de la paz y la justicia social. Ha dedicado toda su energía vital a formar a futuras generaciones de budistas comprometidos, y ha contribuido a construir comunidades de vida consciente que serán catalizadoras del cambio en el mundo.

En la década de 1960, antes de viajar a Occidente para abogar por la paz, Thay creó un movimiento en Vietnam compuesto por miles de jóvenes trabajadores sociales. Como líder del cambio social no violento, colaboró con Martin Luther King, con quien compartía la necesidad de crear una «amada comunidad» que trascendiera la división, la discriminación y el odio, una comunidad en la que se materializara una verdadera reconciliación entre todas las personas y todas las naciones. En la década de 1970, con ayuda de amigos y colegas, rescató a refugiados que huían de la guerra en alta mar, frente a las costas de Singapur, e impulsó una de las primeras conferencias internacionales sobre el medio ambiente en Europa. En los años posteriores, Thay formuló un método para enseñar y aplicar la plena consciencia en la vida diaria que fuera accesible a millones de personas. Ha expuesto su visión de un liderazgo compasivo a políticos, empresarios, educadores, activistas, y recientemente a los CEO de Silicon Valley. Partiendo de su vivencia directa, y a menudo dolorosa, de tiempos agitados y polarizados, ha desarrollado un sencillo y profundo código para una ética global que nos ofrece una orientación clara a fin de guiar nuestro camino.

Hoy en día nos enfrentamos a una importante encrucijada de crisis diversas: la destrucción ecológica, el colapso climático, la creciente desigualdad y explotación, la injusticia racial y el impacto duradero de una pandemia devastadora. La situación es más que urgente. Para hacer frente a estos retos con nuestras mejores herramientas, debemos encontrar maneras de reforzar nuestra claridad, compasión y valor. Practicar con solidez la meditación y la plena consciencia no nos proporciona un opiáceo para escapar de la realidad, sino la manera de calmar nuestra mente y contemplar con hondura a fin de vernos y ver el mundo con claridad. Desde la base de esta claridad, de esta visión profunda, podremos adoptar las acciones más adecuadas y efectivas para transformar la situación y crear una cultura regenerativa que respete toda forma de vida.

Thay nos dice: «El mundo no necesita más ideologías, más doctrinas, sino un despertar que renueve nuestra fuerza espiritual». Este libro, editado por sus discípulos, recoge sus enseñanzas más inspiradoras y adecuadas a las generaciones futuras y una guía para seguir esforzándonos en ayudar a la sociedad y al planeta *de forma que no quedemos exhaustos* en el camino. Thay nos pidió ya hace una década que empezásemos a trabajar en este libro, y nos hace muy felices haber hecho posible la publicación de este volumen que recoge sus poderosas enseñanzas zen sobre la ecología profunda, la acción comprometida, la construcción de comunidades y el despertar colectivo que él expresó en charlas, escritos, entrevistas y sesiones de preguntas y respuestas. Thay propone una ética práctica, cotidiana, que pueda guiar nuestras decisiones y actos, transformar hábitos diarios que nos bloquean y hacer que vivamos cada instante con alegría y un propósito. Thay nos dice que, sin una ética como esta, sin una dimensión espiritual que guíe nuestra vida cotidiana, lo perderemos todo.

Muchos de los que hemos vivido con Thay y nos hemos formado con él tuvimos ocasión de experimentar sus enseñanzas de forma directa antes del grave accidente cerebrovascular que sufrió en 2014. Él nos nutrió, nos retó, nos animó e incluso nos regañó a veces. Era tan tierno como un abuelo, tan fiero como un guerrero. A veces nos movilizaba y nos convertíamos en algunos de los muchos brazos con los que contaba para actuar y comprometerse en el mundo. Y fuera cual fuera la tarea, debía ser llevada a cabo de inmediato (aprendí que una joven estudiante nunca debía preguntarle a su maestro si estaba seguro). En un auténtico estilo zen, a veces nos exhortaba: «No se limiten a hacer algo, ¡siéntense!». Otras veces nos llamaba por nuestro nombre, nos hacía levantarnos del cojín, salir de la sala de meditación y concluir una tarea urgente que habíamos dejado inacabada. Si la acción apremiaba, nos recordaba, con una tierna sonrisa y ojos brillantes, que el ser humano puede sobrevivir varios días sin comer, que no había por qué parar para almorzar. Pero en otras ocasiones en las que el duro trabajo nos hacía olvidar la hora de la comida, se dirigía a la cocina sin decir nada y nos preparaba una sopa caliente.

Es difícil expresar con palabras la luz, la compasión de Thay, su mirada brillante, penetrante. Es difícil describir su dulzura, su calidez. Es difícil explicar el gran amor y confianza que ofrecía, de forma incondicional, a toda persona que se considerara su discípula. Thay nos alienta a soñar sin miedo en una forma completamente nueva de vivir, de actuar, a no tener nunca miedo de soñar. Y nos recuerda que trabajemos unidos, nunca en soledad, pase lo que pase. Como compañeros de camino, les invitamos a unirse a nosotros en un viaje al corazón de sus enseñanzas sobre el zen y el arte de salvar el planeta.

—————————*t.d.*

Hijo mío, te he estado buscando
desde el tiempo en que montañas y ríos aún estaban sumidas
en la oscuridad.
Te buscaba cuando aún yacías en un sueño profundo,
a pesar de que el repetido sonido de la caracola
ya había resonado en las diez direcciones.
Desde nuestra montaña ancestral oteé tierras lejanas
y reconocí tus pasos sobre innumerables caminos.
¿A dónde vas?

En vidas anteriores me tomaste muchas veces de la mano
y juntos disfrutamos caminando.
Largas horas nos sentamos al pie de los viejos pinos.
Sentados lado a lado, en silencio,
escuchábamos la dulce llamada del viento
y contemplábamos el pasar de las blancas nubes.
Para mí recogiste la primera hoja roja del otoño
y yo te guie a través de bosques sumidos en la nieve.
Pero por mucho que nos alejáramos, siempre regresamos
a la montaña ancestral para estar cerca de la luna y las estrellas,
invitar cada mañana el sonido de la gran campana
y ayudar a todos los seres a despertar.

EXTRACTO DEL POEMA EN EL LINDERO DEL BOSQUE
Thich Nhat Hanh.

Ahora
es el momento.
Es esto

INTRODUCCIÓN

La belleza de la Tierra es una campana de plena consciencia. Si no eres capaz de verla, debes preguntarte por qué. Tal vez algo esté bloqueando el camino. O tal vez estés tan ocupado buscando otras cosas que no puedes escuchar la llamada de la Tierra.

La Madre Tierra nos dice: «Hijo mío, estoy aquí para ti. Te ofrezco todo esto a ti». Es cierto. Los rayos de sol, el canto de los pájaros, los claros arroyos, las flores del cerezo en primavera y la belleza de las cuatro estaciones: todo está ahí para ti. Y si no puedes ni verlo ni oírlo, es porque tu mente está demasiado llena.

La Tierra te dice que está ahí, que te ama. Cada flor es una sonrisa de la Tierra. Te está sonriendo, pero no quieres devolverle la sonrisa. El fruto que sostienes en la mano (quizá una naranja o un kiwi) es un regalo de la Tierra. Pero, si no sientes gratitud, es porque no estás ahí para la Tierra, para la vida.

Una condición esencial para oír la llamada de la Tierra y responder a ella es el silencio. Si no hay silencio en ti, no podrás oír su llamada: la llamada de la vida. Tu corazón te está llamando, pero no lo oyes. No tienes tiempo para oír tu corazón.

La plena consciencia nos ayuda a alejar las distracciones y regresar a la respiración. Prestar atención a la inspiración y a la espiración basta para detener el pensamiento y despertar, en unos segundos, al hecho de que estamos vivos, de que respiramos, de que estamos aquí. Existimos. No somos no existentes. «¡Ah! —exclamamos al darnos cuenta—. Estoy aquí, estoy vivo». Dejamos de pensar en el pasado, dejamos de preocuparnos por el futuro, centramos la atención en el hecho de que estamos respirando. Gracias a la respiración consciente, nos hacemos libres. Somos libres para estar aquí: liberados del pensamiento, de la ansiedad, del miedo, del continuo esfuerzo.

Cuando somos libres, podemos responder a la llamada de la Tierra: «Estoy aquí, soy uno de tus hijos». Nos damos cuenta de que hacemos parte de ese milagro. «Soy libre, libre de todo lo que me impide vivir de forma plena. Puedes contar conmigo».

Cuando despiertas y ves que la Tierra no es tan solo el medio ambiente, que la Tierra *es* nosotros somos, experimentas la naturaleza de interser. En ese instante logras una *verdadera* comunicación con la Tierra. Esa es la oración más sublime. En esa relación está el amor, la fuerza y el despertar que necesitas para cambiar tu vida.

La verdad es que muchos de nosotros nos hemos alejado de la Tierra. Olvidamos que estamos vivos, aquí, sobre este hermoso planeta, que este cuerpo es un milagro que nos ha sido dado por la Tierra, por todo el cosmos. Y la Tierra ha podido generar la vida porque ella, también, contiene elementos no Tierra, como el Sol y las estrellas. Los seres humanos estamos hechos de estrellas. La Tierra no es solo la Tierra: es el universo entero.

La discriminación solo desaparecerá cuando logres esta visión correcta, profunda, y así habrá una comunión profunda entre tú y la Tierra. Y de esa comunión nacerán infinidad de cosas positivas. Trasciendes la mirada dualista sobre todas las cosas, la idea de que la Tierra es tan solo el medio ambiente, que tú eres su centro y que solo quieres actuar en bien de la Tierra para que *tú* puedas sobrevivir.

Cuando inspiras y eres consciente de tu cuerpo, lo observas profundamente y te das cuenta de que *eres* la Tierra, de que tu consciencia es la consciencia de la Tierra, una consciencia liberada, libre de toda discriminación y visiones erróneas, estás haciendo lo que la Tierra espera de ti: despertar, ser un buda para poder ayudar a todos los seres vivientes no solo sobre la Tierra, sino, incluso, sobre otros planetas.

Mi generación ha cometido muchos errores. Hemos tomado prestado de ti este planeta y lo hemos dañado, destruido. Ahora, al ofrecértelo, nos sentimos avergonzados. No es lo que quisiéramos darte. Recibes un hermoso planeta herido, maltrecho. Te pedimos perdón. Como miembro de la generación anterior, yo espero que la generación más joven reaccione cuanto antes. Este planeta te pertenece a ti, generación futura. Tu destino y el destino del planeta están en tus manos.

La nuestra es la generación del préstamo, del crédito. Cada vez que deseamos algo que no podemos permitirnos, como una casa o un automóvil, confiamos en nuestro cuerpo y en nuestro trabajo futuro para saldar la deuda. Tomamos prestado sin saber si podremos amortizar la deuda algún día. Es decir, nos tomamos en préstamo a nosotros mismos, a nuestra salud y al planeta. Pero este planeta no puede soportarlo más. El préstamo que hemos tomado de nuestros hijos, de nuestros nietos, es demasiado grande. Este planeta, las generaciones futuras, son también nosotros mismos, no estamos separados. Somos el planeta, somos también las nuevas generaciones. Y lo cierto es que no queda ya mucho de nosotros.

Es crucial despertar y darnos cuenta de que ya no *necesitamos* tomar nada en préstamo. Todo lo que está a nuestra disposición aquí y ahora *ya* es suficiente para alimentarnos, para ser felices. Y ese es el milagro de la plena consciencia, la concentración y la visión profunda: darnos cuenta de que podemos ser felices con todo lo que ya tenemos, que no necesitamos esforzarnos por conseguir más explotando el planeta. No necesitamos tomar nada prestado. Despertar a esta realidad es la única manera de detener tanta destrucción.

No es una tarea que haya que realizar de forma individual. Debemos despertar juntos. Si lo hacemos, tendremos una oportunidad.

Nuestra manera de vivir y de planear el futuro es lo que nos ha llevado a la situación actual. Ahora debemos mirar con hondura para encontrar la salida y hacerlo de forma colectiva, como especie, no de forma individual. Ya no puedes poner tus esperanzas solo en las generaciones anteriores. Muchas veces digo que un buda no es suficiente: necesitamos un despertar colectivo. Todos debemos convertirnos en budas si queremos que este planeta tenga alguna posibilidad.

En
silencio,
mira

PRIMERA PARTE

UNA VISIÓN PROFUNDA RADICAL:
UNA NUEVA FORMA
DE MIRAR

¿Estás sentada cómodamente?

Hermana True Dedication (T. D.)

Thay lo dice muy claro: hay algo que podemos cambiar, algo que marcará la diferencia, y es nuestra mente. La mente es el instrumento con el que nos relacionamos e interactuamos con el mundo; es el receptáculo de nuestra desesperación, nuestros miedos, nuestras esperanzas y nuestros sueños. La forma de observar de la mente determina las decisiones y acciones que adoptamos o que evitamos, cómo nos relacionamos con los seres que amamos o a los que nos oponemos, cómo respondemos ante una crisis. En el budismo, se suele decir que creamos el mundo con la mente. Nuestras percepciones están condicionadas por la lengua, por la cultura y por la tendencia de la sociedad a clasificar la realidad en casillas y categorías que, sencillamente, no encajan. Estas etiquetas discriminatorias limitan nuestra claridad y nuestras acciones para proteger el planeta y nos impiden vivir en armonía unos con otros y con el mundo.

Puede que deseemos que el mundo despierte y actúe. Pero, ¿qué clase de despertar sería realmente útil? ¿A qué necesitamos despertar?

En el budismo se considera que hay dos niveles de verdad: el nivel de las etiquetas y las apariencias, llamado *verdad convencional*, y un nivel de realidad más hondo que se conoce como *verdad última*. Thay nos enseña que, si queremos ayudar a la sociedad y al planeta, debemos despertar a lo que ocurre en ambos niveles de verdad.

En muchas de las charlas que dio en Plum Village (el centro internacional de práctica y monasterio que fundó en el suroeste de Francia), Thay nos habló de uno de los textos del budismo zen más antiguos y poderosos: el *Sutra del diamante*. Es el primer tratado mundial sobre ecología profunda, un tesoro del legado de sabiduría colectiva de la humanidad. Este sutra tiene su origen en el noreste del continente indio entre los siglos II y V d. C. En las remotas cuevas de Dunhuang, el punto de entrada en China de la antigua Ruta de la Seda, se encontró un rollo del siglo IX del *Sutra del diamante* impreso en papel hecho con corteza de morera y cáñamo. Es el libro impreso más antiguo que se conoce. Hace cinco años, con ocasión de una serie de charlas que dio en Londres, Thay nos llevó a varios monásticos a contemplar ese rollo en el Museo Británico. En la actualidad, la sabiduría puede ir más allá de geografías y generaciones.

Como descubrirás en las páginas que siguen, el *Sutra del diamante* nos ofrece una contemplación profunda que supone transformar de forma radical nuestra forma de ver el mundo. Nos propone una meditación en cuatro partes para acabar con nuestro relato de lo que la vida es o no es y así aproximarnos al nivel más profundo de la realidad tal como es. Su nombre en sánscrito es *Vajracchedika sutra*, «el rayo —o el diamante— que corta toda ilusión». Aplicar las enseñanzas del *Sutra del diamante* nos proporciona una inmensa fuente de energía y claridad para adoptar acciones correctas.

Detenerse y dar un paso atrás es muy difícil. Incluso puede darnos miedo. De hecho, no es frecuente tener una oportunidad de cuestionar las creencias firmemente arraigadas que la sociedad imprime en nosotros. Por ello, puede que te apetezca leer las siguientes páginas de forma pausada, tomándote tiempo para descubrir cómo puedes aplicar en tu vida diaria la nueva visión que te proponen. Tal vez quieras salir a dar un paso y generar espacio suficiente a fin de contemplar estas ideas, o puedes hacer anotaciones en un diario a medida que avanzas. Thay nos recuerda siempre estas palabras de Buda: «Hagas lo que hagas, no creas lo que digo. Ponlo en práctica y compruébalo por ti mismo».

¿Preparado para algunas verdades?

———————————*t.d.

Trueno de primavera

Muchos de nosotros apenas estamos despiertos. Vivimos en este mundo, pero no lo vemos. Vivimos como sonámbulos. Despertar es, en primer lugar, despertar a la belleza de la Tierra. Despiertas al hecho de que tienes un cuerpo, de que este cuerpo está hecho de Tierra, de Sol, de estrellas. Despiertas al hecho de que el cielo es hermoso, de que nuestro planeta es una joya del cosmos. Tienes una oportunidad para ser hijo, hija del planeta Tierra y de caminar sobre este planeta extraordinario.

En segundo lugar, despertar significa despertar al sufrimiento del mundo. Despiertas al hecho de que la Tierra está en peligro, de que los seres vivos están en peligro. Quieres encontrar formas de aportar alivio, sanación y transformación. Para ello, necesitas una enorme fuente de energía. Si te habita un gran deseo, una mente de amor, esa energía te ayudará a emprender estas dos acciones: despertar a la belleza del planeta para sanarte, y despertar al sufrimiento del mundo y tratar de ayudar. Si posees esa fuente de fortaleza, si tienes esa mente de amor, eres lo que podemos llamar *un buda en acción*.

Si ya has visto el sufrimiento del mundo, pero aún no has cambiado tu forma de vivir, tu despertar no es lo suficientemente profundo. No has despertado todavía. En el zen, en ocasiones, el maestro o la maestra pueden gritarte o pegarte para que despiertes: harán lo que sea necesario para ello. El grito de un maestro zen es como el estruendo de un trueno en primavera. Te despierta, y la lluvia que sigue hace que se abran las flores.

Necesitamos un despertar *real*, una iluminación real. No bastan nuevas leyes, nuevas políticas. Necesitamos cambiar nuestra forma de pensar, de ver. Y es posible. Pero aún no lo hemos intentado de verdad. Cada uno debe hacerlo por sí mismo. Nadie puede hacerlo por ti. Si eres un activista y estás deseando hacer algo, deberías comenzar por ti, por tu propia mente.

Estoy convencido de que no podemos cambiar el mundo si no somos capaces de cambiar nuestra manera de pensar, nuestra consciencia. Es fundamental que se produzca un cambio colectivo en nuestra forma de pensar y de comprender. Sin ese cambio, no podemos esperar que el mundo cambie.

El despertar colectivo está hecho del despertar individual. Primero debes despertar *tú mismo*, y así las personas que te rodean podrán hacerlo también. Cuando sufrimos menos, somos más útiles, podemos ayudar a los demás a cambiarse a sí mismos. La paz, el despertar, la iluminación siempre comienzan por ti. Tú eres esa persona con la que debes contar.

Por un lado, debemos aprender el arte de la felicidad: cómo estar realmente presentes para la vida y obtener el alimento y la sanación que necesitamos. Por otro lado, debemos aprender el arte del sufrimiento: la forma de sufrir de tal manera que suframos menos y podamos ayudar a los demás a sufrir menos también. Necesitamos mucho valor y amor para regresar a nosotros mismos y cuidar del sufrimiento, del miedo y de la desesperación interior.

Meditar es crucial para salir de la desesperación, para experimentar la profunda visión del no miedo, para preservar la compasión y así ser un verdadero instrumento de la Tierra ayudando a todos los seres. Meditar no significa huir de la vida, sino tomarse el tiempo de mirar con hondura.

Te concedes tiempo para sentarte, para caminar, para no hacer nada más que contemplar profundamente las circunstancias que te rodean y el estado de tu mente.

La eternidad en el momento presente

Cada día se produce la extinción de especies. Los investigadores estiman que cada año se extinguen cerca de 20.000 especies, y el ritmo se acelera. Esto está ocurriendo ahora mismo, no es un hecho futuro. Sabemos que hace 251 millones de años ya hubo otro calentamiento global a causa de erupciones volcánicas gigantescas, y que ese calentamiento provocó la mayor extinción en masa de la historia de este planeta. Un incremento de 6 °C fue suficiente para que despareciese el 95 % de las especies vivas de aquel periodo. Ahora se está produciendo un segundo calentamiento global. Esta vez también se da una deforestación y una contaminación atmosférica producidas por los seres humanos. Quizá dentro de cien años no haya más humanos sobre el planeta. Después de la última extinción masiva, la Tierra necesitó 100 millones de años para restaurar la vida. Si nuestra civilización desapareciera, se necesitaría un periodo de tiempo similar antes de que surgiera una nueva civilización.

Cuando contemplamos este hecho, es natural que surjan sensaciones de miedo, desesperación o tristeza. Por eso, debemos entrenarnos en tocar la eternidad mediante la práctica de la respiración consciente cuando inspiramos y espiramos. Ya se han dado cinco extinciones masivas; la que está en curso sería la sexta. Según la visión más profunda del budismo, no hay nacimiento ni muerte. Después de la extinción, la vida reaparecerá bajo otras formas.

Debes respirar hondamente para aceptar el hecho de que la humanidad puede desaparecer algún día.

¿Cómo podemos aceptar una verdad tan dura y no dejar que nos invada la desesperación? Nuestra desesperación surge de la visión que tenemos de nosotros mismos y del mundo. Si empezamos a reexaminar esa visión y cambiamos nuestra forma de pensar y de considerarlo todo, es posible transformar la mente discriminatoria que está en la raíz de nuestro sufrimiento.

Podemos entrenarnos para ver y experimentar el momento presente de una forma más honda. Y una vez que hemos experimentado la realidad de forma profunda en el momento presente, tocamos el pasado, tocamos el futuro y tocamos la eternidad. Somos el medio ambiente, somos la Tierra, y la Tierra tiene la capacidad de recuperar el equilibrio, aunque antes deban desaparecer infinidad de especies.

No necesitas practicar años y años para tocar la eternidad en el momento presente. Puedes tocarla en un abrir y cerrar de ojos. Una sola inspiración, un solo paso en plena consciencia y concentración pueden hacer que trasciendas el tiempo. Cuando tocas en profundidad el momento presente, se abre ante ti la vida en la eternidad.

Raíces zen

En sánscrito, «meditación» es *dhyana*. En chino se pronuncia *chan*, en vietnamita decimos *thiên* y en japonés *zen*. El carácter chino 禪 significa literalmente «la práctica de reflexionar». En mi tradición empleamos la expresión «la práctica de la mirada profunda».

Para mirar con profundidad debes tomarte un tiempo para estar ahí, con plena consciencia y concentración, y así dirigir la atención a lo que está ocurriendo y observarlo hondamente. Gracias a la energía de la plena consciencia y la concentración puedes llegar a abrir brecha y empezar a ver la naturaleza verdadera de lo que está ahí. Puede ser una nube, un guijarro, otro ser humano, o puede tratarse de tu ira o incluso de tu cuerpo. Así, la práctica del zen, *dhyana*, meditación, consiste en estar plenamente presente y mirar con hondura.

El budismo entró en Vietnam con la tradición de la meditación. Al inicio del siglo III d. C., un mercader de Sogdia, en Asia Central, viajó a lo que es el actual norte de Vietnam, quizá por la vía conocida como la Ruta de la Seda marítima. Permaneció allí comerciando y esperó a que los vientos fueran propicios para regresar a la India.

A este joven mercader, Vietnam le pareció un país muy agradable, se quedó a vivir allí y se casó con una joven vietnamita. Tuvieron un hijo, mitad indio y mitad vietnamita, que se convertiría en el primer maestro de meditación budista en China y en Vietnam: el maestro Tang Hoi.

Cuando Tang Hoi tenía diez años, murieron sus padres. Lo llevaron a un templo budista indio que estaba en esa región del norte de Vietnam para formarlo como monje. Los templos habían sido creados por monjes indios en los puertos y centros de comercio para los comerciantes indios que se quedaban a vivir en esa región largo tiempo. En el siglo III, el budismo estaba en pleno auge. Siendo aún un joven monje, Tang Hoi estudió sánscrito y chino. Fundó una comunidad y enseñó en Vietnam antes de dirigirse al norte, al reino de Wu (en la actual China), para expandir la práctica de la meditación budista.

Se sabe que cuando Tang Hoi llegó al reino de Wu, no había aún ningún monje budista en ese reino, él fue el primero. Construyó una pequeña cabaña, se entregó a la práctica de la meditación caminando y se empezó a extender la noticia de su presencia. El rey lo llamó, quedó muy impresionado y lo autorizó a construir el primer templo budista del reino de Wu a mediados del siglo III. Aquel templo se llamó El Primer Templo Construido, y si vas ahora a Nankín podrás ver sus ruinas. Allí Tang Hoi enseñaba a meditar y organizó ceremonias de ordenación de los primeros monjes budistas en China unos trescientos años antes de Bodhidharma.

Muchos creen que Bodhidharma fue el primer maestro zen en China, pero no es cierto. Tres siglos antes, Tang Hoi ya llevó allí esas enseñanzas. Es el verdadero primer maestro zen de Vietnam y de China. Y mientras Bodhidharma no dejó ningún escrito, aún conservamos las numerosas obras legadas por Tang Hoi, incluyendo preciosas traducciones y comentarios. Tradujo y enseñó el *Sutra del diamante*, una de las escrituras más queridas en la tradición zen y el texto más temprano sobre ecología profunda.

Cuando oigamos hablar del *Sutra del diamante*, podemos imaginar a un monje zen como Tang Hoi caminando con su cayado y portando en su zurrón un viejo rollo impreso.

La revelación del diamante

En el *Sutra del diamante* se insta al meditador a expulsar, a renunciar a cuatro nociones para comprender nuestra naturaleza verdadera y la naturaleza verdadera de la realidad: la noción de un «yo», la noción de «ser humano», la noción de «seres vivos» y la noción de «duración de la vida». En el sutra se dice que, si aún estás atrapado en estas nociones, no te has liberado todavía, no eres un auténtico bodhisattva, un ser despierto que ayuda a aliviar el sufrimiento del mundo. Pero si puedes ver más allá de estas ideas, lograrás la visión profunda, la comprensión y la libertad que necesitas para ayudar a salvar el planeta.

Se necesita valor y visión profunda para expulsar una idea. Quizá hayas sufrido hondamente, y la causa de ese sufrimiento puede ser que te aferras a una idea que no has podido abandonar. «Expulsar» es un término muy fuerte. No se trata solo de «soltar». Hace siglos, el maestro Tang Hoi usó la palabra «expulsar» para traducir el término pali *patinissagga*.

El propósito de la mirada profunda y de la meditación es alcanzar una visión profunda, una visión profunda que debemos experimentar *en primera persona*. No debemos desperdiciar el tiempo acumulando nuevas ideas y conocimientos: el estudio debe ayudarnos a superar nuestros retos y obstáculos reales. El objetivo de un maestro zen es ayudar a sus discípulos a transformarse, no transmitirles conocimientos o ideas. Un maestro zen no es un profesor.

Mi tradición pertenece al linaje del maestro zen Lin Chi, que vivió en el siglo IX d. C. Ese maestro dijo: «Mi objetivo no es darte conocimientos. Mi objetivo es ayudarte a librarte de tus opiniones». La comprensión no debería ser solo un conocimiento hueco, sino una visión profunda. Esa profunda visión no es resultado del razonamiento. La visión profunda es una visión intuitiva y directa que se obtiene de una firme concentración. No es producto del pensamiento. Es una intuición profunda. Y si es una auténtica visión, tendrá el poder de liberarte de la ira, del miedo, del sufrimiento.

Haber llegado a esa visión una sola vez en la vida es ya un gran logro. Si has visto una vez, podrás ver de nuevo. La cuestión es si tienes suficiente determinación y diligencia.

Eres más de lo que crees

La primera noción que debes expulsar es la noción de un yo. Esta es una creencia muy arraigada en los seres humanos: existe un yo separado del resto del mundo; somos nosotros mismos. Todas las demás personas y cosas, incluso la Tierra, no hacen parte de «nosotros». Nacemos con esta firme convicción de que estamos separados: «Yo no soy tú. Ese es tu problema, no el mío». Quizá sepamos de forma intelectual que nada puede existir por sí mismo, pero en realidad *seguimos creyendo* que sí puede existir y nos comportamos como si fuésemos una entidad separada. Este es el fundamento de nuestro pensamiento y de nuestro comportamiento, y crea mucho sufrimiento. Expulsar esta idea requiere un entrenamiento intensivo.

De hecho, *no hay* nadie, ningún yo. Hay pensamiento, reflexión. Pero no hay una persona detrás. Cuando Descartes dijo: «Pienso, luego existo», lo que quería decir es que durante el tiempo en que está pensando, él es el pensar. Buda dijo que hay un pensar, pero no hay certeza de que haya un «yo» detrás del pensar. El pensar ocurre, podemos reconocer ese hecho. Pero ¿podemos decir que haya un pensador? Cuando hay una sensación dolorosa, podemos asegurar que se está produciendo una sensación dolorosa. Pero en cuanto a la persona sintiente, no hay nada seguro. Es como decir que está lloviendo. La lluvia es algo cierto, llueve, pero no hay ningún *llovedor*. No necesitas un *llovedor* para que la lluvia sea posible. Y no necesitas un pensador para que el pensar sea posible. No necesitas un *sentidor* para que la sensación sea posible. Esa es la enseñanza del no yo.

En la idea del yo va implícita la idea de que yo soy este cuerpo, este cuerpo es mi yo, o de que este cuerpo es mío, me pertenece. Pero esta idea no concuerda con la realidad. Cuando observas tu cuerpo profundamente, ves que ese cuerpo es una corriente, un flujo. En esa corriente ves a tus padres, a tus ancestros. Esa corriente existe realmente, pero no es seguro que haya alguien llamado «yo mismo». Y en esa corriente puedes ver ancestros de todo tipo, no solo ancestros humanos: también ancestros animales, vegetales y minerales. Existe un continuo. Que tras ello haya una persona, un actuante, no es tan seguro.

Una afirmación más apropiada sería decir «yo *intersoy*». A la luz de la interconexión, del interser, esta afirmación está más cerca de la verdad. Si un padre, una madre, un hijo y una hija han alcanzado la visión profunda del no yo, pueden mirarse mutuamente según el interser, y ya no habrá más problemas. Intersomos. Yo *soy* de esa manera porque tú *eres* de esa otra manera.

Es muy importante expulsar la noción «yo soy», porque no refleja la verdadera naturaleza de la realidad.

La noción de un yo separado es como un túnel en el que entras una y otra vez. Cuando practicas la meditación, puedes ver que hay respiración, pero no podrás encontrar un yo *respirante* en ninguna parte; hay un sentarse, pero no podrás encontrar un yo *sentante*. Cuando te das cuenta de esto, el túnel desaparece y habrá un gran espacio, una gran libertad.

¿Quién soy yo?

Soy la continuación de mis padres. Soy la continuación de mis ancestros. Está claro. No tengo un yo separado. Al observarme, puedo ver a mi padre, a mi madre, en cada célula de mi cuerpo. Puedo ver a mis ancestros en cada célula de mi cuerpo. Puedo ver mi país, mi gente, en cada célula de mi cuerpo. Puedo ver que estoy hecho de numerosos elementos que pueden ser descritos como «elementos no yo», y cuando esos elementos se reúnen, me producen a mí. Eso es lo que soy. No tengo una existencia separada. No tengo un yo separado.

Esto es visión correcta. Al ver la realidad de esta forma, ya no te sientes solo, porque *eres* el cosmos. Tienes este cuerpo, pero también tienes un cuerpo cósmico. En ti se puede descubrir la totalidad del cosmos. Tienes un cuerpo cósmico justo aquí y ahora, y puedes hablarle al cosmos que hay en ti. Puedes hablarle a tu padre en ti, a tu madre en ti, a tus ancestros en ti. Estás hecho de elementos «no tú». Eres continuación de padres, ancestros, estrellas, luna, sol, ríos, montañas. Todo está en ti. Por eso puedes hablarles. Sabes que eres el mundo. Eres el cosmos. Y es algo que la meditación te permite ver. Cuando estás concentrado, empiezas a ver.

Imagina una ola surgiendo del océano que se pregunte: «¿Quién soy yo?». Si la ola tiene tiempo suficiente para entrar en contacto consigo misma, descubrirá que ella es el océano. Es una ola, pero al mismo tiempo es el océano. Y no es solo una ola: también es el resto de las olas. Esta ola ve la conexión, la naturaleza de interser entre ella misma y las demás olas, y ya no discrimina entre el yo y el no yo. Es muy importante que la ola se dé cuenta de que tiene un cuerpo de ola, y de que también tiene un cuerpo de océano. Cuando la ola reconoce su cuerpo oceánico, desaparece en ella todo miedo y discriminación.

Esta es la *bondad* de la meditación. Puede ayudarte a tocar tus raíces y liberarte del miedo y la discriminación. Si crees que tienes un yo separado de tus ancestros y del cosmos, te equivocas. Hay un «*tú*», pero está hecho de elementos «no tú».

Si vives en plena consciencia y concentración, tocarás más y más profundamente esta verdad que está en ti. Y un día descubrirás que descansas en el lecho del cosmos. En el cristianismo se habla de «descansar en Dios». Cuando la ola descansa en el océano, está en paz. Cuando tú descansas en tu cuerpo cósmico, estás en paz. Y si practicas meditación caminado, cada paso puede hacerte tocar ese cuerpo cósmico, ese cuerpo oceánico que te hace inmortal. Ya no temes la muerte. Pero muchos de nosotros estamos demasiado ocupados y no tenemos tiempo para respirar y caminar a fin de entrar en contacto con nuestro cuerpo cósmico, nuestra verdadera naturaleza de no nacimiento y no muerte.

Meditar puede resultar muy satisfactorio. Te buscas a ti mismo. Buscas un sentido. Y meditar es tener tiempo para mirar con hondura, para escuchar con hondura. Cuando lo haces, puedes entrar en contacto con tu naturaleza verdadera y puedes abandonar todo miedo y discriminación.

Ecología profunda

La segunda noción que el *Sutra del diamante* nos propone expulsar es la de «ser humano». Sabemos que el *Homo sapiens* es una especie joven sobre la Tierra. Hemos llegado muy tarde, pero nos comportamos como si fuéramos los dueños de todo. Nos creemos excepcionales. Nos arrogamos derechos sobre todas las cosas, sobre todas las demás especies, como si hubieran sido creadas para nosotros. Y esta visión nos ha llevado a hacerle mucho daño a la Tierra. Buscamos seguridad, prosperidad y felicidad solo para los humanos, a expensas de todo lo demás. Y, sin embargo, cuando miramos con hondura, vemos que los seres humanos están hechos solamente de elementos no humanos, incluyendo las plantas, los animales y los minerales. No solo desde el punto de vista histórico: en este mismo instante inter-somos aún con todos los elementos no humanos en nosotros y a nuestro alrededor. Está muy claro: sin minerales, plantas y animales ¿cómo podría haber seres humanos? Si eliminases esos elementos o los devolvieras a su estado anterior, no podría existir el ser humano. A pesar de todo, buscamos protegernos y defendernos destruyendo todos los elementos «no nosotros», incluso a todas las demás especies.

En la vida diaria necesitamos emplear palabras que nos sirvan para identificar y definir cosas, pero no es suficiente vivir así. En la lógica moderna y en las matemáticas, se emplea aún el «principio de identidad». A solo puede ser A. A no puede ser B. Pero Buda propone que, si miras en profundidad, verás que A *no es solo* A. A se compone únicamente de elementos no A. Los seres humanos están hechos únicamente de elementos no seres humanos. Los humanos están hechos de la *totalidad* de los ancestros. Las montañas, el río, la rosa, el planeta, todos están hechos de elementos no montañas, no río, no rosa, no planeta. Cuando lo vemos, nos liberamos. «Humano» y «montaña» son solo etiquetas, designaciones sin sustancia real. No tienen una existencia separada. Esta es la espada de la dialéctica del *Sutra del diamante*: A no es A, y por eso puede ser realmente A.

El ser humano está en todas las cosas, y todas las cosas están en el ser humano. En nosotros hay una montaña, ¿la ves? En nosotros hay nubes, ¿las ves? No es que *fuéramos* una nube o una roca en el pasado: todavía *somos* una nube y una roca. En tiempos pasados también fuimos un pez, un pájaro, un reptil. Somos seres humanos, es cierto, pero al mismo tiempo lo somos todo. Al darnos cuenta de esto, comprendemos que preservar otras especies es preservarnos a nosotros mismos. Esto es el interser, la enseñanza más profunda sobre ecología profunda.

En el zen se dice: «Antes de empezar a practicar la meditación, veía que las montañas eran montañas, que los ríos eran ríos. Mientras practicaba, veía que las montañas ya no eran montañas, que los ríos ya no eran ríos. Y después de practicar, vi que las montañas eran *verdaderamente* montañas, que los ríos era *verdaderamente* ríos». Esta mirada nos libera.

Conozco a ecologistas que no son felices en sus relaciones personales. Trabajan muy duro para proteger el medio ambiente, y esta labor se ha convertido en un medio de huir de sus parejas. Pero si una persona no es feliz consigo misma, ¿cómo puede ayudar al medio ambiente? Por eso, proteger los elementos «no seres humanos» es proteger a los seres humanos, y proteger a los seres humanos es proteger los elementos «no seres humanos». La visión profunda del interser tiene el poder de hacernos despertar.

La vida no tiene límites

La tercera noción que debemos trascender es la de seres vivos. Muchos estamos atrapados en la distinción entre seres sintientes o animados y la materia no sintiente o inanimada. Sin embargo, la ciencia evolutiva nos muestra que no solo tenemos ancestros humanos y animales, sino también ancestros minerales. Separar los seres vivos del mundo inanimado, marcar una separación entre ellos, es erróneo.

Estamos hechos de elementos no sintientes. Una mota de polvo, una partícula elemental, un quark: son nosotros y nosotros somos ellos. Debemos trascender las nociones de cuerpo y mente, materia y espíritu, consciencia y mundo material. Son un gran obstáculo. La ciencia actual ha descubierto que incluso los fotones y los electrones poseen una inteligencia propia; nada menos que una consciencia. No son inertes, carentes de vida. Un grano de maíz tiene su propia forma de conocimiento. Siémbralo en la tierra y en diez días habrá encontrado la manera de germinar y desarrollarse para convertirse en una imponente planta de maíz con hojas, flores y mazorcas. Las cosas supuestamente inanimadas no lo son tanto, están muy vivas.

Puedes traducir la expresión *seres vivos* aquí como «mortales». No solo discriminamos entre vivo e inanimado, también entre lo que está vivo, lo mortal, y lo que es sagrado o inmortal. Tenemos tendencia a discriminar entre seres vivos y seres sagrados. En este caso, la meditación consiste en observar atentamente dentro de ti y comprender que estás hecho de elementos no tú, *incluido el elemento de sacralidad*. Debemos eliminar la noción de un ser vivo distinto de un ser no vivo o de un ser sagrado, iluminado, porque esa noción genera mucha división, discriminación y sufrimiento. Esta es la enseñanza (la revolución) del *Sutra del diamante*.

Cuando observamos la Tierra a la luz de esta profunda visión, ya no vemos el planeta como materia inerte, sino como una realidad sagrada de la que somos parte. Esta mirada cambiará nuestra actitud hacia el planeta. Podremos caminar sobre la Tierra con pasos de amor y respeto, y nos daremos cuenta de que tenemos una inmensa capacidad para ayudarla.

¡Cuidado! No te quedes atrapado

En el zen hay este *koan*, esta pregunta que hay que contemplar: ¿tiene un perro la naturaleza de un buda? No solo la tiene el perro: también la tiene una piedra, incluso el planeta entero. La Tierra manifiesta visión profunda, despertar, felicidad y muchas otras virtudes. La Tierra es una buda femenina, una madre. «¿La madre de quién?», podrías preguntar. La madre de los budas de forma humana y de los budas de forma no humana. Cuando no nos dejamos atrapar por los signos, las formas, nos resulta fácil reconocer la presencia de un buda.

Cuando empleamos la palabra «buda», nos referimos al mero concepto de un buda. Tal vez ya conozcas esa historia zen sobre la palabra «buda». Un maestro zen, mientras enseñaba, empleó la palabra «buda» y lo hizo con mucho cuidado, porque la palabra «buda» y la idea de un buda son difíciles. Pueden convertirse en una prisión para quienes la escuchen. Pueden pensar que ya saben quién o qué es un buda, y quedan atrapados en esa idea.

Usar la palabra «buda» es muy peligroso, como también lo es el uso de la palabra «Dios». Por eso, para evitar que quienes la oyesen quedaran aprisionados, el maestro zen dijo: «Amigos, me veo obligado a emplear la palabra "buda". No me gusta nada, soy alérgico a ella. Y cada vez que la pronuncio, tengo que ir al río a lavarme la boca tres veces». Una enseñanza muy potente. Muy zen. Todas las personas que lo escucharon se quedaron calladas. Pero un estudiante que se sentaba al fondo de la sala se levantó y dijo: «¡Maestro! Cada vez que le oigo emplear esa palabra, tengo que ir al río a lavarme los oídos tres veces».

Tenemos suerte de que existieran tal maestro y tal discípulo para ayudarnos a no perdernos o quedar atrapados en ideas y palabras.

La plena consciencia, la concentración y la visión profunda están en todos nosotros como potencialidades (semillas), esa es nuestra naturaleza búdica. Todo el mundo tiene la naturaleza búdica, esa es la buena noticia. No es una esperanza: es una realidad. La raíz *budh* en sánscrito significa «despertar». Si despiertas a la belleza de este planeta, ya eres un buda. Y si sabes mantener vivo ese espíritu de despertar a lo largo del día, eres un buda a tiempo completo. No es tan difícil ser un buda.

Eres no local

Quizá pienses que solo eres este cuerpo. Pero eres mucho más que este cuerpo. Meditar es ver que tú estás también aquí, y allá, y más allá: en todas partes. Tu naturaleza es no local.

A veces, los maestros y maestras zen necesitan inventar palabras nuevas, sobre todo cuando las antiguas enferman, pierden su significado. El maestro zen del siglo ix d. C. Lin Chi acuñó el término «persona auténtica» (眞人 en chino, *chân nhân* en vietnamita). Estas dos palabras son muy importantes. Ese maestro dijo que tenemos que vivir y practicar la plena consciencia de forma tal que nuestra persona auténtica se revele, una persona que no se halla en el espacio o en el tiempo. No tiene coordinadas. Como un electrón en el campo de la física, no puede ser aprehendido. Sentados aquí, ahora, vemos que el planeta está ahí, con sus montañas, sus ríos y cielo, e intersomos con todos esos elementos. Las nubes están en el cielo, pero también están en nosotros. Afuera brilla la luz del sol, pero también brilla en nosotros. Tu persona auténtica es una persona asombrosa.

Cuando ocurren catástrofes o desastres naturales y mueren miles de personas, podemos preguntarnos: ¿cómo ha podido ocurrir algo semejante? ¿Por qué unos viven y otros deben morir? ¿Por qué he sobrevivido?

Yo he practicado sentarme y mirar con hondura, y he visto que cuando tantas personas mueren, nosotros también morimos con ellas. Porque intersomos con ellas. De la misma manera, cuando muere un ser amado, una pequeña parte de nosotros muere también: de alguna manera, morimos con ellas. Las personas que mueren en catástrofes naturales han muerto por nosotros, y nosotros vivimos por ellas. La forma en que nosotros vivamos ahora puede dar sentido a su muerte. Nosotros seguimos vivos, y ellas siguen vivas con nosotros. Las llevamos dentro de nosotros. Con esta visión profunda del interser, podemos experimentar paz.

Eres no temporal

La cuarta noción que el *Sutra del diamante* nos enseña a eliminar es la idea de una «duración de la vida». Creemos que existe un momento en el que nacemos y otro en el que morimos, y que existimos solo en el tiempo entre esos dos momentos. Eso es quedar atrapado en la idea de una duración de la vida. Creemos que estamos en esta Tierra únicamente durante un breve tiempo. Tenemos la impresión de que llegamos desde el ámbito del no ser al ámbito del ser, y que después de permanecer en el ámbito del ser durante, tal vez, cien años, volvemos de nuevo al ámbito del no ser.

En el *Sutra de los cuarenta y dos capítulos* se cuenta que un día Buda preguntó a los monjes: «¿Cuál es la duración de una vida?». Uno de los monjes respondió: «Cien años». Buda sonrió. Otro monje replicó: «Veinte años». Y otro contestó: «Un día». Entonces otro monje dijo: «La duración de una simple respiración». Y Buda afirmó: «Sí, eso es correcto». Renacemos a cada respiración. La persona que tú eres hoy es ya una nueva vida de la persona que eras ayer.

Hay un *koan* zen que plantea lo siguiente: ¿dónde estabas antes de que naciera tu abuela? No es una pregunta filosófica, sino una cuestión para la contemplación a la que debes prestar atención día y noche. Para que el *koan* sea verdadero, debes dedicar el 100 % de tu carne, huesos y mente a lograr una revelación.

La observación nos dice que es imposible pasar de ser algo a no ser nada, de ser alguien a no ser nadie. Solo existe una manifestación continua bajo formas diferentes. Antes de nacer, ya estábamos ahí, y después de morir continuaremos estando ahí. Nada puede cruzar desde el ámbito del ser al ámbito del no ser. Como descubrió el científico Lavoisier: «Nada se crea, nada se pierde, todo se transforma».

Por ejemplo, mi padre murió, pero no ha desaparecido. Aún es accesible. En cada célula del cuerpo están nuestros padres y ancestros, y podemos hablarles aquí y ahora. Yo lo hago todo el tiempo. Siento que mi padre sigue siempre vivo en mí. Lo invito a caminar conmigo, a respirar juntos. Y trato de hacer con él todas las cosas que él no pudo hacer en vida. Intersomos.

Tu maestro, que te ha transmitido tantas enseñanzas, también está en ti, y tú lo transportas al futuro. Tu maestro interior puede tener una apariencia diferente, un sonido diferente y una sensación diferente del maestro exterior. Yo he entablado conversación con mi propio maestro. Sé que todo lo que hago lo hago también para él. Lo transporto al futuro y te lo transmito a ti para que tú puedas seguir llevándolo al futuro. Mi maestro en mí no tiene exactamente la misma apariencia que mi maestro exterior. Mi maestro interior es más consciente de lo que ocurre en el mundo, y puede elaborar nuevas enseñanzas para ayudar. Mi maestro ha hecho todo lo posible y yo, como maestro, he hecho todo lo posible, pero hay cosas que no hemos hecho, y nuestros discípulos deberán hacerlas por nosotros. Les agradezco profundamente que ayuden a evolucionar a su propio maestro interior.

De la misma forma, el buda que hay en nosotros también debería evolucionar. Podemos ayudarlo a ser más relevante. Un buda de nuestra época sabe emplear un teléfono móvil, pero lo usa como una persona libre. Un buda de nuestra época sabe dar una respuesta a los retos actuales para que no destruyamos la belleza de este planeta ni perdamos el tiempo compitiendo unos contra otros. Un buda de nuestra época ofrecería al mundo una ética global para que todos tengan un camino que seguir, un camino que restaure la armonía, proteja el planeta, impida la deforestación y reduzca las emisiones. Tú, continuación de un buda, debes ofrecer al mundo un camino que pueda ayudar a evitar la destrucción del ecosistema y reduzca el miedo, la violencia y la desesperación. Tenemos que dejar que actúen nuestros ancestros, maestros y el buda que hay en nosotros. La tarea de salvar el planeta continúa más allá de la duración de nuestra vida.

La tarea de una persona que medita

La meditación que nos propone el *Sutra del diamante* consiste en expulsar estas cuatro nociones erróneas. Es un *samadhi*, un tipo de firme concentración que debes mantener en la vida diaria. Mientras comes, caminas, cocinas y te sientas, sea lo que sea que estés haciendo, debes entrenarte para mantener viva esta visión profunda del interser y así poder ir más allá de las ideas de un yo separado, un ser humano, un ser vivo y una duración de vida. Al hacerlo, te liberas de la discriminación: la discriminación que es la base de *todo* sufrimiento.

En nuestros monasterios y centros de práctica de plena consciencia, cada vez que oímos el sonido de la campana, regresamos a la respiración, regresamos al momento presente. Dejamos de hablar, dejamos de hacer lo que estemos haciendo, relajamos el cuerpo, soltamos toda tensión y seguimos la respiración. La campana, tanto la gran campana del templo, el carillón del comedor o la campana de plena consciencia programada en nuestro ordenador o teléfono nos ofrece una oportunidad de parar y mirar con hondura. El simple acto de respirar y escuchar el sonido de la campana es una forma de entrenarnos en el arte de parar. Bastan dos o tres respiraciones para que despertemos a lo que está ocurriendo en nosotros y alrededor. La campana nos invita a ver que somos el mundo, somos el cosmos: no hay una separación. Abrazamos el espacio ilimitado, el tiempo infinito, y ese instante se vuelve un momento eterno. Nada nos falta. El pasado, el presente y el futuro están contenidos en este instante.

Todo miedo, ira, desesperación y ansiedad surgen de nociones erróneas. Cuando las eliminamos y vemos la realidad con más claridad, abandonamos nuestro sufrimiento de una forma muy concreta. Si eres capaz de tocar así la realidad, lograrás la visión correcta. Y gracias a esa visión correcta, tus pensamientos serán correctos, tus palabras serán correctas y tus acciones serán correctas. La profunda meditación del *Sutra del diamante* hace brotar el no miedo, la no ira y la no desesperación: las energías que necesitamos para nuestra tarea. Gracias al no miedo, no quedaremos agotados, aunque nos parezca que el problema es enorme. Sabremos dar pasos pequeños, firmes. Si las personas que trabajan para proteger el medio ambiente contemplaran estas cuatro nociones erróneas (un yo separado, un ser humano, un ser vivo y una duración de la vida), sabrían cómo ser y cómo actuar.

La visión profunda del interser te ayudará a sentir más calma. La tarea de una persona que medita es eliminar las visiones erróneas, expulsarlas y abrirse camino hasta el corazón de la realidad.

Ver y actuar según el *Sutra del diamante*

V. D.

El *Sutra del diamante* es un prisma que nos ayuda a reconsiderar quiénes somos; es una forma radical de ensanchar nuestro horizonte de visión sobre lo que la vida es y no es, y sobre la verdadera naturaleza del planeta que queremos proteger. Nos ofrece una oportunidad de alejarnos de la política, las normas y las noticias y revisar nuestra perspectiva de la realidad y las bases mismas de nuestra forma de percibir el mundo.

No meditamos sobre estas visiones profundas solo durante la meditación sentada. Al preparar la comida, darnos una ducha, caminar por la calle o disfrutar de una puesta de sol o de una noche estrellada podemos mantener en el corazón esa profunda visión de interser, permitirnos estar plenamente presentes y que la mente se silencie. Un destello de visión profunda no requiere que pasemos cientos de horas sentados sobre un cojín.

El *Sutra del diamante* nos ayuda a tocar la profunda comprensión de que estamos íntimamente ligados a la red de la vida. Gracias a la visión profunda del interser, nos damos cuenta de que nunca estamos solos, nunca estamos indefensos, de que todo lo que hacemos *cuenta*. Esta es una verdadera fuente de alivio. El *Sutra del diamante* nos invita a expulsar la idea de que estamos separados de nuestra familia, amigos y colegas, expulsar la idea de que estamos separados del planeta. Estas enseñanzas nos invitan a experimentar el interser de forma muy real justo en este mismo instante, y a tocar una sensación de identidad mucho más vasta que la que nos permitimos sentir habitualmente. Nos liberamos no solo de una sensación de separación en la «vida real», también de la presión de nuestro «yo» o personaje virtual en línea, y así podemos experimentar, en este mismo momento, «nuestra persona auténtica» más allá del espacio y el tiempo.

En un sentido amplio, el *Sutra del diamante* nos ayuda a trascender toda tendencia hacia un complejo de superioridad, que los seres humanos seamos algo excepcional o diferente del mundo que nos rodea: y la tendencia al complejo de inferioridad, que nuestra naturaleza humana sea demasiado imperfecta para poder ayudar. No somos ni una cosa ni la otra. Comprenderlo puede llenarnos de humildad y de energía.

El *Sutra del diamante* nos reta a expulsar la idea de que la duración de nuestra vida determine cuándo empieza y acaba nuestra actividad. Cuando tocamos el interser más allá de los límites del espacio y el tiempo, nuestros ancestros, nuestros descendientes y todas esas personas que están separadas de nosotros por algún motivo se vuelven *accesibles* para nosotros, y podemos abrirnos para recibir su energía, su consuelo y su apoyo. Al replantearnos de forma radical nuestras ideas sobre el yo, el ser humano, el ser vivo y la duración de la vida, podemos empezar a transformar algunas sensaciones de desesperación que tal vez nos paralicen, y liberar energía de vitalidad y no miedo. ¿Podemos oír las voces de las generaciones anteriores, de las generaciones venideras? ¿Podemos oír esas voces de nuestro tiempo que nadie oye? ¿Podemos oír las voces de las demás especies, de la Tierra?

En Plum Village, después de enseñar el *Sutra del diamante*, Thay solía llevarnos a practicar meditación caminando en el exterior. Caminábamos por senderos embarrados a través del robledal para admirar las vistas de la ondulante campiña francesa. A veces, la campana de una vieja iglesia resonaba en el valle anunciando el mediodía, y nos tomábamos unos minutos para detenernos y respirar con el cielo, con la tierra, con los ancestros, con aquello que guardáramos en el corazón. El momento presente y la eternidad ocurren al mismo tiempo.

¿De quién son los ojos que contemplan la puesta de sol? ¿De quién son los pies que caminan? ¿Cuántas generaciones de ancestros caminan contigo? ¿Cuál es la duración de una vida? ¿Cuándo se manifestó por vez primera la cadena de calor que es tu temperatura corporal?

Recuerdo un día de hace doce años, poco después de recibir la ordenación. Los monásticos estábamos disfrutando de los nuevos capullos de flores del magnolio en la ermita de Thay. Me senté sobre la hierba a descansar y, de repente, Thay apareció a mi lado. Uní las manos en un saludo y me incliné. Thay ladeó la cabeza con aire de curiosidad y me preguntó: «¿Quién eres?». Me quedé helada. Sabía que éramos muchos, pero como él mismo me había dado mi nombre monástico, creí que lo recordaría. Sonreí levemente, anonadada. Thay me respondió con una sonrisa indulgente y siguió adelante. Me di cuenta de que no había comprendido del todo. Tiempo después, Thay detuvo a otra hermana en la sala de meditación y le hizo la misma pregunta: «¿Quién eres?». «¡No lo sé!», respondió la hermana, y Thay mostró una gran sonrisa. «Esa es una comunicación verdadera entre maestro y discípula», dijo encantado. Thay nos enseña que la mente del no saber es una mente abierta, libre y despierta a infinitas posibilidades.

Tal vez sintamos una enorme presión por salvar el planeta en esta vida, y tengamos miedo de no hacer nunca lo suficiente. La cruda realidad es que el planeta no necesita ser salvado solo una vez: necesita ser salvado infinitas veces, durante eones. Es imposible salvar el planeta de una vez por todas o por cuenta propia. Ya es un milagro que el planeta pueda existir aquí y ahora, a partir de innumerables causas y condiciones favorables producidas a lo largo de miles de millones de años. Y el planeta seguirá necesitando que se den innumerables causas y condiciones favorables. Esta comprensión es una buena noticia. Somos parte de una corriente de vida, y este es el tiempo que nos ha tocado para hacer lo que debemos hacer y esforzarnos en transmitir a las generaciones futuras todo lo que hemos aprendido para que puedan hacer también lo que deban hacer. La parte central de este libro, *La dimensión de la acción: una nueva forma de vivir*, nos mostrará la valiente visión de Thay sobre la forma en que todos podemos contribuir a crear una cultura verdaderamente regenerativa y compasiva que pueda continuar incluso más allá de nuestra vida.

A algunos nos acecha en sueños o desde las pantallas el temor a un final apocalíptico de la vida en este planeta. La pena, la ansiedad y el dolor se nos han estampado en el pecho, en el rostro, en la mente; han oscurecido nuestros días, han perturbado nuestras noches. Este es el sufrimiento de nuestro tiempo. Quizá alguien nos haya preguntado: «¿Cómo va a ser suficiente *algo* de lo que yo pueda hacer en esta vida?». O tal vez hayamos oído decir: «Nada importa, todos moriremos algún día, la Tierra se estrellará contra el Sol en unos pocos miles de millones de años, así que ¿por qué no disfrutar de lo que queramos?». Las contemplaciones del *Sutra del diamante* nos revelan que esos puntos de vista están presos en las nociones de un yo separado y de una duración de vida. La visión profunda del interser va más allá de la idea de que lo que le ocurra a la Tierra después de nuestra muerte no tenga nada que ver con nosotros. Ya no podemos decir que solo queremos hacer algo por la Tierra si nuestro «yo» tiene futuro en ella. La tierra y nosotros intersomos.

Algunos de nosotros nos encogemos de hombros con cinismo: «De todas formas, ¿qué sentido tiene la vida?». Al hablar así, asumimos que sabemos qué es la «vida» y el único problema sería comprender su sentido. Pero ¿estamos seguros de saber qué es la vida? La visión profunda del *Sutra del diamante* nos muestra que la vida es mucho más de lo que pensamos. Es posible entrenarnos para ver que en cada momento participamos del futuro de la Tierra, que todo lo que hagamos hoy contribuye a la salud y a la vitalidad del planeta.

———————————*t.d.

No puedes convertirte en nada

Buda dijo que un minuto de contemplación de la muerte es muy gratificante, porque si sabes qué es la muerte, te haces más vivo. Cuando yo era joven, pensaba: «Soy joven y estoy lleno de vida, ¿por qué tengo que reflexionar sobre la muerte?». Pero más tarde descubrí que si meditas sobre la muerte, aprecias más la vida y puedes experimentar la alegría de vivir.

Un buen practicante budista o un científico competente no puede aceptar la existencia de un alma permanente, inmortal: todo es impermanente y continúa manifestándose bajo diferentes formas. Pero la opinión contraria de que tras la muerte este cuerpo se desintegra y desapareces totalmente es otro extremo, otra opinión errónea: la noción de la aniquilación. No debemos caer en la trampa del eternalismo, pero tampoco en la trampa de la aniquilación y afirmar que tras la muerte ya no somos *nada*.

Imagina por un momento que eres una nube. Esta es una meditación. Estás hecho de minúsculos cristales de hielo. Eres tan ligero que no caes, flotas en el cielo. Hay interacciones, colisiones entre esos millones de diminutos cristales. En un momento se combinan y se convierten en lluvia o granizo y empiezan a caer. Pero a mitad de la caída encuentran una masa de aire caliente y se evaporan de nuevo. Así, asciendes, desciendes y vuelves a ascender. En tu nube se dan continuamente transmigración, reencarnación y renacimiento. En tanto que nube, no necesitas volverte lluvia para tener una nueva vida, tienes una nueva vida a cada instante. Quizá creas que la nube se limita a flotar y que es siempre la misma nube, pero eso no es verdad. Una nube es muy activa, está llena de energía.

Ocurre lo mismo con los seres humanos. Renacimiento y continuación se suceden sin fin. A cada momento producimos pensamientos, habla y acciones. Nuestras acciones son energía que tiene un efecto en nosotros y en el mundo, son nuestra producción. Son nuestra lluvia, nuestra nieve, nuestro trueno y nuestro relámpago. En el budismo, la palabra que designa una acción es «karma». Es un término muy importante.

¿Cuál es tu huella kármica?

Imagina parte de tu nube haciéndose lluvia y cayendo para unirse a un río en la tierra. Tú eres el resto de la nube que flota en el cielo y puedes ver tu continuación allá abajo. Flotar en lo alto es muy agradable, pero fluir allá abajo también lo es. Así que estamos tanto arriba como abajo. Hablamos de una nube, pero podríamos hablar de los seres humanos de la misma manera. Podemos vernos en el fruto de nuestros actos, en nuestros seres queridos, en todo lo que hayamos hecho realidad. Esa es la forma de mirar: te ves no solo en este cuerpo, sino en todas partes, en tus pensamientos, tus palabras y tus actos, que son tu continuación en el mundo. Esto es lo maravilloso de meditar. Te das cuenta de que puedes hacer algo, mejorar tu continuación. Puedes generar pensamientos, palabras y acciones de compasión, comprensión y perdón. Hay motivos para la esperanza, para la alegría.

Existe un punto de vista llamado «científico» según el cual todo ocurre por azar. El filósofo británico Bertrand Russell describió al ser humano como «el producto de causas que no preveían el fin hacia el que se dirigían; [...] su origen, su crecimiento, sus esperanzas y temores, sus amores y creencias solo son producto de colocaciones accidentales de átomos». Según este punto de vista, no hay diseño inteligente, tan solo azar.

En el budismo, no hablamos de un proyecto o plan diseñado por un dios. Hablamos de una fuerza dinámica que subyace en todo y que determina el estado del mundo, el estado de la Tierra. Esa fuerza es el karma, la acción. El destino del planeta depende de nuestros actos. No depende de un dios. No depende del azar. Depende de nuestra acción verdadera. Creo que los científicos podrán aceptarlo sin problema.

En el budismo, entendemos que un acto tiene tres aspectos: el pensamiento, el habla y la acción. Cuando producimos un pensamiento, es energía, es acción, y puede cambiarnos a nosotros y cambiar el mundo hacia mejor o hacia peor. Si es un pensamiento correcto, tendrá un efecto sanador, nutritivo, en nuestro cuerpo y en el medio ambiente. El pensamiento correcto puede hacer que el mundo sea un lugar mejor para vivir, de la misma forma en que el pensamiento incorrecto puede transformar el mundo en un infierno. El habla puede tener el efecto de aliviar la tensión, acabar con un conflicto y dar esperanza. O puede destruir la esperanza y hacer que una familia se rompa. El habla es una clase de energía, una fuerza. Y las acciones físicas son también energía que puede traernos sanación a nosotros y al mundo. Podemos *hacer algo* que tenga el poder de proteger, de salvar, de apoyar y aliviar.

Quizá ayer generamos un pensamiento de odio o ira, o quizá actuamos movidos por el odio o la ira. Y ahora nos damos cuenta de que esa no es una buena continuación para nosotros. Es posible hacer algo para transformarlo. Te estableces en el momento presente, consciente del cuerpo y de la respiración, y recuerdas que ayer pensaste, dijiste o hiciste tal cosa que ha podido causarte daño a ti y a los demás. Entonces, sentado ahí, firmemente establecido en el aquí y el ahora, generas otro pensamiento de carácter opuesto: un pensamiento de perdón, de compasión, de comprensión. Tan pronto como lo generas, ese pensamiento alcanzará al otro y lo neutralizará al momento. Eso es cambiar el karma. Es posible gracias a la práctica de la plena consciencia en el aquí y el ahora.

Existe el libre albedrío y la posibilidad de transformación, existe la probabilidad. El libre albedrío es la plena consciencia. Cuando interviene, sabemos qué estamos pensando, diciendo y haciendo. Si nos gusta, dejamos que continúe. Si no nos gusta, somos libres para hacerlo de otra forma.

Cada pensamiento que producimos, cada palabra que pronunciamos, todo lo que hacemos *cambia* nuestro cuerpo, nuestra mente y el medio ambiente. Este impacto se denomina «retribución». El medio ambiente que nos rodea es *nosotros mismos* y también es el resultado de nuestros actos. Hemos vivido de forma tal que hemos destruido nuestro entorno y numerosas especies han desaparecido. Esa *es* nuestra retribución.

Debes responsabilizarte tanto de tu cuerpo y mente como de tu medio ambiente. Tu medio ambiente es tú mismo. Cuando contemples un árbol, no creas que el árbol es diferente de ti. El árbol *es* tú mismo. Lo que produzcas como pensamiento, palabra y actos es una energía indestructible. Con plena consciencia, compasión y comprensión puedes asegurarte una retribución futura mejor para ti y para el mundo.

Indestructible

Recuerdo los intensos días que siguieron a los atentados del 11 de septiembre en Estados Unidos. Entonces yo estaba en California. El sufrimiento, el miedo y la ira en el país eran inmensos. Parecía que la vida se hubiera detenido. Yo tenía que volar de California a Nueva York para dar algunas charlas y dirigir retiros en la costa este. En el avión se percibía mucho miedo y desconfianza en los rostros de todos. El piloto intentó bromear para relajar el ambiente, pero nadie se rio.

Estaba programada una charla el día 25 de septiembre en la iglesia de Riverside. La noche anterior, hermanos y hermanas de mi comunidad vinieron a sentarse conmigo, incluso muchos jóvenes monjas y monjes. Les dije que el ambiente estaba lleno de odio, ira y temor y que, aunque Estados Unidos se estaba preparando para castigar a los perpetradores, abogaría por la no acción, la calma, la quietud y la no violencia. Existía cierta preocupación de que algún asistente iracundo pudiera atacarme o dispararme durante la charla. Era una situación peligrosa y todos estaban preocupados por mi seguridad.

Les dije que, aunque muriera por enseñar el Dharma («la verdad»), aún seguiría siendo su maestro. Pero que, si por falta de valor, me negaba a compartir mi visión profunda y compasión, mi cuerpo seguiría vivo, pero ya no tendrían un buen maestro.

Seguimos adelante con la charla. Vino tanta gente que no había sitio para todos dentro de la iglesia. Después de pasar juntos dos horas y media escuchando y respirando en plena consciencia, podías percibir la gran transformación que mostraban todos los rostros. Tenían un aspecto mucho mejor que al llegar. Habían experimentado alivio y sufrían mucho menos. Debes tener en ti el don del no miedo para poder ofrecérselo a los demás.

Dos tipos de verdad

En el budismo, distinguimos entre dos tipos de verdad: la verdad convencional, relativa o histórica; y la verdad última o absoluta. En el ámbito de la verdad convencional, hacemos una distinción entre mente y materia, hijos y padres, humanos y otras especies, estar vivo y estar muerto. Pero en el ámbito de la verdad última, no es posible hacer esa distinción. La verdad última trasciende la noción de seres separados, especies separadas e incluso la idea de «nacimiento» y «muerte». En el ámbito de la verdad última, no existe algo como la muerte, solo hay continuación.

La verdad última no está separada de la verdad convencional. Cuando tocamos hondamente la verdad convencional, tocamos la verdad última. Si tocamos una nube de forma superficial, solo veremos la existencia y la no existencia de la nube, que esta nube concreta *no* es el resto de las nubes. Se pueden aplicar estas nociones a una nube. Usamos nuestra mente de discriminación para ver la nube bajo este prisma, y solo tocamos el aspecto fenomenológico de la nube. Nos movemos en el ámbito de la verdad convencional. Pero si usamos la plena consciencia y la concentración para observar la nube más hondamente, descubrimos que esa misma nube está libre de nacer y morir, ser y no ser, y tocamos la verdad última de la nube. No tenemos que deshacernos de la nube para llegar a su verdadera naturaleza.

No hay ningún conflicto entre estos dos tipos de verdad: ambas son útiles. El conocimiento de la verdad convencional se puede aplicar de forma práctica en la tecnología y en la vida diaria. Todos necesitamos un certificado de nacimiento para obtener un documento de identidad o un pasaporte. Sin esos papeles no podemos ir a ninguna parte. No podemos decirnos: «Mi naturaleza es de no nacimiento, no muerte. No necesito un certificado de nacimiento». Y cuando una persona muere, tenemos que comunicar su muerte. No podemos decir: «Nunca morirá, no necesito declarar su muerte».

En el budismo, cuando investigamos la realidad seguimos un principio llamado «la investigación por separado de los fenómenos y de los noúmenos». Es similar a los enfoques diferentes de la ciencia clásica y la ciencia moderna: debes abandonar la metodología empleada en la ciencia clásica cuando entras en el mundo de la física cuántica. Si quieres acercarte a la verdad última y liberarte de toda discriminación, de toda visión errónea, debes abandonar las palabras, las nociones e ideas que te han ayudado en la investigación del mundo fenoménico. Esto es crucial.

Si se trata de una verdad convencional, la plena consciencia nos ayuda a saber que se trata de una verdad convencional, y no quedamos atrapados. Si se trata de una verdad última, la plena consciencia nos ayuda a saber que se trata de una verdad última, y tampoco quedamos atrapados en la verdad última. Por tanto, somos libres. Es posible aceptar los dos tipos de verdad. No podemos proclamar que una verdad sea superior a la otra, o que una de ellas sea la única verdad.

Afronta tus miedos

Buda nos aconseja que dirijamos una mirada profunda y directa a la naturaleza de nuestro miedo y nos familiaricemos con él. La mayoría tenemos miedo de la muerte, de enfermar, de envejecer y de que nos abandonen. Tenemos miedo de perder lo que queremos, de perder a los seres que amamos. Muchas personas sufren profundamente, pero ni siquiera son conscientes de que sufren. Tratamos de ocultar ese sufrimiento mediante el ajetreo constante, no porque queramos estar siempre ocupados, sino para evitar tocar ese sufrimiento. Necesitamos hacer todo lo que podamos para darnos cuenta de que ese sufrimiento existe y aprender maneras de cuidar de él.

No deberíamos huir del miedo, sino tomarnos el tiempo necesario para reconocerlo, abrazarlo y mirar hondamente en su raíz. En el budismo, tenemos una meditación para afrontar y transformar el miedo llamada «las cinco rememoraciones». Respiramos de forma consciente, profunda, lenta, y logramos la estabilidad suficiente mientras contemplamos lo siguiente:

1. *Está en mi naturaleza envejecer. No hay forma de huir de la vejez.*

2. *Está en mi naturaleza enfermar. No hay forma de huir de la enfermedad.*

3. *Está en mi naturaleza morir. No hay forma de huir de la muerte.*
4. *Todo lo que me es querido, todos los seres que amo están sujetos al cambio. No hay forma de huir de tener que separarme de ellos.*
5. *Heredo el resultado de mis actos de cuerpo, palabra y mente. Mis actos son mi continuación.*

La vida de una civilización es como la vida de un ser humano: en cuanto a su aparición, tiene una duración de vida y acabará algún día. Ya se han destruido muchas civilizaciones, la nuestra no es diferente. Sabemos que si seguimos viviendo como lo hacemos, destruyendo bosques y contaminado el agua y el aire, no podremos evitar el desastre. Habrá catástrofes, inundaciones y nuevas enfermedades, y morirán millones de personas.

Si seguimos viviendo de la manera en que lo hacemos, el fin de nuestra civilización es seguro. Solo si toda la especie humana despierta a esta verdad logrará la *visión profunda* y la *energía* necesarias para cambiar nuestra manera de vivir.

Debemos aprender a aceptar que es posible que se extingan muchas de las especies de la Tierra, incluida la humanidad. Pero si los seres humanos han aparecido una vez sobre la Tierra, podrán aparecer una segunda vez. Podemos aprender la paciencia, la no discriminación y el amor incondicional de la Madre Tierra. Vemos que la Tierra es capaz de regenerarse, de transformarse, de sanarse: y puede sanarnos a nosotros. Debemos pensar en el tiempo desde una perspectiva geológica. Unos cientos de años no son nada. Si profundizamos en el momento presente, podemos abrazar toda la eternidad.

La salida está en el interior

Cuando puedas afrontar la verdad y aceptar plenamente la realidad tal como es, experimentarás una revelación y podrás estar en paz. La verdad es muy evidente. Pero si sigues resistiéndote a la verdad y permites que te abrumen el miedo, la ira y el desconsuelo, no tendrás paz, ni tendrás la libertad y la clarividencia que necesitas para poder ayudar. Si entramos en pánico, solo contribuiremos a que la muerte de nuestra civilización se acelere.

La salida está en el interior. Tienes que regresar a ti, afrontar tus miedos más profundos y aceptar la impermanencia de nuestra civilización. La práctica consiste en cuidar de nuestro miedo y dolor *ahora mismo*; nuestra visión profunda y nuestro despertar harán que nazcan la compasión y la paz. En caso contrario, enfermaremos de negación y desesperación. Si puedes permanecer en paz frente a la realidad, tendremos una oportunidad.

Al observar el momento presente ya podemos atisbar el futuro. Pero las cosas *son* impermanentes. La humanidad *puede* cambiar. Ante todo, debemos cambiarnos a nosotros mismos. Si *nosotros* hacemos todo lo que podamos, eso ya nos dará mucha paz. El futuro del planeta no depende únicamente de una persona, pero cada uno debe hacer su parte. Y por eso, puedes estar en paz.

Lo cierto es que ya contamos con suficientes soluciones tecnológicas. Pero estamos tan llenos de miedo, ira, divisiones y violencia que somos incapaces de hacer buen uso de ellas. No hemos hecho de los retos nuestra prioridad; no estamos invirtiendo nuestro tiempo y recursos; no estamos colaborando. Las grandes potencias siguen invirtiendo ingentes cantidades de dinero en construir armas en vez de hacerlo en nuevas formas de energía. Y ¿por qué necesitan armarse esos países? Porque tienen miedo: ambas partes tienen miedo. Así que necesitamos transformar nuestro miedo individual y colectivo.

El problema es humano. Por eso, necesitamos una dimensión espiritual. Si puedes generar energía de calma, aceptación, bondad amorosa y no miedo, podrás ayudar a ofrecer e implementar esa dimensión de no miedo y fraternidad en esta situación. La tecnología por sí misma no basta para resolver el problema. Debe ir acompañada de comprensión, compasión y fraternidad. Nuestra vida espiritual, nuestra energía de plena consciencia, concentración y visión profunda es lo que puede generar la energía de paz, calma, inclusión y compasión. Sin eso, no creo que nuestro planeta tenga muchas oportunidades. Así que les ruego que en la meditación sentada, en la meditación caminando, en sus contemplaciones, practiquen la mirada profunda para alcanzar una visión profunda de paz, aceptación y no miedo. Tiene que ser una visión profunda verdadera. Nuestra paz, fortaleza y despertar nos unirán, y cada uno de nosotros hará su parte para evitar la catástrofe y contribuir a salvar el planeta.

El zen y el arte de atrapar una serpiente

V. D.

En el budismo, se dice que poner las enseñanzas en práctica requiere la misma habilidad que para atrapar una serpiente: si la agarras de forma equivocada, se girará y te morderá. Lo mismo es cierto en el caso de las profundas enseñanzas que hemos estudiado hasta aquí, incluso las enseñanzas sobre los dos tipos de verdad y las enseñanzas para contemplar nuestra propia impermanencia y la impermanencia de nuestra civilización.

Por ello, si contemplar el fin de nuestra vida o de nuestra civilización hace que nazca en nosotros una sensación paralizante de desesperación y aturdimiento, estamos aplicando esta contemplación de forma equivocada. La visualización puede ser impactante, pueden surgir resistencias, lágrimas, ira y frustración mientras alimentamos esa posibilidad en nuestro corazón. Pero, al final, la intención es abrirnos paso hacia un nuevo horizonte de realismo, posibilidades y, como Thay nos dice, de paz.

Recitar las cinco rememoraciones todas las noches antes de irnos a dormir es una práctica poderosa. Podemos evocar esas palabras en silencio, respirando con calma, y entrenarnos para digerir cada frase poco a poco. Cada una es una piedra que tragar: *enfermaré, envejeceré, moriré,* al final *tendré que separarme* de todos los seres que amo. ¿He vivido el día de hoy de forma que haya apreciado de verdad todo lo que tengo, todo lo que amo? ¿Cómo querría vivir mañana? ¿Qué es lo más *importante* para mí?

Ya hemos explorado las aparentes contradicciones entre los dos tipos de verdad. Las cinco rememoraciones nos dicen que existe la muerte, mientras que las cuatro enseñanzas del *Sutra del diamante* parecen indicar que no existe: la vida no tiene límite ni en el espacio ni en el tiempo. En el budismo profundo, aprendemos que ambas verdades se dan al mismo tiempo, y que contemplar con hondura la verdad convencional nos hace tocar la verdad última. Una cosa lleva a la otra. Al contemplar el interser y la energía que acompaña a nuestras acciones (karma) en el mundo, podemos ensanchar nuestra visión y tocar la verdad última más allá de signos y apariencias. Y al hacerlo, podemos experimentar la comprensión de que toda acción de cuerpo, palabra y mente *tiene* un impacto; todo lo que hacemos tiene una repercusión mucho más amplia de lo que creemos. Y eso nos proporciona una motivación inmensa para cuidar del legado de nuestros actos: todo lo que pensamos, decimos y hacemos *importa.*

No es fácil contemplar el final de nuestra civilización, porque solemos pensar en nuestra civilización como un ser, una entidad separada, en vez de algo impermanente que interes con todo lo demás. Puede ser de ayuda visualizar la Tierra bola de nieve del pasado, o la Tierra tropical de la era de los dinosaurios. Sabemos que nuestro planeta se ha manifestado de muchas formas. Sin embargo, ¿cómo aceptar que la humanidad pueda fracasar, *que si seguimos en la dirección actual* no hay *ninguna duda* de que fracasará? ¿Cómo podemos aceptar algo mientras queremos cambiarlo? Parece que hubiera en ello cierta sensación de derrota. Por eso, nos negamos a aceptar el fracaso, nos negamos a ceder a lo que parece un pensamiento negativo. Una cosa es leerlo en un libro; otra muy diferente es tragarse esa cruda verdad hasta lo más profundo de nuestro ser y hacer las paces con ella. Quizá no nos atrevamos siquiera a intentarlo.

Thay nos desafía a intentarlo. Nos dice: «Cuando puedas afrontar la verdad y aceptar plenamente la realidad tal como es, experimentarás una revelación y podrás estar en paz». Y a partir de esa paz asentada en la realidad, brotarán de forma natural la libertad y la claridad, y contaremos con la energía necesaria para hacer lo que tengamos que hacer a fin de cambiar la situación. Cuando nacen en el corazón la paz y la aceptación, *comprendemos que no tenemos nada que perder*; nos sentimos movidos a hacer lo que sea necesario para ayudar. A la luz de las enseñanzas sobre el karma, todo lo que pensamos, decimos y hacemos en este instante hará que cambie el instante siguiente, la noche siguiente, la mañana siguiente, la generación siguiente.

Mantener viva esta radical y profunda visión en nuestros actos cotidianos es una práctica, un entrenamiento, sobre todo en momentos de pérdida, de decepción o de crisis, cuando las cosas se ponen difíciles y surgen emociones fuertes. Necesitamos la energía de la comprensión y la compasión para sostenernos a nosotros y a nuestros actos. Así que se plantea otra cuestión: ¿cómo podemos generar el amor que necesitamos?, ¿cómo podemos cuidarnos para no quedar exhaustos mientras damos?

———————————*td.

Tu necesidad más profunda

Aunque queramos trabajar en bien del planeta, de la justicia, los derechos humanos y la paz, tal vez no seamos capaces de hacer ninguna contribución si todavía no hemos satisfecho nuestras necesidades más básicas. Nuestra necesidad más profunda no consiste solo en tener comida, una casa donde vivir y una persona que amar. He conocido a muchas personas que tenían todo esto y seguían sufriendo profundamente. Hay personas ricas que siguen sufriendo, personas poderosas o famosas que sufren mucho. Necesitamos algo más que estos bienes materiales.

Necesitamos amor. Necesitamos comprensión.

Podemos sentir que nadie nos comprende. Pensamos: «Si hubiera al menos *una sola* persona que me comprendiera, me sentiría mejor». Pero hasta ahora no hemos encontrado a nadie que comprenda de verdad nuestro sufrimiento, nuestras dificultades, nuestros sueños. Lo que más necesitamos es comprensión… y amor.

También necesitamos paz, una profunda paz interior. Sin ella, estamos perdidos. Una vez que tenemos paz, tenemos la calma y la claridad suficientes para ver el camino que hay que seguir. La paz interior es una necesidad básica. Sin ella, no puedes hacer nada para ayudar a los demás.

Por tanto, todos necesitamos paz, comprensión y amor, pero, al parecer, son raros de encontrar. No puedes adquirirlos en el supermercado, no puedes comprarlos por internet. La cuestión es: ¿cómo puedo generar la energía de paz, compresión y amor por mí mismo? Para esto está la meditación. Es una tarea urgente. Podemos aprender *la forma de cultivar* una sensación de paz, comprensión y compasión en cualquier circunstancia.

El amor empieza por observar el cuerpo y la mente. En todos nosotros hay cierto sufrimiento y dolor en el cuerpo o en la mente, y se necesita amor de inmediato. Puede que haya sufrimiento en el cuerpo, en la mente; quizá un bloque de sufrimiento que lleva mucho tiempo ahí, transmitido por nuestros padres y ancestros o acumulado durante nuestra propia vida. Debemos poder reconocer nuestro sufrimiento y aprender a transformarlo para no transmitírselo a las generaciones futuras.

Podemos aprender mucho de nuestro sufrimiento, y siempre hay algo que podemos hacer para transformarlo en alegría, felicidad y amor. Solo si tenemos el valor suficiente para conocer nuestro propio sufrimiento, podremos generar la claridad y la compasión que necesitamos para ayudar al mundo.

Deja que entre la luz

Un yogui, un practicante, es un artista que sabe manejar su miedo y otras sensaciones o emociones difíciles. No se siente una víctima, porque sabe que hay algo que puede hacer.

Escuchas tu sufrimiento, entras en contacto con él. Inspira y espira profundamente para ver: ¿por qué sufro?, ¿de dónde procede este sufrimiento? Tu sufrimiento, tu miedo, pueden reflejar el de tus padres, tus ancestros, el planeta. También contiene el sufrimiento de nuestro tiempo, de tu comunidad, tu sociedad, tu país. Es muy importante no taparlo con música, películas o videojuegos. Tener el valor de regresar a ti, reconocer y abrazar el sufrimiento interior y observarlo con detenimiento puede ser la tarea más importante que puedas hacer como meditador.

Una persona que medita inspira y dice: «Buenos días, miedo mío, ira mía, desesperación mía. Voy a cuidar bien de ti». Cuando reconoces esa sensación y le sonríes con amor y ternura, cuando la abrazas con plena consciencia, esa sensación empezará a cambiar. Ese es el milagro de la plena consciencia. Es como la luz de la mañana brillando sobre una flor de loto. El capullo aún no se ha abierto, pero tras una o dos horas de exposición a la luz, la flor se abre.

Contamos con la energía de la plena consciencia generada al caminar, sentarnos y respirar en plena consciencia. Con esa energía abrazamos nuestro miedo con la misma dulzura con la que la luz abraza una flor. Cuando dos energías diferentes se unen, habrá un cambio, una transformación. La energía de la ternura penetra en el miedo, en la ira, en la desesperación. La abrazas con la misma ternura con la que abrazarías a un niño herido.

Si la emoción es demasiado grande, notarás su aparición. La forma de cuidar de ella es adoptar una postura estable y recurrir a la inspiración y la espiración para lograr solidez y no dejar que esa emoción te arrastre. Tumbado o sentado, llevas la mente al punto llamado *dan tian*, un par de centímetros debajo de tu ombligo; incluso puedes poner ahí las manos. Te concentras al 100 % en la inspiración y la espiración, en el subir y bajar del abdomen, y podrás detener el pensamiento. En ese momento, es muy importante dejar de pensar, porque cuanto más pienses, más te arrastrarán el miedo y la desesperación. No tengas miedo. La ola de emoción es como una tormenta, desaparecerá después de un tiempo. Puedes inspirar durante seis, siete, ocho o hasta diez segundos, y espirar durante diez, doce, quince segundos o más, sin pensar en nada. Y sentirás un gran alivio.

El zen en una tormenta

En 1976, junto con otros compañeros y amigos del movimiento budista por la paz, organizamos la asistencia para salvar la vida de los refugiados que huían de Vietnam. En Singapur, alquilamos en secreto tres grandes barcos para rescatar a los refugiados que iban a la deriva en alta mar, y los llevábamos sin decir nada a otros países para que recibieran asilo. Por entonces, las autoridades dejaban morir a los refugiados en el mar, e incluso empujaban sus barquitas hacia alta mar. Si queríamos ayudar a aquellos balseros, a los *boat people,* no teníamos más remedio que quebrantar la ley. En una de las misiones, recatamos a casi 800 personas en el Golfo de Siam, pero las autoridades de Malasia nos negaron el permiso de entrada en sus aguas territoriales. Durante esos días, practicábamos la meditación sentada y caminando, y comíamos en silencio y concentrados. Sabíamos que, si no seguíamos esa disciplina, fracasaríamos. Las vidas de muchas personas dependían de nuestra práctica de la plena consciencia.

Pero mientras buscábamos la forma de llevar a los refugiados a los puertos de algún país que quisiera acogerlos, nuestro programa de asistencia quedó al descubierto. La policía de Singapur vino a nuestra puerta a las dos de la mañana, nos confiscó los documentos de viaje y nos ordenó abandonar el país en 24 horas. Aún teníamos a cientos de personas a bordo de los barcos que aún no habían sido llevadas a un lugar seguro y no tenían suficiente comida ni agua. Sus vidas dependían de nosotros. Había fuertes vientos y el mar estaba agitado, y uno de los motores se había averiado. ¿Qué podíamos hacer?

Tuve que respirar hondamente. La situación era extremadamente difícil. Eran demasiados problemas para poder resolver en 24 horas, antes de mi partida. Me di cuenta de que necesitaba poner en práctica estas palabras: si quieres la paz, la tienes al instante. Debes *desearlo.* Me di cuenta de que si no podía estar en paz en ese momento, *nunca más* podría estar en paz. Se puede encontrar la paz en medio del peligro. Nunca olvidaré cada segundo de meditación sentada, cada respiración, cada paso dado en plena consciencia durante aquella noche.

A eso de las cuatro de la mañana, tuve la visión profunda de que podía apelar al embajador francés, quien nos había apoyado de forma callada, para que interviniese en nuestro favor y pidiese a las autoridades de Singapur que nos diera autorización para quedarnos diez días más. Diez días podrían bastar para llevar a los refugiados a un lugar seguro. El embajador aceptó, y en el último minuto logramos el permiso de la Oficina de Inmigración para quedarnos. Si no hubiéramos contado con la práctica de la meditación, la respiración y el caminar conscientes, el sufrimiento nos habría abrumado con facilidad y no hubiéramos podido seguir adelante. Al final pudimos llevar suministros a las embarcaciones y, aunque nos llevó meses encontrar un puerto y varios años tramitar sus solicitudes de asilo en campos de refugiados, sus vidas se salvaron.

Sin lodo, no hay loto

Hay una conexión profunda entre el sufrimiento y la felicidad. Es como la conexión entre el lodo y una flor de loto. Si te tomas tiempo para escuchar tu sufrimiento y observar su verdadera naturaleza, surgirá la comprensión. Cuando surge la comprensión, nace la compasión. Podemos llamarlo «la mecánica de la compasión». Haces un buen uso del sufrimiento para crear algo más positivo: compasión. De la misma forma en que empleas lodo para cultivar flores de loto. Sin lodo, no habrá lotos. Si no hay sufrimiento, no puede haber felicidad ni compasión.

Hay dos visiones erróneas frecuentes sobre el sufrimiento. La primera es creer que cuando sufrimos, *solo* hay sufrimiento; que la vida es solo sufrimiento y desgracias. La segunda es creer que *solo* seremos felices cuando hayamos eliminado *todo* sufrimiento. Esto tampoco es cierto. Puede haber muchas cosas que no nos hacen felices, pero, *al mismo tiempo*, se dan muchas condiciones para la felicidad. Disfrutar de la meditación sentada, por ejemplo, no significa que debas carecer de sufrimiento. En todos nosotros hay algo de sufrimiento, pero conocemos el arte de cuidar de él.

No creas que solo puedes ser feliz si eliminas el 100% de tu malestar. Eso es imposible. Tal vez creas que si te conviertes en un buda, ya no tendrás que practicar más, porque un buda está iluminado, ha logrado la visión profunda, la alegría y la felicidad. Pero el despertar, la visión profunda y la felicidad son impermanentes. Si un buda quiere alimentarlas, debe seguir practicando utilizando el sufrimiento, como una flor de loto que quiera seguir floreciendo debe sustentarse en el lodo que la alimenta para poder florecer. De la misma forma, entrar en contacto con el sufrimiento, abrazarlo y transformarlo genera despertar, visión profunda y compasión.

Una vez, un discípulo preguntó a su maestro: «¿Dónde debemos buscar el nirvana?». El maestro zen respondió: «Justo en el corazón del samsara». Debemos emplear el sufrimiento (nuestro miedo, nuestra desesperación, nuestra ansiedad) para crear felicidad, despertar y visión profunda. La práctica estriba en hacer *un buen uso* del sufrimiento para crear felicidad. No puede haber una sin el otro. El sufrimiento y la felicidad interson. Debemos descubrir la manera de afrontar nuestro sufrimiento y transformarlo en felicidad y compasión, de la misma forma en que nos apoyamos en el suelo para levantarnos.

¿Cómo ver lo bueno cuando todo parece tan malo? Esa es una pregunta difícil. Pero creo que, si nos tomamos el tiempo suficiente, podemos ver aspectos positivos. Si aún no puedes verlos, es porque no te has tomado todavía tiempo para mirar con hondura. La práctica de la meditación es la práctica de tomarse el tiempo necesario para sentarse, mirar con hondura y comprender.

Cuando salí de Vietnam en 1966 para abogar por la paz, mi intención era ausentarme por tres meses y luego regresar a mi hogar. Todos mis amigos estaban en Vietnam, allí estaba mi trabajo. Todo lo que quería hacer, todas las personas con las que quería estar se hallaban en Vietnam. Pero me prohibieron regresar por haber pedido la paz. Y me resultó muy duro. Aunque ya tenía cuarenta años y era un maestro con muchos discípulos, aún no había encontrado mi verdadero hogar. De forma intelectual, había recibido una gran formación y práctica en budismo y podía dar buenas charlas sobre la meditación, pero todavía no había llegado de verdad. En lo más hondo de mi corazón quería llegar a mi hogar. ¿Por qué iba a querer permanecer en Europa o en Estados Unidos? Durante el día estaba muy ocupado dando charlas, ruedas de prensa y entrevistas. Pero al llegar la noche, me veía volviendo a casa. Soñaba que ascendía por una hermosa y verde colina, llena de pequeñas cabañas. Siempre era la misma colina. Y siempre, a mitad de ascensión, me despertaba y me daba cuenta de que estaba en el exilio. Intenté entrenarme para comprobar que Europa también era hermosa: sus ríos, sus árboles y su cielo también eran hermosos. Durante el día, estaba bien. Pero todas las noches el sueño volvía.

Y un día, unos años más tarde, me di cuenta de que el sueño había dejado de aparecer. Con el tiempo, la pena y la nostalgia de lo más profundo de mi consciencia habían sido abrazadas por la concentración y la visión profunda. El deseo de volver a casa aún persistía, pero ya no me hacía sufrir. Y finalmente, llegó el día en que sentí que, aunque no pudiera regresar nunca mientras estuviera vivo, no pasaría nada. La liberación fue total, no hubo más pesar. Me di cuenta de que allá, en Vietnam, es aquí, y aquí es allá. Todas las cosas interson. Si podía vivir aquí profundamente, estaría viviendo allá al mismo tiempo. Esa visión profunda tardó más de treinta años en manifestarse. Así, hay cosas que podemos transformar con rapidez, y otras con las que debemos ser más pacientes. Pero la liberación es posible. Solo tenemos que conocer la manera, la vía. Una vez que vemos esa vía, ya empezamos a sufrir menos.

La guerra de Vietnam fue dura, y estar en el exilio durante treinta años también lo fue, pero a causa de ello, he podido compartir la práctica de la plena consciencia en Occidente. A causa de ello, tenemos el centro de práctica Plum Village en el suroeste de Francia, y muchos otros centros de práctica y comunidades de vida consciente en Europa y en Estados Unidos. Si nos tomamos el tiempo suficiente para mirar con hondura, vemos que incluso las cosas consideradas «malas» pueden producir cosas «buenas», de la misma manera en que el lodo produce flores de loto. Sabemos que el lodo es imprescindible para cultivar lotos, pero también sabemos que un exceso de lodo puede dañar los lotos. Todos necesitamos cierta dosis de sufrimiento para crecer, justo el necesario para que nos sirva de aprendizaje. Ya tenemos más que suficiente sufrimiento, no necesitamos crear más. La práctica de la meditación es mirar con hondura para reconocer el sufrimiento y tratar de comprenderlo. Y cuando hemos comprendido las raíces del sufrimiento, el camino de la transformación y la sanación se revela por sí mismo.

¿Ya hemos terminado?
¡Sigue llegando compost!

V. D.

¿Qué pasa si *no podemos* encontrar el loto, si solo vemos el lodo? Un día, tomando el té con Thay, le hice esa pregunta. Entonces, yo solo podía ver lodo. «En ese caso, debes mirar con más hondura. El loto *está* ahí», me respondió Thay, y sonrió, con conocimiento de causa. Me sentí algo frustrada. Pero con el tiempo, comprendí que solo nosotros podemos encontrar nuestros propios lotos en nuestro lodo, nadie puede hacerlo por nosotros.

Primero tuve que entrenar mi manera de respirar. Parece fácil, pero es una práctica honda y poderosa. Cuando llegué a Plum Village, aprendí la respiración abdominal consciente. Recuerdo haber escuchado a Thay hablar de que aún recordaba cada respiración, cada paso de aquella intensa noche en Singapur. Me entrené en los fundamentos de la respiración consciente con la esperanza de que, si alguna vez me hallaba en una crisis, sería capaz de respirar de esa forma. Un día, poco después de ordenarme, oí a alguien hablar sobre el poder de hacer diez inspiraciones y espiraciones conscientes sin pensar en nada en absoluto. Decían que esa sencilla práctica les había cambiado la vida. El truco está en que, en cuanto tienes un pensamiento, debes empezar a contar otra vez desde cero. «Suena bastante fácil», pensé. En el monasterio practicamos la meditación sentada dos veces al día, una hora de meditación caminando y tres comidas en silencio. Seguro que podía hacerlo.

Lo intenté y pronto descubrí que es mucho más difícil de lo que parece. Me llevó más de dos meses de entrenamiento respirar diez veces sin que surgiera un pensamiento. Lo logré al quedar completamente fascinada con la mera experiencia de la mecánica de la respiración, desde el interior del cuerpo, y alejando la atención de la mente para ponerla en la experiencia corporal de respirar. ¿Es mi respiración agitada o fluida? ¿Profunda o superficial? ¿Larga o corta? ¿Irregular o rítmica? ¿Cómo experimenta mi cuerpo el movimiento, la temperatura o el dolor físico? Los neurólogos llaman a esta consciencia «interocepción»; en el budismo, es una concentración específica llamada «consciencia del cuerpo *en* el cuerpo».

Empecé a entrenarme en aplicar esta práctica en situaciones difíciles, esos momentos críticos de la vida diaria en los que algo iba mal, o me sentía herida, o me enfrentaba a un dilema que parecía imposible de resolver. Aprendí a tomar distancia y a respirar varias veces implicando todos mis sentidos, plenamente consciente de la experiencia total de cada respiración. Esta práctica empezó a darme una base sólida para acompañar sensaciones dolorosas, y me proporcionó espacio suficiente para responder de una forma mejor, no peor. En ciertas ocasiones es más difícil de practicar que en otras. Me digo a mí misma que si me parece muy difícil parar y respirar, si no soy capaz de dar un paso atrás y detenerme, es porque ya les resultó difícil a mis ancestros, es difícil para mi sociedad, y es difícil para mis arraigados hábitos. Yo intersoy con todas esas circunstancias. Entonces, me digo a mí misma: «¡Parar es la acción de los héroes!», y eso me motiva a seguir intentándolo. Cuando en alguno de esos momentos consigo parar y respirar, me parece siempre una gran victoria, un punto de inflexión, un nuevo punto de partida.

Recuerdo intensamente cierta noche en el monasterio. De repente, se desencadenó en mí una antigua y abrumadora reacción de desesperación. Mi mente era un caos, me inundaron las lágrimas. Caminar no me ayudaba. Entonces, a través de la tormenta surgió una voz interior desde lo más hondo de mi ser: «¡Quién te crees para saber lo que hay que hacer cuando ni siquiera eres capaz de hacer diez respiraciones conscientes!». Así que me dispuse a tomar esas diez respiraciones, que supuse que me llevarían como mucho unos minutos, ya que me había entrenado en hacerlo.

Tumbada boca arriba, con las manos sobre el abdomen, concentrada en la respiración, me pareció que la fuerza de plena consciencia que necesitaba era como atar no un caballo salvaje, sino cien. Contaba con los dedos y debía volver a empezar desde cero una vez y otra, y otra, y otra. Al final, pude hacerlo a base de terquedad: diez respiraciones sin pensar. Me incorporé agotada, aliviada y plenamente presente. Me había llevado casi una hora hacerlo. Mi siguiente pensamiento fue: «Bien, el problema. ¿Cuál era ese problema?». Para mi sorpresa, todo el paisaje de percepciones había cambiado. Veía y sentía aquella situación de forma totalmente diferente, y veía todas las soluciones posibles tan claras como el agua. Me quedé asombrada. Fue la primera vez que comprendí que hay momentos en los que es mucho mejor confiar en la respiración que en la mente.

Como la mayoría de nosotros, en la escuela no aprendí a manejar emociones fuertes o difíciles. Al contrario, crecí en una sociedad que ofrece métodos sofisticados y adictivos para gestionar el dolor y ocultarlo. Las pantallas nos ofrecen miles de mundos a los que escapar. Algunos incluso hemos descubierto formas de proyectar nuestro dolor hacia el mundo exterior y así tratar de resolverlo fuera de nosotros. Pero esa tampoco es la solución.

El reto radica en invertir en nuestro propio entrenamiento con intensidad, girarnos hacia nosotros mismos y acompañar las sensaciones dolorosas en el momento en que aparecen. El miedo, la desesperación, la pena y la ansiedad pueden desencadenarse por causas internas y externas, bien se trate de circunstancias personales y del sistema del que formamos parte, o bien se trate de la injusticia, desigualdad y destrucción que vemos en el mundo. Están apareciendo nuevas palabras para ayudarnos a reconocer el dolor y el miedo por el planeta, como «duelo ecológico», «ansiedad climática», «culpabilidad por culminación» y «solastalgia», la tristeza que sentimos por la pérdida o el deterioro de un lugar amado de la naturaleza.

Como practicantes de meditación, nuestra tarea es, ante todo, cuidar de estas sensaciones cuando aparecen en nuestro cuerpo y mente. Confiar en que la respiración consciente puede proporcionarnos estabilidad para acompañar el duelo y la pena de forma corporal. El flujo de la inspiración y la espiración nos da una medida de nuestras emociones tan precisa como un sismógrafo. Que nuestra respiración sea larga o corta, agitada o suave, regular o errática es reflejo de las sensaciones que se manifiestan en nuestro corazón. Estar con la respiración al 100 % es una forma de estar y de acompañar las sensaciones dolorosas en su raíz, más allá de pensamientos, palabras e historias.

Al tomar refugio en la respiración, dejamos que esa sensación aparezca, se quede un tiempo, evolucione y se vaya. No la negamos ni tratamos de cambiarla. La energía de la plena consciencia nos permite ser amables, compasivos y sentir curiosidad por lo que esa pena o dolor nos está diciendo. Estar presentes y abrazar con calma esa sensación en nuestro cuerpo hace que poco a poco surja la compasión, la clarividencia y el valor para ver qué hacer y cómo responder. Desde aquella intensa experiencia nocturna en el monasterio, cuando pude por primera vez respirar en un momento de aguda desesperación, he aprendido a no subestimar nunca el poder de la respiración consciente.

En nuestra sociedad, hay personas que no pueden respirar. En tanto que meditadores, debemos ser conscientes de ese hecho. Algunas no pueden respirar porque están enfermas, otras por la contaminación del aire, y también hay personas que se quedan sin aire por la injusticia violenta, el racismo sistémico y la desigualdad. Es una inmensa fuente de sufrimiento para la humanidad y para la Tierra. Hay una conexión profunda entre la forma en que nos tratamos unos a otros y la forma en que tratamos la Tierra.

La injusticia racial y la medioambiental interson. Por todo el planeta, las comunidades menos responsables del cambio climático y la degradación medioambiental son la que sufren un impacto más desproporcionado. Hay una conexión profunda entre la forma en que nos dañamos y explotamos entre nosotros y la forma en que dañamos y explotamos la Tierra. Tanto si somos víctimas de la injusticia, el racismo y la desigualdad, o una persona blanca privilegiada por el sistema, todos estamos abocados a mirar con hondura como parte de nuestra meditación. En nuestra meditación sentada o caminando, nuestra tarea es dar testimonio del sufrimiento, tocar la compasión y explorar de manera activa formas de contribuir a la sanación y al cambio.

Una dosis de melón amargo

El deseo de practicar para transformar nuestro sufrimiento y el del mundo se llama *bodhicitta*. A veces este término se traduce como «mente de principiante» o «mente de amor». Es una poderosa fuente de energía en nuestro camino. Te nutre y te proporciona la energía necesaria para superar las dificultades a las que te enfrentes. Yo experimenté la felicidad de mantener mi *bodhicitta* viva durante mucho tiempo. No es que no encontrara obstáculos; encontré muchos. Pero nunca me rendí, porque la energía de la *bodhicitta* era muy fuerte. Debes saber que, mientras tu energía de la *bodhicitta* esté viva y sea vigorosa, no debes preocuparte. Puedes servir al mundo toda la vida. Serás feliz y también harás felices a los demás.

En Asia, hay un fruto parecido al calabacín llamado «melón amargo». La palabra en vietnamita para decir «amargo» también quiere decir «sufrimiento». Si no estás acostumbrado a comerlo, la primera vez que lo pruebes lo pasarás mal: es muy amargo. Pero en la medicina china se cree que su amargura es beneficiosa para la salud. El melón amargo es refrescante. Puede ser amargo, pero es delicioso, y sabemos que nos hace bien.

Tendemos a evitar todo lo que es amargo y a huir de nuestro sufrimiento. No nos damos cuenta de la bondad del sufrimiento, de la naturaleza sanadora del sufrimiento. Algunos practicamos la meditación sentada para escapar del sufrimiento. Nos proporciona cierta calma y relajación, nos ayuda a olvidar nuestras dificultades y disputas y nos sentimos algo más calmados y felices. Pero ese no es el verdadero propósito de la meditación.

El maestro zen Lin Chi gritaba a sus discípulos: «¡No te sientes así! ¡No te sientes como un conejo escondido en su madriguera!». No nos sentamos para evitar el sufrimiento.

En la meditación tenemos quietud, tenemos relajación, tenemos plena consciencia, concentración y visión profunda. Y también tenemos alegría y felicidad cultivadas gracias a soltar, a dejar atrás las preocupaciones cotidianas, los problemas y ansias. Soltar es el primer paso.

Así y todo, puede que en tu mente siga habiendo un discurso mental. Y también necesitas detener ese discurso mental para cultivar la quietud y disfrutar de algo de paz y de felicidad. Estás sentado, disfrutas de la respiración, disfrutas del silencio, disfrutas de un interior en calma.

Y sin embargo, eso no basta. Debes ahondar más. En la superficie puede haber calma, pero debajo pueden ocultarse olas. La meditación sentada es para que emplees tu inteligencia y concentración a fin de profundizar más y transformar el dolor, el miedo, la ansiedad y el sufrimiento que yacen en lo más hondo de tu consciencia.

Ese sufrimiento subyacente puede ser el que padeciste en la infancia, o el sufrimiento de tus padres o de tus abuelos, que ellos no pudieron atender y que te transmitieron. Aunque solo tengas una vaga sensación de sufrimiento, debes practicar para entrar en contacto con él y emplear tu visión profunda para reconocerlo. Es como comer melón amargo. No tienes miedo. Sabes que el melón amargo te ayuda.

Cuando emerge ese sufrimiento, debes adoptar una actitud diferente. No trates de huir. Este es mi consejo. Quédate donde estás y dale la bienvenida, ya se trate de ira, de frustración o del anhelo de una necesidad no satisfecha. Prepárate para saludarlo, para abrazarlo con ternura y vivir con ello. Y descubrirás, como yo lo hice, que cuando puedas aceptarlo, acogerlo, ya no te molestará más. Igual que el melón amargo, te sana. Si no aceptas tu sufrimiento, si no lo abrazas con ternura, no sabrás en qué consiste. Ese sufrimiento puede ser nuestro maestro, y cuando lo comprendemos, nos proporciona alegría y felicidad. Permítete sufrir un poco. Muchos niños odian el melón amargo al principio, pero cuando crecen, les encanta la sopa de melón amargo.

Lo más difícil es saber que existe un sufrimiento, pero no poder ponerle nombre: es demasiado vago. Está en ti, es real, pero es difícil de identificar. Hay algún bloqueo, cierta resistencia en tu consciencia. Cada vez que estás a punto de tocarlo, lo esquivas. Puede que esto esté ocurriendo desde hace mucho tiempo, y por eso no has tenido ocasión de identificarlo con claridad. Por eso, debes tomar la determinación de no seguir así. Cada vez que aparezca, dale la bienvenida. Y con la energía de la plena consciencia, permanece en el momento presente, vigilante, y podrás identificarlo.

La meditación se centra en el momento presente. No necesitas ir a ningún lugar o viajar en el tiempo a tu pasado, a tu infancia, para encontrar las raíces de tu sufrimiento. Permaneces justo en el momento presente y observas.

Recupera tu poder

El maestro zen Lin Chi dijo que cada uno debe ser su propio maestro, no ser víctima de las circunstancias. Debemos preservar nuestra libertad, aunque las cosas que nos rodean no sean como queremos que sean. Tenemos la responsabilidad de ser dueños de la situación y de convertir toda circunstancia en la que nos hallemos en una ocasión para despertar. Dondequiera que estés, puedes ser tu propio soberano. Una persona activa siempre se pregunta: ¿qué puedo hacer, qué podemos hacer para que esta situación no empeore, para hacer que mejore? ¿Cómo puedo ayudar a que esa persona o personas cambien?

Al hacer brotar esa mente de amor y un deseo de ayudar ya no somos agentes pasivos, ya no somos víctimas. Recuperamos la actividad.

La *bodhicitta* nos confiere energía y la voluntad de actuar y de cambiar. Aunque no hayas hecho nada todavía, esa mera visión profunda y la voluntad de cambio ya hace que tu sufrimiento disminuya un 80 % o 90 %.

Si observamos con detenimiento, vemos que no hay ninguna persona en el mundo que no haya sido víctima de circunstancias difíciles. La sociedad está llena de discriminación, violencia, desigualdad, odio, codicia y ansia. La gente está abrumada por todo eso, se hace sufrir mutuamente y hace sufrir a las demás especies y al planeta. No podemos decir que haya alguien que no haya sido víctima de algo. Y debemos recordar que, incluso dentro de nosotros, también tenemos las semillas de la discriminación, la ira, el ansia, la violencia y la falta de habilidad. Cuando eres capaz de transformarte, puedes ayudar a transformarse a quienes consideras tus opresores y el origen de tu sufrimiento. Esa ha sido mi propia práctica, mi propia experiencia. No tengo enemigos, aunque he experimentado mucho sufrimiento, mucha injusticia. Hay quienes han intentado matarme, reprimirme, pero no los considero enemigos. Deseo ayudarlos. Yo he cambiado, me he transformado, y por eso ya no me considero una víctima.

Cuando nos enojamos, surge la semilla de la ira desde las profundidades de la consciencia, y la mente nos dice que sufrimos por culpa de esa persona, de esa situación. Pero, en cuanto practicamos la respiración consciente y reconocemos y abrazamos nuestra ira, la mente recupera su soberanía y puede decir: «No quiero ser una víctima de la ira. Quiero ser yo mismo. Quiero emprender un cambio». De esta forma, la respiración consciente se convierte en una práctica que te devuelve la soberanía y desarrolla tu libre albedrío.

Con la energía de la comprensión, la visión profunda y la compasión, te liberas y puedes ayudar a otras personas a liberarse a su vez. Al practicar así, serás capaz de transformar tu mente y tu corazón, y te convertirás en un bodhisattva. Podrás ayudar a quienes te discriminaron, a los que te reprimieron, a los que intentaron matarte.

Cada una de nuestras caídas es una oportunidad para volver a ponernos en pie. Esa es la actitud de quien es activo: *cuando me caigo, me levanto de nuevo para que la vida pueda ser mejor.* Esa es la actitud. Aunque encontremos obstáculos y retos, no dejamos que nos abrumen. Nos levantamos como un héroe. Con esa determinación, desaparece gran parte del sufrimiento.

En compañía de bodhisattvas

Un bodhisattva es un ser vivo, *sattva*, que ha despertado, *bodhi*. Cualquier persona en la que haya felicidad, plena consciencia, paz, comprensión y amor puede ser llamada una bodhisattva. Los bodhisattvas tienen un gran deseo de ayudar a los demás, y esa aspiración es una inmensa fuente de energía y vitalidad.

Los bodhisattvas no son solo seres humanos. Un ciervo, un mono, un árbol de mango o una roca también pueden considerarse bodhisattvas, porque ofrecen frescura, belleza y un refugio para el mundo. Los bodhisattvas no son seres excelsos que viven en el cielo, o estatuas de metal o madera sobre un altar: están alrededor de nosotros. El pino del jardín puede ser un bodhisattva que nos ofrece paz, oxígeno y alegría. El *Sutra del diamante* nos recuerda que, si quedamos atrapados en el signo «ser humano», no podremos ver a los budas y a los bodhisattvas que nos rodean.

En el budismo creemos que el planeta es un bodhisattva: un gran, inmenso y auténtico bodhisattva. Uno de los muchos nombres de la Tierra es «Gran Bodhisattva Tierra Refrescante». Nuestro planeta es el más hermoso de los bodhisattvas. Posee las cualidades de la resistencia, la solidez, la creatividad y la no discriminación: abraza y sustenta a todos los seres, a todas las cosas. Esto no quiere decir que la Tierra esté habitada por un espíritu, o que haya alguna clase de espíritu en el planeta. No debemos quedar atrapados en la idea de que pueda haber «materia» habitada por un «espíritu». La Tierra no puede ser descrita en términos de materia o mente, el planeta trasciende ambas categorías. La gran Tierra no carece de percepciones, de sensaciones: no es impersonal.

¿Cómo podría la mera materia hacer las maravillas que la Tierra hace? La gran Tierra no es humana, pero ha dado origen a los seres humanos, incluidos humanos con gran compasión y comprensión. La Tierra es, nada más y nada menos, madre de todos los budas, bodhisattvas, santos y profetas.

La Tierra es una bodhisattva donde podemos refugiarnos, no solo de forma exterior sino interior. No necesitamos morir para volver a la Tierra; ya somos parte de la Tierra. Caminando, sentados, podemos respirar con la Tierra y dejar que la Tierra nos llene y nos rodee. La Tierra tiene el poder de sanarse a sí misma y de sanarnos, y podemos confiar en ese poder. Darse cuenta de eso no es cuestión de fe ciega: es producto de la observación y la experiencia. No es algo que te dicen que creas. Cada vez que sufres, cada vez que te sientes perdido o alienado, puedes entrar en contacto con la Tierra para renovarte. Al conectar con la Tierra contenida en nosotros, empieza a darse la sanación, la sanación es posible.

No necesitamos ir a ninguna parte para encontrar bodhisattvas. No necesitamos tomar un avión, viajar a algún lugar, ni siquiera hasta las cuatro montañas sagradas de los bodhisattvas en China. El maestro zen Lin Chi dijo que, sentado justo donde estás, puedes entrar en contacto con ellos: están justo aquí en el momento presente, en nuestro propio corazón y mente. ¿Por qué buscarlos fuera de nosotros?

En la tradición budista, hablamos del bodhisattva Manjushri, el Bodhisattva de la Gran Comprensión. Dentro de cada uno está también la semilla de la comprensión. Samantabhadra es el Bodhisattva de la Gran Acción: nosotros también tenemos la semilla de la acción. Avalokiteshvara es el Bodhisattva de la Gran Compasión: nosotros también tenemos la semilla de la compasión. Solo tenemos que regar estas semillas en nuestra consciencia, y estaremos en contacto con los bodhisattvas en ese mismo instante. Eso que buscamos está tanto dentro y fuera de nosotros, como no está ni fuera ni dentro. ¿Fuera de qué? ¿Dentro de qué? Según la dialéctica del *Sutra del diamante*, «A no es A, y por eso puede ser llamado realmente A», un bodhisattva no es un bodhisattva, porque un bodhisattva está hecho *solo* de elementos no bodhisattva.

Los bodhisattvas son seres vivos con las cualidades de comprensión, compasión, acción, reverencia, etc., y estas cualidades están también en ti. No necesitas que nadie te confirme este hecho: lo sabes por ti mismo. El entrenamiento consiste en mantener estas cualidades vivas en ti. Siempre que quedes atrapado en la desesperación, por ejemplo, y sientas rencor y odio hacia personas o situaciones, sabes que aún no has llegado a comprender. Pero en cuanto mires con más hondura y brote en ti la semilla de la comprensión, la luz brillará y la oscuridad cesará. Ese es Manjushri, el Bodhisattva de la Comprensión que está verdaderamente en ti.

Se puede llegar a ser un bodhisattva. Los bodhisattvas no son personas sin problemas. Puede que haya momentos difíciles, pero los bodhisattvas no tienen miedo, porque saben cómo cuidarlos. Cada uno debe encontrar su propia lámpara, su propia luz, y ofrecérsela al mundo. La plena consciencia es un tipo de luz, una energía, que nos ayuda a saber dónde estamos, qué está pasando, y nos ayuda a saber qué hacer y qué no hacer para que la paz, la compasión y la felicidad sean posibles. Sabemos que este es un momento crucial para estar vivos en este planeta. Gracias a la luz de la plena consciencia nos convertimos en bodhisattvas, ofrecemos luz al mundo. Dejas que el despertar brille en torno a ti. Miras con los ojos de un bodhisattva, actúas con sus manos. Si lo hacemos, no tenemos motivos para ser pesimistas sobre la situación del mundo. Un bodhisattva con una intención así de profunda está libre de la desesperación y puede actuar libre y en paz.

Acción comprometida

En los años sesenta acuñamos la expresión «budismo comprometido» mientras arreciaba la guerra en Vietnam. Practicábamos la meditación sentada y caminando, pero podíamos oír las bombas que caían alrededor, los gritos de los heridos. Meditar es ser consciente de lo que está pasando, y lo que pasaba entonces era mucho sufrimiento y destrucción de vidas.

Una vez que sabes lo que está pasando, te motiva el deseo de *hacer* algo para aliviar ese sufrimiento que hay en ti y alrededor. Por tanto, debíamos encontrar la forma de practicar la respiración consiente y la meditación caminando *mientras* ayudábamos a los heridos por los bombardeos, porque si no mantienes una práctica espiritual mientras sirves a los demás, te perderás y te quemarás. Aprendimos a respirar, a caminar, a soltar la tensión mientras seguíamos actuando. Esos son los orígenes del budismo comprometido: nació en circunstancias difíciles en las que queríamos mantener la práctica y responder al sufrimiento. En una situación semejante, *todo* lo que hagas en plena consciencia (acción social, beber un té, sentarte en meditación o preparar el desayuno) no lo haces solo por ti. Estás preservándote para poder ayudar al mundo.

Esa es la actitud de los bodhisattvas: practicar la meditación no solo para uno mismo sino para el mundo, para aliviar el sufrimiento. Y cuando las demás personas sufren menos, tú sufres menos. Y cuando tú sufres menos, ellas sufren menos. Eso es el interser. No hay separación entre tú y las demás personas. No vives solo para ti, vives para los demás. Tu paz, libertad y alegría benefician también a los demás: ya estás ayudando. Así, cuando respiras o caminas en plena consciencia y generas alegría y paz, ya le estás haciendo una ofrenda al mundo. Hacer que brille la energía de la plena consciencia en el seno de tu familia, tu comunidad, tu ciudad o tu sociedad *es* una acción comprometida. Irradias compasión y paz.

Observa el árbol del jardín. Todo árbol debería ser un árbol real: estable, sereno y fresco. Si un árbol está sano, si es hermoso, todo el mundo se beneficia. Pero si el árbol es menos que un árbol, tendremos un problema. Por eso, si sabemos cómo ser seres humanos sanos, felices y compasivos, ya estamos haciendo un servicio al mundo. Estemos donde estemos, seremos de ayuda. Por eso, no se trata de tener que decidir entre ayudar a los demás y ayudarnos a nosotros. El maestro Tang Hoi dijo: «Un *arhat* es un bodhisattva, y un bodhisattva es un *arhat*». Quiere decir que quien ha despertado es un bodhisattva. Ya no hay más discriminación, no hay fronteras artificiales entre tú y los demás. Siempre se empieza por uno mismo. Y no necesitas esperar diez o veinte años para ser útil, para tener un impacto: ahora mismo ya puedes ayudar a muchas personas.

Sabemos que tenemos la «dimensión última» en la que ya no hay nada que hacer. Es muy agradable morar en la dimensión última. Todos deberíamos aprender a hacerlo. Luego está la dimensión histórica, donde hay sufrimiento, injusticia, desigualdad, explotación, etc. La cuestión es: cuando sufrimos en la dimensión histórica, ¿cómo podemos tocar la dimensión última para dejar de sufrir por miedo, desesperación y soledad? ¿Cómo traer la dimensión última a la dimensión histórica?

Propongo otra dimensión: la dimensión de la acción. La dimensión de la acción es el ámbito de los bodhisattvas, la energía que nos ayuda a traer la dimensión última a la histórica para poder vivir una vida de acción de forma relajada y alegre, libres del miedo, libres del estrés, libres de la desesperación. Cada uno de nosotros debería ser un bodhisattva, traer la dimensión última al momento presente para poder llegar, y dejar de correr, y así vivir relajados, alegres y hacer posibles la paz y el gozo para la humanidad y para las demás especies sobre la Tierra.

El amor
verdadero sana

SEGUNDA PARTE

LA DIMENSIÓN DE LA ACCIÓN: UNA NUEVA FORMA DE VIVIR

Nuestra imagen de una persona iluminada es la de alguien libre y con fuerza espiritual que no es víctima de su entorno. Una persona iluminada se ve a sí misma con claridad, sabe quién es y tiene una comprensión clara de la realidad, tanto de su propia naturaleza como de la realidad de la sociedad. Esta comprensión es el don más precioso que el zen puede ofrecernos.

La forma de ser de una persona iluminada es la contribución más positiva del zen al mundo. El zen es una tradición viva que puede entrenar a todos en esta comprensión, para llevar una vida sana, resiliente y equilibrada. El arte y el pensamiento que nacen de la visión profunda del zen también poseen estas cualidades de vitalidad, estabilidad y paz.

Que seamos capaces o no de cultivar estas cualidades de calma y libertad depende del despertar. El mundo no necesita más ideologías o doctrinas, sino un despertar que pueda renovar nuestra fuerza espiritual. Con un despertar auténtico podemos ver la situación con claridad y recuperar, como seres humanos, nuestra soberanía sobre los sistemas sociales y económicos que nosotros mismos hemos fabricado. La salida es comprometerse en una nueva forma de vivir que pueda restaurar nuestra soberanía y nuestra humanidad.

Una acción despierta

Toda acción debería basarse en el fundamento del ser. Si no hay en ti bastante paz, comprensión y tolerancia, si te abruman la ira y la ansiedad, tu acción tendrá poco valor. Por tanto, la calidad de tus actos depende de la calidad de tu ser. En el zen hablamos de la acción de la no acción. Algunas personas no parecen hacer gran cosa, pero su mera presencia es crucial para el bienestar del mundo. Y otras personas tratan de hacer muchas cosas, pero cuanto más hacen, más problemática se vuelve la sociedad, porque el fundamento de su ser no es lo bastante adecuado. A veces no haces nada, pero haces mucho. Y a veces haces mucho, pero no haces nada: no ayudas en nada. Incluso hay personas que meditan muchísimo, pero su ira y sus celos siguen intactos.

En la dimensión histórica, es verdad que hay cosas que tenemos que hacer, acciones que realizar para salvar, nutrir, sanar, reconciliar. Pero en la dimensión última, puedes hacerlo todo de forma relajada y alegre, sin ninguna preocupación. Ese es el significado de la expresión «hacer la acción que no hace». Eres muy activo, pero estás tan relajado que parece que no hicieras nada en absoluto. Disfrutas cada momento porque actúas desde la base de la no acción, sin esforzarte ni apresurarte.

En esta forma de actuar, nuestras acciones se convierten en expresión verdadera de nuestro amor, cuidado y despertar. No es que *nosotros* tengamos que tomar acciones. Si estamos despiertos, *las acciones nos tomarán de forma natural*. No podemos evitarlo.

En la tradición de la meditación, hablamos del estado ideal de «persona ociosa»: una persona libre, tranquila, que ya no busca ni se esfuerza. La expresión vietnamita es *người vô sự*, y en chino 無事人. Una persona libre, ociosa, es muy activa en ayudar al mundo, en ayudar a aliviar el sufrimiento, pero nunca se deja arrastrar por el entorno o el trabajo que está realizando. No se pierde en sus ideales o en sus proyectos. Esto es muy importante. No deberíamos hacer nada para lograr alabanzas, fama o beneficio económico. No deberíamos hacer nada para huir o evitar algo. Actuamos por amor.

Cuando hacemos algo por amor, podemos sentir la felicidad que nos proporciona. Pero cuando actuamos *sin* amor, sufrimos. Nos descubrimos diciendo: «¿Por qué tengo que hacer esto yo solo? ¿Por qué no me ayuda nadie?». Lo importante es no perdernos en nuestros actos. Seguimos ejerciendo la soberanía en toda situación. Estamos cómodos en nuestra piel y somos libres.

El meditador, el artista y el guerrero

En cada uno de nosotros hay un meditador, un yogui. Es el deseo de meditar, de practicar, de ser mejor persona, de manifestar lo mejor de nosotros, de iluminarnos. Nuestro meditador interior nos aporta lucidez, calma y visión profunda. Es la naturaleza búdica en nosotros. Quizá queramos convertirnos en personas mejores, pero hay momentos en los que no practicamos, no nos entrenamos, y no porque no queramos, sino porque no hemos generado aún las condiciones adecuadas.

En todos nosotros hay también un artista. El artista es muy importante. Puede generar frescura, alegría y darle sentido a la vida. Debes permitir que el artista que hay en ti sea creativo, para que puedas sentir y disfrutar siempre de nutrirte mientras practicas la plena consciencia. Muchos de nosotros no soportamos la monotonía. Si hemos hecho algo muchas veces, necesitamos cambiarlo, aunque sabemos que es bueno. Es algo natural.

Podrías preguntar: «¿Cómo puedo continuar el camino que deseo recorrer y seguir hasta el final?». Por supuesto, necesitas paciencia. Pero también necesitas otra cosa: el camino debe ser gozoso, nutritivo y sanador. Debemos encontrar la forma de *generar* alegría cada día.

Debemos organizar nuestros días de forma que no sean repetitivos, que cada momento sea un momento *nuevo*. Debemos encontrar formas creativas de mantener viva y nutrida nuestra *bodhicitta*, nuestra mente de principiante.

Cuando comes en plena consciencia, conduces en plena consciencia o practicas la meditación sentada o caminando, tienes que inventar nuevas maneras de hacerlo, para que respirar, caminar y sentarte sean siempre para ti fuentes de dicha, solidez y paz. Puede que en lo exterior parezca siempre lo mismo, pero tú caminas como una persona nueva, te sientas de una manera totalmente distinta, *evolucionas*. Yo puedo decir que nunca me aburro de caminar en plena consciencia. Cuando camino, cada paso es una delicia, no porque yo sea diligente o disciplinado, sino porque dejo que el artista que hay en mí trabaje y convierta mi práctica en algo nuevo, interesante, nutritivo y sanador.

Practicar la plena consciencia puede ser *siempre* nutritivo y sanador si sabemos ser creativos. No deberíamos de practicar como máquinas, sino como seres vivos. Según el maestro Lin Chi, si mientras caminas, comes o vas en tu día a día, puedes generar tan solo un destello de plena consciencia, eso ya basta. Un mero 1 % de éxito basta, porque ese 1 % es la base para muchos otros porcentajes.

En todos nosotros hay también un guerrero. El guerrero aporta la determinación para perseverar. Te niegas a rendirte. Quieres vencer. Y como practicante, debes permitir que se active ese luchador interior. No te conviertes en víctima de nada. Luchas para renovar tu práctica de meditación. Luchas para no dejar que las cosas se vuelvan aburridas. Así, el meditador acompaña al guerrero. No deberíamos tener miedo de los obstáculos del camino. De hecho, hay muchas cosas que pueden desanimarte. Pero si tu energía de *bodhicitta* es fuerte, si tu guerrero es fuerte, puedes superar esos obstáculos, y cada vez que los superas, tu *bodhicitta* se refuerza. De este modo, los obstáculos no son verdaderos obstáculos. Son aceleradores de la sabiduría, de la aspiración.

El meditador, el artista y el guerrero no son tres personas separadas: son tres aspectos de tu persona. Y deberías dejar que esos tres aspectos se activen al mismo tiempo para estar en equilibrio. Debemos movilizar a los tres y no dejar nunca que uno de ellos muera o se debilite demasiado. Si eres un activista, un líder político o un líder en tu comunidad, tienes que saber cultivar estos tres aspectos en ti para que puedas ofrecer equilibrio, firmeza, fuerza y frescura a las personas que te rodean.

Amor en acción

V. D.

La hermana Chan Khong, la discípula más antigua de Thay, es una luz brillante en nuestra comunidad de Plum Village. Desde que empezó a acompañar a Thay en los años sesenta, ha sido una pionera del budismo comprometido y una auténtica bodhisattva. El nombre por el que se la conoce es «Hermana Verdadero Vacío» (o «Hermana Descalza» para los niños), y su vida es testimonio del poder de la compasión para sanar, proteger y salvar. Siendo una adolescente creó un programa para ayudar a niños pobres de los suburbios de Saigón, antes de encontrar a Thay y ayudarlo a fundar su programa de trabajo social comprometido. Su práctica espiritual la sustentó mientras transportaba ayuda bajo las balas y dirigía equipos para enterrar a los muertos de las terribles masacres de 1968. En medio de la guerra, se doctoró en Biología y se unió a la Delegación Budista por la Paz en las Conferencias de Paz de París. Fue la hermana Chan Khong quien ayudó a Thay a organizar una de las primeras conferencias científicas sobre el medio ambiente, y al inicio de los años ochenta, lo ayudó a encontrar granjas abandonadas en la campiña francesa donde poder establecer una comunidad de vida consciente.

Yo tenía veintiún años cuando conocí a la hermana Chan Khong en Plum Village, en una de sus célebres sesiones de relajación de «Tocar la Tierra», una poderosa práctica de meditación en la que contemplas el interser con los ancestros y con la Tierra, combinado con postraciones completas sobre el suelo. Por entonces, yo había estudiado en una buena universidad y había leído muchos libros, pero conocer a la hermana Chan Khong y a las monjas aquel verano fue mi primer encuentro con mujeres sabias, con una sabiduría viva. La hermana Chan Khong, que entonces tenía más de sesenta años, tenía unos ojos chispeantes y un rostro radiante surcado por las marcas de toda una vida de sonrisas. Cuando eres joven, puedes esperar conocer a alguien como la hermana Chan Khong una vez en la vida. Nunca imaginé que tendría la suerte de acompañarla, de asistirla y de aprender de su maravilloso ejemplo.

Recuerdo vivamente un viaje al Parlamento Europeo en Bruselas poco después de recibir la ordenación. La hermana Chan Khong viajaba allí para abogar por la seguridad y la libertad religiosa de jóvenes monásticos de nuestra tradición en Vietnam, y Thay nos pidió a algunos de nosotros que la acompañáramos. Mi tarea consistía en organizar encuentros e intervenciones con la prensa, redactar informes y servir de enlace con las ONG dedicadas a la defensa de los derechos humanos. Las espadas de la acción tomaron la forma de portátiles y teléfonos. Nos alojábamos en un pequeño templo tibetano en el centro de la ciudad, y a la hermana Chan Khong le encantaba cocinar para todo el equipo. Después de cenar, llena de alegría, nos pidió que nos quedáramos a cantar. La mañana siguiente nos unimos a la meditación del templo y nos preparamos para caminar hasta el parlamento. La hermana Chan Khong nos detuvo en la puerta y nos dio instrucciones para caminar en silencio, concentrados. Con cada paso debíamos seguir la respiración, tocar la paz y la compasión en nuestros corazones e invitar a nuestros ancestros espirituales a caminar con nosotros.

Las reuniones de la hermana Chan Khong con los representantes de política exterior, derechos humanos y libertad religiosa me enseñaron cómo es el amor en acción. La hermana Chan Khong sabía que nuestro éxito no dependía de la calidad de nuestra documentación o de los apoyos políticos con los que contásemos. Dependía de que llegásemos al corazón y a la humanidad de cada persona con la que nos reuníamos.

Sabía que, si podíamos despertarlos a la verdad que tenían ante sus ojos, sabrían exactamente cómo ayudar. El amor y el carisma de la hermana Chan Khong se ganaron el corazón de los burócratas más endurecidos. A veces sonreía, a veces lloraba, y a veces hacía ambas cosas a la vez. Sabía que hablaba en defensa de los derechos y la libertad de la siguiente generación de budistas comprometidos para actuar y dar continuidad al legado de Thay en Asia. Los actos de la hermana Chan Khong estaban impulsados por el amor y despertaban amor en los demás. El impacto de esas reuniones resuena todavía.

Nuestro programa estaba muy lleno: de Bruselas viajamos a Estrasburgo, a Ginebra y a París. Recuerdo que hicimos una breve pausa en uno de los elegantes cafés del recinto del Parlamento Europeo. La hermana Chan Khong pasó delante de las mesas y se tumbó en el alfeizar de una ventana de la cafetería. Cerró los ojos, puso las manos sobre el abdomen y empezó a practicar respiración consciente y relajación. El joven camarero sonreía, algo sorprendido, y asentía con la cabeza en señal de respeto: «Por supuesto, de acuerdo, señora».

La hermana Chan Khong es un espíritu libre, una fuerza de la naturaleza. Sabe cómo equilibrar exactamente la concentración, la paz y calma de una meditadora, la creatividad y alegría de una artista y la fortaleza y resistencia de una guerrera. Su penetrante mente es clara, libre, rápida como el rayo. Sabe cuándo comprometerse, cuándo abandonar y seguir adelante; sabe exactamente qué actos ayudarán a aliviar el sufrimiento y cuáles no lo harán. Es el fruto de años de practicar la plena consciencia, cultivar la compasión y entrenar la mente justo en el corazón de la acción.

————————————✳t.d.

Entrenar la mente

La plena consciencia, la concentración y la visión profunda son tres energías que nos ayudan a genera felicidad y a lidiar con el sufrimiento. Podemos llamar a estas energías «el triple entrenamiento» (en chino 三學, en vietnamita *tam học*). *Entrenas* la plena consciencia, *entrenas* la concentración y *entrenas* la visión profunda. Otro término para la práctica de la meditación es *bhāvanā*. Significa «entrenar, practicar, cultivar». Si hay algo que todavía no existe, podemos generarlo, de la misma manera en que un agricultor cultiva un campo para producir trigo o maíz. *Bhāva* significa literalmente «estar ahí». Es decir, producimos, hacemos que algo exista, y ese algo es la alegría, la paz y la libertad. En castellano empleamos la palabra «práctica». Si nuestra práctica es buena y sólida, no tenemos nada que temer en el futuro. Gracias a la práctica nos entrenamos para producir alegría, felicidad, paz, armonía y reconciliación, y para lidiar con el dolor, el sufrimiento, la separación y la incomprensión. Lo opuesto a la plena consciencia es el olvido. Olvidar quiere decir ser arrastrado por el pasado, por el futuro, por tus proyectos, por tu ira, por tu miedo. No estás realmente vivo. Todos tenemos la semilla del olvido y la semilla de la plena consciencia en nuestro interior, y si nos entrenamos un poco (bebiendo el té de forma consciente, respirando de forma consciente o dándonos una ducha de forma consciente) durante unos días, nuestra semilla de plena consciencia se hará más fuerte. Gracias a esa plena consciencia estás más concentrado, y con esa concentración lo ves todo con más claridad y profundidad. Todas tus decisiones serán más sabias, todo lo que hagas tendrá una mejor calidad. Cuando estás con otra persona, aportas esa plena consciencia y concentración a la relación, que será más profunda. Y si entrenas todos los días respirar, caminar y hacer conscientemente lo que hagas, la semilla de la plena consciencia en ti crecerá más y más cada día.

Cuando era joven, el maestro zen Lin Chi era un estudiante inteligente y aplicado. Pero al final abandonó el estudio de libros y textos para seguir la práctica del zen. Esto no significa que no debamos estudiar; el maestro Lin Chi tenía un sólido conocimiento de las enseñanzas budistas. Estudiar es necesario, pero el estudio formal en sí mismo no conduce a la transformación, al despertar. Muchos de nosotros estamos dispuestos a pasar seis, ocho años estudiando para obtener un diploma. Creemos que es necesario para nuestra felicidad. Pero pocos de nosotros estamos dispuestos a pasar tres, seis meses, incluso un año, entrenándonos para lidiar con nuestra tristeza o nuestra ira, para escuchar con compasión, para emplear un habla amorosa. Si puedes aprender a transformar la ira, la tristeza y la desesperación, si puedes aprender a usar el habla amorosa y la escucha profunda, puedes convertirte en un verdadero héroe capaz de hacer felices a muchas personas.

Un código ético

En estos tiempos de globalización, la armonía sería imposible si no compartiésemos algunos valores o una «ética global». Los cinco entrenamientos de la plena consciencia son cinco breves textos que expresan la contribución budista a una ética y espiritualidad global. Proponen una práctica espiritual que puede hacer nacer la verdadera felicidad, el verdadero amor, proteger la vida, restaurar la comunicación y hacer realidad la sanación del planeta y de todos los que vivimos en la Tierra. Son una salida a esta difícil situación del mundo.

La visión profunda del no yo y del interser son una base firme a partir de la cual cambiar tu vida y tu comportamiento. Desde esta visión profunda brotará naturalmente la acción correcta para tu bienestar y el bienestar del planeta. Siguiendo el camino de los cinco entrenamientos de la plena consciencia, ya estás en el camino de la transformación y la sanación; te haces un bodhisattva que ayuda a proteger la belleza de la diversidad de culturas y participas en salvar el planeta.

El camino se hace al andar

V. D.

En sánscrito, «camino» se dice *mārga*. No se trata de una carretera bien trazada, sino de un abrupto sendero que serpentea hacia la cima de la montaña. En tiempos como los actuales, puede ser difícil divisar el camino que hay que seguir: hay mucha niebla e incertidumbre. ¿Cómo creer lo que vemos? ¿En qué dirección deberíamos caminar?

Como descubrirás en este libro, Thay describe la plena consciencia como un camino, no como una herramienta. No es una herramienta *para lograr algo*, ni siquiera la relajación, la concentración, la paz o el despertar. No es un *medio* para lograr un fin, una herramienta para aumentar la productividad, la riqueza o el éxito. En la verdadera plena consciencia, llegamos a destino *a cada paso* del camino. Ese destino es la compasión, la libertad, el despertar, la paz, el no miedo. La verdadera plena consciencia no puede ser separada de la ética. Si la visión profunda que experimentas gracias a la plena consciencia es auténtica, cambiará tu manera de ver el mundo y la forma en que quieres vivir.

Para desarrollar la visión profunda presentada en la primera parte de este libro (la visión profunda del interser, de la dimensión última, de transformar un melón amargo de sufrimiento en compasión) necesitamos una práctica sólida y regular de meditación y de plena consciencia. Necesitamos silencio, sentarnos quietos y pasar tiempo en la naturaleza. Pero también necesitamos un marco para ser conscientes de nuestra forma de trabajar, consumir, hablar, escuchar, amar e interactuar con el mundo. La plena consciencia no es solo para la quietud del cojín de meditación; es para la realidad tridimensional de nuestra vida diaria. Precisamente aplicando esta visión profunda y las enseñanzas contra la áspera pared de piedra de la realidad podemos recorrer el camino de la transformación.

Los siguientes capítulos capturan las poderosas enseñanzas de Thay sobre cada uno de los cinco entrenamientos, cinco preceptos esenciales que plantean una nueva forma de vivir en el planeta basada en una visión profunda radical sobre el interser tal como aparece en el *Sutra del diamante*. En «Reverencia por la vida» exploramos la ética de la no violencia. En «Simplicidad profunda» revisamos las ideas sobre la felicidad que pueden estar destruyendo nuestro planeta, nuestra sociedad. En «Combustible correcto» miramos con hondura qué es lo que guía nuestras acciones y sueños. En «Diálogo valiente» descubrimos nuevas formas de escuchar y de hablar que pueden fomentar la colaboración y la inclusión. Y en «Amor verdadero» aprendemos el poder de la compasión para propiciar la sanación y el cambio. Cada uno de estos cinco capítulos incluye el texto de un entrenamiento o «precepto». Esta ética puede resultar desconocida o inesperada; puede ser incluso un reto. Y sin embargo, solo podremos encontrar una nueva salida si nos permitimos cambiar nuestras ideas y hábitos. Si deseamos ayudar a la sociedad y al planeta, necesitamos cultivar la reverencia por la vida, una profunda simplicidad, un amor verdadero y el diálogo valiente, y necesitaremos el combustible correcto como nuestro alimento. He aquí un compás ético, una estrella polar para guiar nuestros pasos.

———————————*t.d.

REVERENCIA POR LA VIDA: LA NO VIOLENCIA ES UN CAMINO, NO UNA TÁCTICA

Fortaleza espiritual

Todos deberíamos contar con una dimensión espiritual en nuestra vida para poder afrontar y superar los retos y las dificultades que encontramos cada día. Se puede hablar de espiritualidad desde el punto de vista de la *energía*: la energía del despertar, de la plena consciencia, la energía que nos ayuda a estar ahí, plenamente presentes en el aquí y el ahora, en contacto con la vida y sus maravillas.

Solemos distinguir entre lo espiritual y lo no espiritual. Asociamos lo espiritual con el espíritu y lo no espiritual con el cuerpo. Esa es una forma discriminatoria de mirar. Supongamos que me preparo un té. Necesito hojas de té, agua caliente, una tetera y una taza. Estos elementos, ¿pertenecen al ámbito espiritual o al ámbito no espiritual? En cuanto lleno la tetera de agua caliente en plena consciencia, me habita la energía de plena consciencia y concentración y, de pronto, ese té, esa agua y esa tetera se vuelven espirituales. Y mientras levanto la taza y la sostengo entre las manos con plena consciencia y concentración, el acto de beber té se vuelve *muy* espiritual. Todo lo que esté tocado de energía de plena consciencia, concentración y visión profunda se vuelve espiritual, incluso mi cuerpo disfrutando de un té. Por tanto, la distinción entre lo espiritual y lo profano no es absoluta. Vivimos *en* el mundo y todo lo que se considera «mundano» puede volverse espiritual cuando aplicamos la energía del despertar. Podemos generar plena consciencia, concentración y visión profunda en cada acto de la vida cotidiana, y estas energías son las que te hacen espiritual.

Cuando ingresé en el templo siendo un monje muy joven, me enseñaron a recitar estos versos por la mañana nada más despertar:

> *Al despertar esta mañana, sonrío.*
> *Ante mí, veinticuatro nuevas horas.*
> *Me comprometo a vivir cada instante con hondura*
> *y a mirar a todos los seres con los ojos de la compasión.*

Por entonces no me daba cuenta de la importancia y de la profundidad de este pequeño poema, no lo comprendía. ¿Por qué tengo que sonreír cuando me despierto? Más tarde aprendí que esta sonrisa es ya una sonrisa de iluminación. En cuanto despiertas, comprendes que *tienes una vida*, que hay vida en ti, que la vida te rodea, y sonríes a la vida. Saludas la vida con una sonrisa para sentirte realmente vivo y sentir en ti la energía de estar vivo. Generas energía de plena consciencia y eso te convierte, al instante, en un ser espiritual.

Cuando recitas el segundo verso, tu sonrisa se hace más honda al comprender que tienes veinticuatro nuevas horas de vida ante ti, veinticuatro horas servidas en tu puerta, en tu corazón. Tu sonrisa es una sonrisa de despertar y alegría, aprecias la vida y te decides a hacer un buen uso de las horas de vida que te han sido dadas.

Para los cristianos, allí donde esté el Espíritu Santo, allí está la vida, el perdón, la compasión, la sanación. Estas energías también las genera la plena consciencia, por lo que podríamos decir que «Espíritu Santo» es otra forma de decir «plena consciencia». Es una energía que te vuelve vivo, compasivo, amoroso e indulgente. Lo que importa es la energía que hay en ti: si sabes cómo cultivarla, podrás hacer que se manifieste.

Cuando nos acercamos al sufrimiento con la energía de la plena consciencia y la concentración, ¿pertenece ese sufrimiento a lo mundano o a lo espiritual? Si dejas que el sufrimiento te abrume, no es espiritual. Pero cuando aprendes a reconocerlo, a abrazarlo y a observarlo profundamente para que puedan surgir la comprensión y la compasión, hasta el sufrimiento se vuelve espiritual. Eso no quiere decir que debamos crear más sufrimiento, ya tenemos más que suficiente. Pero podemos *hacer un buen uso de él* para generar compasión. El sufrimiento puede presentarse en forma de tensión y dolor corporal. Si hacemos uso de la respiración y el caminar conscientes para soltar esa tensión y aliviar el dolor, esa práctica es espiritual. Si abrazamos las sensaciones y emociones dolorosas como la ira, el miedo, la violencia y la desesperación con la energía de la plena consciencia y pacificamos la mente y el cuerpo, esa es también una práctica espiritual.

En 1966 me invitaron a Estados Unidos a hablar contra la guerra de Vietnam. Allí había un creciente movimiento para pedir la paz y poner fin a la guerra, pero era muy difícil estar en paz. Recuerdo que durante una de mis charlas, un joven norteamericano se levantó y me increpó: «¡Tú no deberías estar aquí! ¡Vuélvete a Vietnam y empuña un arma! ¡Pelea allí contra el imperialismo americano!». Había mucha ira en el movimiento por la paz.

Esta fue mi respuesta: «Las raíces de la guerra de Vietnam están aquí, en Estados Unidos. Los soldados americanos enviados a Vietnam también son víctimas: víctimas de una política errónea. Por eso debo venir aquí a decirle al pueblo de Norteamérica que esta guerra no es útil».

Ocurra lo que ocurra, debemos mantener vivas la comprensión y la compasión, para no perdernos en el odio y la ira. Y así, en mi gira por Estados Unidos dando charlas a grupos del movimiento por la paz, les decía que, si estaban llenos de ira, nunca lograrían la paz. Debes *ser* paz antes de *hacer* la paz. Poco a poco, con ayuda de amigos que eran también líderes espirituales, encontramos ocasiones para incorporar la no violencia y una dimensión espiritual en el movimiento por la paz.

En las situaciones difíciles todos necesitamos una práctica espiritual para poder sobrevivir y mantener vivas nuestra esperanza y nuestra compasión. Cada una de las personas que vivimos en la Tierra deberíamos introducir una dimensión espiritual en la vida diaria, para no ser arrastradas, poder cuidar de nuestro sufrimiento y de nuestra felicidad. Debemos regresar al hogar en nosotros mismos y mirar con hondura: ese es el trabajo del espíritu. Nuestro siglo debe ser el siglo de la espiritualidad. De ello depende nuestra supervivencia.

¿Te amas todavía?

Si no te respetas, será difícil que ames y respetes a otros seres en la Tierra. Cuando quedas atrapado en la idea de que *este cuerpo* es tú mismo, de que *esta mente* es tú mismo, subestimas tu valor. Pero cuando puedes liberarte de la noción de un yo y ver tu cuerpo y tu mente como una corriente de seres, de ancestros, empiezas a tratar tu cuerpo y tu mente con más respeto.

Quizá sientas que no te mereces ser amado. Pero todos necesitamos amor, incluso Buda. Sin amor, no podemos sobrevivir. No deberíamos discriminarnos; necesitas amor, mereces amor, *todos* merecemos amor. Tus ancestros en ti necesitan amor, ¿por qué privarlos de él? Aún están vivos en cada una de las células de tu cuerpo. Tal vez no tuvieron suficiente amor mientras vivían. Pero ahora, tenemos la oportunidad de ofrecerles amor cuidándonos a nosotros mismos, amándonos.

Eres una de las maravillas de la vida, aunque pienses lo contrario, aunque te desprecies o creas que todo tú eres sufrimiento. El arce que está afuera también es una maravilla, y también lo es la naranja que estás a punto de pelar. Y tú, la persona que va a pelar esa naranja y se la va a comer, también eres una maravilla. Son tu ira, tu miedo y tus complejos los que te impiden verlo. Eres tan asombroso como la luz del sol y el cielo azul.

Es posible entrenarse para poder inspirar y espirar de forma consciente y reconocer todas las cosas buenas que nos han sido transmitidas: las semillas de la compasión, de la comprensión, del amor y del perdón. Podemos confiar en nosotros mismos porque somos capaces de ver que nuestros ancestros están aquí, en nosotros. Hoy vivimos en una democracia gracias a que nuestros ancestros lucharon duramente por ello. Tenemos hermosas ciudades, arte, literatura, música, filosofía y sabiduría porque nuestros ancestros lo crearon. Tus ancestros están en ti. Si ellos pueden hacerlo, tú también puedes hacerlo. Tú *crees* en ti, confías en que puedes seguir con aquello que ellos no pudieron hacer en vida.

En Vietnam, en cada casa hay un altar con imágenes de los ancestros espirituales y biológicos. Cada día encendemos una vela y una vara de incienso, colocamos flores y quitamos el polvo. Les contamos a los niños historias de sus vidas, sus cualidades. Es algo que nos inspira, que nos une. Cada uno regresa al hogar de sus raíces para redescubrir los valores que nos han sido legados.

El maestro Lin Chi enseñó que debemos confiar en nuestras propias semillas de despertar, liberación y felicidad, no salir a buscarlas fuera de nosotros. En tu cuerpo, en tu mente, en tu espíritu ya tienes todos los elementos que necesitas para sanar. Ya tienes en ti el elemento del despertar, de la iluminación y de la felicidad. Solo necesitas volver a ti y entrar en contacto con ellos.

Despertar a las maravillas

Recuerdo el viaje que hice hace unos pocos años al norte de California para guiar retiros y dar charlas. Me alojaba en una pequeña cabaña en un monasterio en las montañas, en medio de un bosque de gigantescas secuoyas. Un día, vino un periodista del *San Francisco Chronicle* a hacerme una entrevista sobre la plena consciencia. Lo invité a tomar té antes de la entrevista, y nos sentamos fuera de la cabaña, al pie de unas enormes secuoyas. Le sugerí que se olvidara de la entrevista y tan solo disfrutase del té conmigo. Y fue lo bastante amable para aceptar.

Así que preparé el té y disfrutamos juntos de la frescura del aire, de la luz del sol, de las secuoyas y del té. Yo sabía que, para escribir un buen artículo sobre la plena consciencia, tienes que experimentarla un poco, no solo hacer preguntas y registrar las respuestas. Eso no haría que los lectores comprendiesen lo que es la plena consciencia. Así que intenté ayudarlo a disfrutar del té: la plena consciencia de beber té. Pareció disfrutar mucho de ese té y olvidarse de la entrevista. Después tuvimos una larga conversación y lo acompañé hasta el aparcamiento.

A medio camino, me detuve y lo invité a mirar el cielo, respirar y sonreír: «Al inspirar, soy consciente del cielo en lo alto. Al espirar, sonrío al cielo». Pasamos dos o tres minutos parados allí, contemplando el cielo, respirando y disfrutando del intenso color azul. Cuando llegó a su automóvil, me dijo que era la primera vez que había contemplado el cielo de esa forma. Entró de verdad en contacto con el cielo azul. Por supuesto, ya había visto el cielo muchas veces antes. Pero era la primera vez que lo veía de verdad.

Albert Camus, el novelista francés, escribió una novela titulada «El extranjero». Trata de un hombre joven que comete un crimen. Mata a alguien y lo condenan a la pena de muerte. Tres días antes de la ejecución, tumbado en el catre de su celda, levanta la mirada. Y de repente ve el cielo azul por una claraboya. Es verdad que ya ha visto el cielo muchas veces antes, pero esa es la primera vez que lo contempla tan profundamente (tan solo un pequeño cuadrado de cielo). Tal vez apreció cada momento que le quedaba de vida porque iba a ser ejecutado. Camus llama a ese despertar, a esa capacidad de entrar en contacto con la realidad, «*le moment de conscience*», el momento de consciencia, un momento de plena consciencia. Gracias a la plena consciencia, ese hombre pudo entrar en contacto con el cielo azul por primera vez.

Unos momentos después, llega un cura católico para ofrecerle la extremaunción al prisionero. El joven se niega a recibirlo porque se da cuenta de que le queda muy poco tiempo de vida, y no quiere desperdiciarlo haciendo algo en lo que no cree. Siente que él ha despertado y que el cura está aún en la oscuridad, en el olvido, sin vivir de forma plena. Camus escribe: «*Il vit comme un mort*», vive como un muerto.

Muchos estamos así: vivimos, pero lo hacemos como personas muertas, porque no hemos experimentado ese momento de despertar. No somos conscientes de tener un cuerpo, que es una maravilla. No somos conscientes de que las maravillas de la vida nos rodean, incluyendo el cielo azul. Caminamos como sonámbulos. No estamos realmente vivos. Es como si nos hubiesen apagado: no estamos «encendidos» para estar presentes y vivir la vida con hondura. Necesitamos despertar para volver a vivir. Esta es la práctica de la resurrección. Muchos vivimos como si estuviéramos muertos, pero tan pronto como aprendemos a respirar y a caminar de forma consciente, podemos resucitar y regresar a la vida.

Teniendo esa novela en mente, invité al periodista a parar de camino al aparcamiento para que observara el cielo, respirara y entrara en contacto con él. Y fue un exitoso ejercicio de plena consciencia. Su artículo sobre la plena consciencia fue excelente, porque había probado la plena consciencia bebiendo té, caminado, respirando y contemplando el cielo.

Sal, desconecta y date un paseo en la dimensión última

V. D.

Cultivar la reverencia hacia la simple maravilla de vivir es, hoy en día, un poderoso acto de resistencia. Elegir salir, abrir los ojos, los oídos y el corazón a la presencia de este hermoso planeta requiere valor y libertad. La sociedad nos ha condicionado para hacer lo contrario.

Los días que Thay pasaba en su cabaña eran un magistral equilibrio entre la acción y la no acción. Bien estuviera trabajando en una traducción, estudiando, preparando una charla o escribiendo un artículo o una carta, cada pocas horas Thay se daba un breve y tranquilo paseo fuera de su cabaña. Sin importarle el viento, la lluvia, la nieve o el sol, se levantaba de su escritorio, plenamente consciente de cada paso, de cada respiración, tomaba su abrigo, su sombrero y bufanda, y salía a disfrutar de una meditación caminando por el jardín, junto al bambú y los pinos, a lo largo del pequeño riachuelo que atravesaba el jardín. En los días soleados, se tumbaba en una hamaca colgada entre los árboles y contemplaba las hojas del álamo agitarse en el viento. A veces podía experimentar una visión profunda, y entonces regresaba a su cabaña, tomaba un pincel de caligrafía y capturaba esa visión sobre el papel.

Puede haber trabajo pendiente. ¿Cuándo no lo hay? Thay nos enseña que, como practicantes de meditación, depende de nosotros hacer valer nuestro derecho a ser libres; ser un simple ser humano que disfruta de estar vivo sobre este hermoso planeta. Siempre que invitaban a Thay a hablar en un parlamento o congreso, insistía en guiar al final una meditación caminando en el exterior. En Harvard, en la sede de Google y en la del Banco Mundial en Washington DC, hizo exactamente lo mismo. Thay quería que todos experimentaran la paz y la libertad que produce ser consciente de cada paso, de cada respiración, estar plenamente presente mientras caminas por calles, jardines y plazas que ya conoces. La dimensión última no es algo lejano. Está disponible para nosotros si experimentamos profundamente la vida que nos rodea justo en el lugar donde vivimos y trabajamos.

Cuando yo trabajaba en Londres como una joven periodista del canal de noticias de la BBC, ya había empezado a estudiar con Thay en Plum Village. Pregunté a una monja cómo podría preservar mi práctica cuando regresara a la ciudad. Ella me dijo que debía crear «islas de plena consciencia» en mi jornada diaria. Me recomendó que bajara del autobús un poco antes y caminase hasta mi trabajo: «Solo necesitas elegir un recorrido que caminar en plena consciencia. No te tomará mucho tiempo del día, y mantendrá a salvo tu energía de plena consciencia».

Elegí un atajo a través del jardín de una iglesia. Cada día, al cruzar la calle y atravesar la reja de entrada, accedía al ámbito de la plena consciencia. Podía oír el tráfico, ver los árboles, escuchar los pájaros, sentir el latido de la ciudad mientras seguía cada paso, cada respiración. A veces, si los pensamientos me ganaban, me detenía en seco, respiraba profundamente y recalibraba mis pasos. Nunca me sentí tan cerca del alma de la ciudad como durante esos pocos minutos en los que atravesaba aquel jardín.

Uno de los amigos y discípulos más cercanos de Thay es el notable maestro zen Dr. Larry Ward. En su libro reciente titulado *America's Racial Karma: An Invitation to Heal* (*El karma racial de Estados Unidos: una invitación a la sanación*) ha escrito esto acerca del poder sanador de estar con las maravillas de la Tierra: «Cuando estoy en el mundo natural exterior, me conmueve el hecho de no sentirme juzgado, de no sufrir ante una política basada en mi piel. Hace poco le dije a un amigo que nunca he sentido que algún árbol o alguna roca me faltaran al respeto o me hicieran sufrir a propósito. Cada día experimento las maravillas de la vida, y al hacerlo, alimento mi mente y mi corazón con una corriente de belleza, vastedad y gratitud mientras ellos restauran el bienestar de mi sistema nervioso».

Al cultivar a diario, con regularidad, la práctica de salir de las «cuatro paredes» de su casa, Larry explica: «Ahora hay en mí una vitalidad nueva, más honda, para crearme a mí mismo y crear el mundo de nuevo [...]. Para acabar con la injusticia, no debemos perder nuestro centro, nuestra resiliencia espiritual, y sobre todo, nuestra capacidad de responder con sabiduría, compasión y acción para crear un mundo nuevo».

———————————⋆t.d.

El arte de la no violencia

El término sánscrito para «no violencia» es *ahiṃsā*. Significa no hacer daño, no causar daño a la vida, a nosotros o a los demás. La expresión «no violencia» puede dar la impresión de que eres una persona poco activa, de que eres pasiva. Pero no es verdad. Vivir de forma pacífica y no violenta es un arte, y debemos aprender a hacerlo.

La no violencia no es una estrategia, una habilidad o una táctica para lograr algún objetivo. Es la acción o respuesta que nace de la comprensión y la compasión. Mientras haya en tu corazón comprensión y compasión, todo lo que hagas será no violento. Pero en cuanto te conviertes en una persona dogmática sobre la no violencia, dejas de ser no violenta. El espíritu de la no violencia debe ser inteligente. Un agente de policía puede llevar un arma de forma no violenta, porque si se vale de su calma y de su compasión para resolver situaciones difíciles, no necesitará emplear el arma. Puede parecer que está dispuesto a usar la violencia, pero en su corazón y en su mente no hay violencia. Es posible detener, esposar y apresar a un criminal con compasión.

A veces, no actuar es violencia. Si permites que otras personas maten y destruyan, aunque tú no estés haciendo nada, estás implicado en esa violencia. Así que la violencia puede consistir en actuar o en no actuar.

Una acción no violenta es también una acción a largo plazo. En el ámbito de la educación, la agricultura y el arte, puedes introducir el pensamiento no violento, la acción no violenta. Ayudar a otras personas a eliminar toda discriminación es un acto esencial de no violencia, porque la violencia nace de la discriminación, del odio, del miedo y de la ira. La propia discriminación es una clase de violencia. Cuando discriminas a una persona, no le das ninguna oportunidad, no la incluyes. Y la inclusión y la tolerancia son cruciales en la práctica de la no violencia. Respetas la vida y la dignidad de todas las personas. Ayudar a los demás a transformar la discriminación, el odio, el miedo y la ira antes de que se conviertan en actos *es* una acción no violenta, es algo que puedes empezar a hacer ahora mismo. No esperes a enfrentarte a una situación difícil para decidir si actuarás de forma violenta o no violenta.

La no violencia nunca podrá ser absoluta. Solo podemos decir que debemos ser tan no violentos como nos sea posible. Cuando pensamos en los ejércitos, creemos que solo ejercen la violencia. Pero hay muchas formas de dirigir un ejército, de proteger una ciudad, de detener una invasión. Hay formas más violentas y otras menos violentas. Siempre puedes elegir. Quizá no sea posible ser no violento al 100 %, pero ser no violento en un 80 % es mejor que serlo al 10 %. No busques lo absoluto. No puedes ser perfecto. Haces todo lo que puedas hacer: eso es lo que se necesita. Lo importante es que tomes la determinación de caminar en la dirección de la comprensión y la compasión. La no violencia es la Estrella Polar. Nosotros solo tenemos que hacer todo lo que nos sea posible, eso es bastante.

La guerra y la violencia no siempre implican el uso de armas. Cada vez que generas un pensamiento lleno de odio e incomprensión, eso es también una guerra. La guerra puede manifestarse en nuestra forma de pensar, de hablar y de actuar. Quizá vivamos en guerra, luchando contra nosotros y contra los que nos rodean, sin que nos hayamos dado cuenta de ello. Puede haber momentos de tregua, pero la mayor parte del tiempo estás en guerra. No te conviertas en un campo de batalla. Suprimir o negar tus emociones también puede ser violencia psicológica. En la meditación budista nos entrenamos en estar con nuestro sufrimiento, nuestra ira, nuestro odio o desesperación. Deja que la energía de la plena consciencia abrace con ternura cualquier emoción que se presente, que penetre en ella. *Dejas* que se manifieste, la abrazas y la ayudas a transformarse.

También puede ser violento un sistema económico. Aunque no veas fusiles o bombas, sigue siendo sumamente violento porque es una especie de prisión que mantiene a mucha gente excluida. Los pobres deben ser pobres para siempre y los ricos siempre ricos a causa de la violencia institucional sistemática. Debemos abolir esos sistemas económicos para incluir a todas las personas, darles la oportunidad de educarse, de trabajar, de desarrollar su talento. Eso es aplicar la no violencia en el ámbito de la economía. Cuando el dirigente de una empresa practica la no violencia en su compañía, no beneficiará solo a todos los que le rodean, también se beneficiará a sí mismo. Tener un producto interior bruto elevado no hará feliz a la sociedad, la felicidad llegará de producir compasión. Tienes derecho a buscar el crecimiento económico, pero no a costa de la vida.

La resistencia no violenta

Cuando era un joven monje, durante un tiempo estuve tentado de hacerme marxista. Vi que en la comunidad budista en Vietnam se hablaba mucho de servir a los seres vivos, pero no hacían nada práctico por ayudar al país, que estaba bajo dominio extranjero, y el pueblo sufría a causa de la pobreza y la injusticia. Quería contribuir a crear un budismo que pudiese reducir la injusticia social y la opresión política. Vi que el marxismo intentaba realmente hacer algo, que estaban dispuestos a morir por la humanidad. Lo que entonces me tentaba no era la fama, el dinero y las mujeres bellas, sino el marxismo.

No me hice comunista porque fui afortunado. Me di cuenta enseguida de que, si era miembro del partido comunista, debería obedecer sus órdenes y, tal vez tener que matar a compatriotas que no estaban de acuerdo con el partido en vez de poder ayudarlos. Cuando eres joven y estás lleno de buena voluntad por servir a tu país, te unes a un partido político. Quieres ayudar, no hacer daño, pero tu partido puede convertirse en una máquina, y un día puedes recibir la orden de matar o suprimir a otros jóvenes que no pertenecen a tu partido. Y tienes que traicionar tu aspiración inicial de amar y servir. A mí me salvó la comprensión de que la revolución violenta no era mi camino. No quería caminar en la dirección de la violencia.

El principio de no dañar, no matar, es muy importante. Intentas ayudar, salvar a otras personas porque tu corazón está lleno de compasión. La compasión es una poderosa energía que nos permite hacer todo lo que podamos para ayudar a reducir el sufrimiento que nos rodea.

En la acción comprometida, no necesitas morir para hacer llegar tu mensaje. Debes vivir para poder seguir adelante. Podemos ir a prisión, podemos protestar. Pero, aunque nuestra protesta sea muy vigorosa, debemos recordar que protestar puede no ser suficiente para eliminar el miedo, la ira y la codicia contra las que protestamos. Una protesta verdadera consiste en ayudarlos a despertar y a tomar una nueva dirección. Eso es una acción verdadera. Podemos hacerlo dando ejemplo. Creas una comunidad de paz y solidaridad auténtica. Consumes de forma que protejas el planeta. Hablas y escuchas de una forma que transforme la ira y la división. Vives de forma sencilla y eres feliz. Esta es una forma radical de pacificar. Encarnas la salud en ti y en el planeta, y vives de forma que demuestre que un futuro es posible.

No tomar partido

Durante la guerra de Vietnam había mucho miedo, ira y fanatismo. Los comunistas querían destruir a los anticomunistas, y los anticomunistas querían destruir a los comunistas. Importamos ideologías y armas del exterior y pronto iniciamos una lucha entre hermanos. Ambos bloques recibían apoyo internacional en soldados, dinero y armas. Cada bando estaba convencido de que su visión era la mejor, y estaban dispuestos a morir por ella. Pero había aún muchos de nosotros que no queríamos la guerra y tratamos de hacer que se escuchara nuestra voz. No se te permitía expresar un deseo de paz porque ambos partidos en guerra querían luchar hasta el final. Por eso, el movimiento pacifista tuvo que hacerse clandestino, te jugabas la vida si defendías la paz. Me uní a un grupo de jóvenes para difundir textos pacifistas y yo escribí poesía antibelicista y por la paz que fue prohibida y tuvimos que publicarla en secreto. Si te encontraban un ejemplar, te arriesgabas a ir a la cárcel.

Al hablar en favor de la paz, no tomábamos partido. Era muy difícil, muy peligroso adoptar esa postura. Cuando tomas partido, te protege al menos uno de los bandos. Pero si no tomas partido, te expones a ser atacado por ambos, así que es muy difícil. En esas circunstancias, defendimos la paz y emprendimos una labor social en el espíritu de la no violencia y la no discriminación. Era muy duro. En ese contexto, nuestra Escuela de Jóvenes para el Servicio Social fue incomprendida por ambos bandos.

Una noche, hombres armados entraron en las instalaciones, secuestraron a cinco de nuestros trabajadores sociales y los llevaron a la orilla del río Saigón. Allí los interrogaron para confirmar que eran trabajadores sociales de nuestra escuela y cuando lo admitieron, aquellos hombres les contestaron: «Lo sentimos. Hemos recibido órdenes de mataros». Y les dispararon allí mismo. Conocemos esa historia porque uno de aquellos estudiantes cayó al río después de que le dispararan, pero sobrevivió.

Nos matamos unos a otros porque no sabemos quiénes somos realmente. Para matar a alguien, primero debes asignarle una etiqueta: la etiqueta de «enemigo». Solo podemos dispararle a una persona sin dudarlo cuando podemos verla como nuestra enemiga.

Pero mientras la veamos como una persona, como un ser humano, no podremos apretar el gatillo. Así, en la base de la violencia y del asesinato está la idea de que esa otra persona encarna el mal, que no queda en ella rastro de bondad. Nuestra visión está nublada por el odio. Creemos que el otro partido es malvado. Pero esa maldad es solo una visión, una idea. En el budismo, la espada de la visión profunda sirve, ante todo, para cortar las visiones, las etiquetas: en este caso, que esa persona o grupo de personas sean «malvadas». Esas etiquetas son peligrosas. Deben ser cercenadas. Las visiones pueden destruir seres humanos, pueden destruir el amor.

Nuestro enemigo no son las personas. Nuestro enemigo es el odio, la violencia, la discriminación y el miedo.

Fueron tiempos muy difíciles, muy dolorosos. Antes de matar a los trabajadores sociales, los atacantes les dijeron que lo sentían. Así, sabemos que no querían matarlos, que fueron obligados a hacerlo. Los atacantes también eran víctimas, quizá hubieran sido ejecutados de haberse negado a hacerlo. Por eso, en el discurso en homenaje a estos trabajadores sociales que pronunciaron en sus funerales, los dirigentes de la Escuela de Jóvenes para el Servicio Social dijeron claramente que, a pesar de aquel ataque, no veían a los asesinos como enemigos. No hubo más ataques a la escuela después de aquello. Tal vez nos vigilaban de cerca y oyeron lo que se dijo.

A pesar de que muchos no nos comprendían, seguimos adelante con nuestra tarea porque creíamos en nuestros valores. Habíamos aprendido la verdad: que la raíz del sufrimiento y de la violencia es la intolerancia, el dogmatismo y el apego a las ideas. En esa situación es muy importante no apegarse a las visiones, a las doctrinas o ideologías, ni siquiera a las budistas. Esto es algo radical. Es el rugido del león.

Bodhisattva del Respeto

Hay un bodhisattva llamado Sadaparibhuta, el Bodhisattva del Respeto Constante, que nunca subestima ni menosprecia a nadie. La acción de ese bodhisattva consiste en eliminar los complejos de insignificancia y baja autoestima. Este bodhisattva actúa para llevar un mensaje de esperanza y confianza, y recordarnos a todos que somos una maravilla de la vida. Sadaparibhuta puede ver la semilla del despertar en todas las personas. Por muy desagradable que te muestres, Sadaparibhuta te sonríe y te dice: «Aunque me grites, aunque estés enojado, aún creo que hay un buda en ti». Solo intenta decirte la verdad. Su voto es el de acudir a todas las personas, ricas, pobres, inteligentes o menos inteligentes, y decirles siempre lo mismo: «Esto es lo que creo. Deseo transmitirte el mensaje de que hay un buda en ti. Eres capaz de comprender y de amar».

En esta vida como seres humanos, todos hemos experimentado algún momento de humillación. Yo también lo he vivido. Podemos ser víctimas de discriminación, maltrato o injusticia. Pero con la visión profunda de que pase lo que pase *sigues conteniendo* la naturaleza búdica, eres libre. Eres libre de la sensación de ser una víctima. Y puedes ser un bodhisattva dotado de una gran energía, con el poder de cambiar tu vida e incluso el poder de cambiar las vidas de las personas que te han hecho daño.

¿Significa esto que hay compasión incluso en quienes cometen crímenes atroces? ¿Es innata la compasión? Según la psicología budista, todos tenemos la semilla de la compasión, pero también tenemos la semilla de la violencia. Podemos considerar que la consciencia tiene al menos dos capas. Debajo está el «depósito de consciencia» y encima de esta, la «consciencia mental». En nuestro depósito de consciencia hay muchos tipos de semillas, entre ellas, las semillas de violencia y de la crueldad. Y también la semilla de la compasión.

Si naces en un ambiente donde las personas son compasivas y riegan la semilla de la compasión en ti, tu semilla de compasión crecerá y serás una persona compasiva. Pero si has vivido en un entorno donde nadie sabe cómo regar la semilla de compasión que hay en ti, esa semilla será muy pequeña dentro de ti. Si, por ejemplo, ves muchas películas violentas y vives en un ambiente violento donde se riegan en ti las semillas de la violencia, te convertirás en una persona violenta. Los demás verán en ti la violencia, no podrán ver la compasión que hay en ti, porque tu semilla de compasión es muy pequeña. No puedes decir que la semilla de la compasión no sea innata: *está* ahí, pero no ha tenido la oportunidad de ser regada. Por eso, la práctica de la plena consciencia consiste en regar la semilla de la compasión y la comprensión cada día para recuperar el equilibro entre la compasión y la violencia.

La compasión te protege

Cuando eres testigo de mucha violencia, discriminación, odio y envidia, lo que te protege es tu comprensión y compasión. Hay en ti sabiduría, visión profunda del interser, la sabiduría de la no discriminación. Y gracias a esa energía puedes ser un bodhisattva y ayudar a los demás a ser más comprensivos y compasivos, incluso quienes te están haciendo daño. Ya no eres *su* víctima. Te entrenas para ver en ellos la semilla del despertar, y vives de forma tal que los ayudas a eliminar la discriminación, la violencia y el odio que hay en ellos. Son *ellos* las víctimas de su propia ignorancia y discriminación, y son *ellos* el objeto de tu tarea y práctica.

La compasión puede protegerte mejor que las armas y las bombas. Con compasión en el corazón, no reaccionarás con miedo o ira y atraerás muchos menos peligros. Si estás enojado, los demás te temerán, y cuando tienen miedo atacan, porque temen que tú los ataques primero.

Por tanto, la compasión te protege a ti y protege a esa otra persona. Si puedes producir compasión y evitar la violencia, habrás alcanzado una gran victoria: la victoria de ambos bandos. Una verdadera victoria.

Cuando estamos rodeados de agitación y sufrimiento, tenemos que practicar tomar refugio en nuestra naturaleza búdica. Todos tenemos la capacidad de estar en calma, de ser comprensivos y compasivos. Debemos tomar refugio en esa isla segura que hay en nosotros para preservar nuestra humanidad, nuestra paz, nuestra esperanza. Te conviertes en una isla de paz, de compasión, y puedes inspirar a otras personas a hacer lo mismo. Es como un barco que atraviesa el océano; si se encuentra con una tormenta y todo el mundo entra en pánico, el barco volcará. Pero si una sola persona dentro del barco puede mantener la calma, podrá inspirar calma en los demás y habrá esperanza para todos en ese barco.

¿Quién es esa persona que puede mantener la calma en una situación de angustia? En mi tradición budista, la respuesta a esa pregunta es: *tú mismo*.

Tú debes ser esa persona. Tú nos salvarás a todos. Esta es una práctica muy fuerte, la práctica de un bodhisattva, tomar refugio. En una situación de guerra o injusticia, si no lo practicas, no podrás sobrevivir. Te perderás con facilidad. Y si tú te pierdes, no hay esperanza para nosotros. Así que contamos contigo.

Agentes de paz

V. D.

¿Cómo sería para ti un camino de cultivo de la no violencia, tu interacción con el mundo viviente, en tu forma de hablar y comprometerte, en tu forma de beber té y consumir? La reverencia por la vida es una semilla de nuestra consciencia, y cuanto más vigorosa sea, más rápidamente se manifestará en los momentos difíciles cuando más la necesitemos. Se necesita visión profunda, sinceridad y valor para poder decir: este árbol es precioso, esta vida es preciosa, esta persona ante mí (sin importar cuáles sean sus opiniones o valores) también es preciosa y es hija de la Tierra igual que yo.

La historia de Cheri Maples me parece muy inspiradora. Cheri era una de las primeras discípulas de Thay, una agente de policía que llevó la plena consciencia a las fuerzas policiales y al sistema judicial criminal de Madison, en Wisconsin. Recuerdo haberla conocido en un retiro en 2011 al abrigo de las Montañas Rocosas. Era una mujer inteligente, fuerte y extraordinaria, con unos ojos brillantes que eran a la vez fieros y compasivos, como solo puede tenerlos una bodhisattva. Cheri era una defensora de la verdad y un espíritu intrépido. En su vida y en sus actos demostraba que, con una práctica espiritual personal sólida y una comunidad en la que tomar refugio, es posible lograr mucho más de lo que nunca creímos posible.

El primer retiro de Cheri con Thay la transformó. Le encantó la meditación, el espíritu de comunidad, y tomó la determinación de seguir practicando cuando regresara a casa. Pero la práctica de la no violencia, de no matar, parecía incompatible con su trabajo, ella empuñaba una pistola para ganarse la vida. Cuando le preguntó a Thay sobre ello, su respuesta fue: «¿Quién mejor para llevar una pistola que una persona que lo haga en plena consciencia?». La compasión puede ser suave o feroz. Y, como Cheri aprendió de Thay, «la sabiduría es saber cuándo emplear la suave compasión de la comprensión y cuándo emplear la feroz compasión que establece límites saludables». Cheri se convirtió en una verdadera «agente de paz» y a lo largo de su vida llevó esta visión profunda más allá trabajando para cambiar la mentalidad en torno a los perfiles raciales, la militarización y las normas policiales para el uso de una fuerza letal.

Cultivar la reverencia por la vida

Vivimos en una sociedad violenta. Podemos experimentar violencia en las calles, en el hogar, o en cuanto miramos las pantallas o las noticias. Todo lo que oímos, vemos y leemos puede estimular las semillas del miedo, el odio, la discriminación y la violencia en nosotros, a menudo sin que nos demos cuenta de ello. Como persona que medita, el reto consiste en darnos cuenta de si estamos presentes y lo bastante alertas para percibir cuándo ocurre. ¿Podemos reconocer esos pequeños actos de la vida diaria que contribuyen de algún modo a la guerra? ¿Participamos de alguna forma o somos beneficiarios de sistemas basados en la violencia? ¿Qué debemos hacer o cambiar para ayudar a crear una cultura justa y regenerativa que respete toda forma de vida?

El respeto empieza por lo más básico y con la intención de cultivar de forma activa una mente de no violencia en la vida diaria. Cuando Plum Village empezó a ofrecer retiros en línea en 2020, pedimos a los participantes que crearan en sus hogares un rincón sagrado donde pudieran seguir las charlas, las meditaciones y las relajaciones. A causa de la pandemia, no podíamos acoger a nadie en nuestras salas de meditación, bosques de bambú y viejos bosques de robles, pero podíamos ayudarlos a crear un espacio sagrado e inspirador en el corazón de su vida diaria. Ese espacio es parte de la arquitectura de nuestra práctica y riega semillas de paz y respeto en nuestra consciencia. Se pueden poner flores, velas, incienso tal vez, y elementos de la naturaleza (una piedra, una hermosa hoja de otoño). Es precioso poner algunas fotografías de personas que nos inspiran, de abuelos y abuelas o de ancestros, o de lugares del planeta que tengan un significado especial para nosotros. Si dedicamos tiempo a preparar ese espacio, estará disponible cuando lo necesitemos, cuando busquemos un lugar donde sentarnos, respirar y conectar, soñar y desear o simplemente llorar. Un lugar así pude ayudarnos a tocar lo sagrado y espiritual en nuestra vida.

He aquí el texto del entrenamiento de la plena consciencia relacionado con la no violencia en la vida diaria, el primero de los cinco entrenamientos de la plena consciencia. No se trata de filosofía, sino literalmente de un entrenamiento: algo en lo que nos entrenamos. Después de leer el texto, quizá quieras tomarte unos minutos de pausa para observar cómo entra en tu corazón. ¿Resuena en ti? ¿Despierta en ti alguna reacción? El texto está pensado para ser objeto de contemplación, para ser leído de tiempo en tiempo, de la misma forma que un espejo refleja nuestra vida diaria, nuestros actos. Que estas palabras sirvan para estimular y fortalecer tu aspiración y te inspiren para cultivar más reverencia en tu vida.

———————*t.d.*

Entrenamiento de la plena consciencia sobre la reverencia hacia la vida

Consciente del sufrimiento causado por la destrucción de la vida, me comprometo a cultivar mi comprensión del interser y mi compasión, a fin de aprender cómo proteger la vida de personas, animales, plantas y minerales. Me comprometo a no matar, a no dejar que otros maten y a no apoyar ningún acto de violencia en el mundo, en mi pensamiento o en mi forma de vivir. Comprendo que toda violencia causada por la ira, el miedo, la avidez y la intolerancia tiene su origen en una visión dualística y discriminatoria. Me entrenaré para mirarlo todo con amplitud de miras, sin discriminación ni apego a ningún punto de vista, para transformar la violencia, el fanatismo y el dogmatismo que residen en mí y en el mundo.

SIMPLICIDAD PROFUNDA:

ERES BASTANTE

Reconsidera tus ideas sobre la felicidad

Para salvar el planeta, debemos replantearnos nuestras ideas sobre la felicidad. Cada uno de nosotros tenemos una visión, una idea, sobre lo que nos hará felices. Y a causa de esa idea de felicidad, en la búsqueda de esas cosas tal vez hayamos sacrificado nuestro tiempo y destruido nuestro cuerpo y mente. Pero una vez que comprendemos que *ya tenemos más que suficientes condiciones para ser felices*, podemos ser felices justo aquí y ahora.

Despertar no es algo lejano. Al respirar en plena consciencia, al traer la mente de regreso al cuerpo, nos damos cuenta de que estamos vivos, de que estamos presentes, de que la vida está ahí para que la vivamos. Ese ya es un despertar. No debemos esforzarnos. No debemos correr hacia el futuro. No debemos buscar la felicidad en otro tiempo, en otro lugar. Debemos estar realmente ahí *en* el momento presente y vivir profundamente este momento en el que podemos recibir nutrimento y sanación. Tan pronto como experimentamos esa felicidad, ya no sentimos la necesidad de luchar o de preocuparnos, y disponemos de una gran cantidad de felicidad para compartirla con las demás personas. Eso hace que el despertar colectivo sea crucial.

Quizá nos preguntamos por qué los líderes políticos y empresariales no hacen más por salvar el planeta. Saben que el planeta está en una situación peligrosa que requiere de una atención urgente, incluso puede que deseen hacer algo para ayudar. Son inteligentes y están bien informados. Así, no es que no *quieran* hacer nada, pero se encuentran en una situación en la que *no pueden* hacer nada porque tienen sus propias dificultades.

Padecen dolor y sufrimiento que no saben cómo manejar, y por eso no pueden ayudarnos a resolver los problemas medioambientales. Están atrapados en su propio mundo. Están atrapados en la visión de que el dinero y el poder son las principales fuentes de felicidad que pueden ayudar a reducir el sufrimiento. Pero no es cierto que la riqueza, el poder o el crecimiento económico impliquen una reducción del sufrimiento; muchas personas tienen estas cosas en abundancia y siguen sufriendo. Por tanto, debemos ayudarlos a cambiar su *idea* sobre en qué consiste la felicidad. Y puede que eso no baste: necesitamos darles a *probar* la verdadera felicidad. Solo cuando la hayan experimentado cambiarán sus ideas y su forma de vida, y harán negocios de forma que ayuden a proteger la Tierra.

Ser feliz es ser comprendido, amado y tener la capacidad de comprender y amar a los demás. Una persona carente de comprensión y compasión está totalmente aislada. Aunque tengas mucho dinero, poder e influencia, si no hay en ti comprensión y compasión ¿cómo podrás ser feliz?

La verdadera felicidad se basa en la libertad. No la libertad para destruir tu cuerpo y tu mente, no la libertad de dominar y destruir la naturaleza, sino la libertad de tener tiempo para disfrutar de la vida; libertad para disponer de tiempo para amar; libertad del odio, la desesperación, la envidia y los deseos; libertad de no ser arrastrado por nuestro trabajo y las ocupaciones hasta el punto de que no nos permitan tener tiempo para disfrutar de la vida y cuidarnos mutuamente. La calidad de nuestro ser depende de esta libertad.

El momento presente es un mundo por descubrir

V. D.

Perseguir un crecimiento económico constante no nos garantizará la felicidad; al contrario, puede amenazarla. La felicidad no *se logra* acumulando riqueza o estatus. Está *disponible* para todos justo en este momento: solo necesitas despertar a ello. Sin embargo, no solemos dar mucho valor al momento presente. Vemos un árbol y es tan solo un árbol, no hace gran cosa. ¿Dónde está la gracia? El cielo, sí, muy bonito, pero ¿qué tiene que ver? Tenemos lugares a los que ir, cosas que hacer, problemas que resolver. Hay luna, puede parecernos preciosa, y pasamos a otra cosa, seguimos con nuestra vida. ¿Cuánto tiempo o cuántas respiraciones dedicaste a contemplar la luna la última vez que la viste? ¿Qué puedes decirme del primer árbol que ves cuando sales del lugar donde vives? ¿Cómo es? ¿Cuándo canta con más brillo su canción de vida? ¿Es una canción de flores, de brotes o de brillantes hojas de otoño?

Thay nos invitó una vez a «abrir las cortinas» al momento presente. La verdad es que a veces me descubro otorgándole solo una mínima parte de mi atención, quizá un 10 %. Estoy llena de todo lo que ha ocurrido (el pasado) y anticipándome ya a todo lo que quiero o temo que ocurra en el futuro. Vivimos en un presente sobreestimulado, saturado. Como practicantes de meditación, nuestro reto es volver a entrenarnos para dejar que nuestra consciencia se empape de verdad de una realidad a cámara lenta. En el momento presente hay una multidimensionalidad que a menudo descuidamos: hay tacto, gusto, olor y consciencia encarnada.

Nuestra tarea como meditadores es dejarnos fascinar por la *sensación* del momento presente. Recuerdo que al principio pensaba que necesitaba acceder al momento presente con la mente. Pero poco a poco comprendí que puedo acceder a él de forma más directa a través de los sentidos: el olor del bosque, el roce de la brisa, el sonido de la lluvia, el rumor de seres humanos caminando sobre el asfalto. He aprendido a atravesar el ruido y abrir un espacio para experimentar un instante con todo mi ser. Si el sol luce magnífico, me recuerdo disfrutar de diez inspiraciones y espiraciones, calmar el cuerpo y disfrutar de los sentidos. Hago lo mismo en presencia de un ser amado o de un árbol hermoso. Se necesita vigor para resistirse a correr y quedarse ahí, abierto a todo lo que ocurra en nosotros y alrededor de nosotros.

Cuando era una joven novicia, pude ser la asistente de Thay uno de los días en que dio una charla. La tarea era sencilla, pero sorprendentemente difícil: tan solo estar ahí, al lado de Thay, en todo momento, y ayudarlo con lo que necesitara: un abrigo, sus gafas, un cuaderno de notas o, más a menudo de lo que puedas pensar, una taza de té. Y el reto, por supuesto, estriba en ser consciente de los propios pasos, de la propia respiración mientras haces todo eso.

El primer día me resultó difícil. Thay es especialmente hábil: todos sus actos son decididos y pulcros. Ya se había levantado a por el abrigo antes de que pudiera ayudarlo, ya estaba en la puerta antes de que yo pudiera abrirla. El entrenamiento consiste tanto en adelantarse como en seguirlo, y me sobrepasaba. Mi mente no dejaba de entrometerse. Yo estaba hipnotizada por su forma de caminar: parecía detenerse a cada paso, pero se movía sin esfuerzo alguno, como una barca sobre el agua.

Recuerdo el día en que lo acompañé a su estudio después de almorzar con toda la comunidad. Me hacía feliz llegar a las puertas antes que él, volver a cerrarlas en plena consciencia, dejar la bolsa en el suelo y abrir la hamaca para que él descansara. Hubo un momento de calma mientras yo mecía la hamaca y él miraba por la ventana. Se oía el sonido de risas lejanas, el canto de los pájaros, el crepitar de la estufa y el tranquilo tic-tac del reloj de pared. «¿Qué hora es?», preguntó

Thay muy quedo. Yo no estaba segura. Desde mi posición junto a la hamaca no podía ver la hora. «Esto... ¿casi las dos?» respondí con cierta duda. «¡Creía que eras inglesa!» me respondió sonriendo, con ojos que brillaban como estrellas. Debí de parecer confusa. Él siguió sonriendo: «¿Acaso no es la hora del té? Pensaba que en Inglaterra siempre es la hora del té».

———————— *t.d.

Abierto a la vida

Podemos imaginar muchas puertas que llevan a la felicidad. Al abrir cualquiera de ellas, la felicidad llega por vías diferentes. Pero si estás apegado a una forma concreta de felicidad, te has cerrado todas las puertas menos una. Y como esa puerta en concreto no se abre, la felicidad no puede llegar a donde estás. Por tanto, no cierres ninguna puerta. Ábrelas todas. No te comprometas únicamente con una sola idea de felicidad. Elimina tu idea sobre la felicidad, y la felicidad llegará al instante. La verdad es que muchos estamos apegados a cosas diversas que creemos que son cruciales para nuestro bienestar: un trabajo, una persona, una posesión material, una ambición…, sea lo que sea. Aunque sufrimos enormemente porque no las tenemos, no tenemos el valor de abandonarlas. La verdad puede ser que suframos precisamente por eso. Cada uno debe observar detenidamente y verlo por uno mismo. Se necesita una gran visión profunda y mucho valor para soltar nuestra idea de felicidad. Pero una vez que lo hacemos, la libertad y la felicidad llegan con facilidad.

En 2005 pude regresar de nuevo a Vietnam, y cientos de jóvenes solicitaron ser ordenados como monásticos en nuestra tradición de Plum Village. Nos ofrecieron el templo Prajna en las tierras altas del centro del país, y allí pusimos en marcha un nuevo tipo de centro de práctica de la plena consciencia para formar a una nueva generación de monásticos budistas. El templo creció tan rápidamente que las autoridades lo llegaron a considerar una amenaza. En 2009 intentaron cerrar el templo enviando una horda de gente para amenazar e intimidar a los monásticos. Para los 400 monásticos residentes allí, aquel era su hogar, su centro de práctica, y harían todo lo posible por conservarlo. Cada monástico hizo todo lo posible por resistirse a que disolvieran Prajna por la fuerza. Aquel templo significaba para ellos un lugar donde podían ser ellos mismos, decir la verdad y contarse unos a otros lo que guardaban en el corazón. Querían aferrarse a ese entorno y a esa comunidad costara lo que costara. Mantuvieron una resistencia no violenta durante más de un año y medio.

Pero al fin comprendimos que lo importante no era el lugar, sino la práctica y la energía de fraternidad. Vayamos donde vayamos, podemos llevárnoslas con nosotros. Así que aquellos jóvenes monásticos dejaron el templo y se escondieron hasta que pudieron encontrar lugares donde seguir practicando juntos. Hoy en día, muchos de ellos residen en nuestros centros de práctica en Francia, Alemania y Tailandia. En el proceso, logramos algo más importante que un centro de práctica: nuestra fe en este camino y en la comunidad salió reforzada. Ahora hemos encontrado mejores condiciones para hacer lo que queremos: seguir entrenándonos juntos en la plena consciencia y hacer florecer nuestra comunidad.

No debemos aferrarnos a una idea de lo que es la felicidad. Si somos capaces de soltar esa idea, se abrirán infinitas oportunidades para hacer lo que queramos hacer. No debemos estar muy seguros de nuestras ideas. Debemos estar dispuestos a abandonarlas. Lo que nos parece una desgracia puede convertirse más tarde en buena suerte. Depende de cómo abordemos esa situación.

No necesitas vivir en una cueva para ser zen

Algunas personas creen que si se van a vivir a un lugar remoto donde la sociedad no pueda perturbarlas tendrán más tiempo para practicar. Según Buda, la mejor manera de vivir solo sin que nadie te moleste es regresar a ti mismo y hacerte consciente de lo que está ocurriendo en el momento presente. En tiempos de Buda, había un monje conocido como Thera a quien le gustaba estar solo. Intentaba hacerlo todo solo, y se enorgullecía de su práctica de soledad.

Algunos monjes fueron a contarle a Buda que había un monje practicando de esa forma y que alegaba que seguía las enseñanzas de Buda sobre la soledad. Un día, Buda hizo venir al monje Thera, lo invitó a sentarte y le preguntó si le gustaba practicar solo. Thera asintió. Buda entonces le dijo: «Cuéntame cómo lo haces». Y Thera le contestó: «Me siento a solas, voy a la aldea a pedir limosna a solas, como a solas, camino en meditación a solas, lavo mis hábitos a solas».

Buda contestó: «Esa es una forma de estar solo. Pero yo conozco una forma mucho mejor de vivir solo». Y añadió: «No persigas el pasado. No corras hacia el futuro. El pasado ya no existe. El futuro aún no ha llegado. Quien mora en la plena consciencia noche y día es una persona que conoce la mejor forma de vivir sola».

Vivir solo (*ekavihārī*) significa no tener a nadie contigo. Y ese «nadie» puede ser el pasado, el futuro o tus proyectos. Puede ser el objeto de tus anhelos y búsquedas o tu idea de felicidad. Vivir solo significa estar plenamente satisfecho con el aquí y el ahora, experimentar una profunda sensación de realización en el momento presente. No necesitas irte a la montaña o a una cueva para estar solo. Puedes estar en la montaña o en una cueva y seguir sintiendo que te falta algo, seguir buscando o seguir lamentándote. En ese caso, no estás solo. Pero con plena consciencia puedes sentarte en el centro de un mercado y seguir estando solo, libre y en paz. No se necesita pasar años en una cueva.

Libérate

La libertad es una práctica. No es algo que nos ganemos después de diez años. Tan pronto como cortamos con nuestros remordimientos y ansiedad, entramos en contacto con el presente y somos libres al instante. Todos somos guerreros, y la plena consciencia es la afilada espada que nos libera.

Todo lo que buscas, todo lo que quieres experimentar debe suceder en el momento presente. Este es un punto muy importante. El pasado ya no está; el futuro es solo una noción vaga. Si nos aferramos al futuro, podemos perder el momento presente. Y si perdemos el momento presente, lo perdemos todo: la felicidad, la libertad, la paz y la alegría. Así, todas nuestras aspiraciones, nuestros sueños y nuestros proyectos deben ser traídos al momento presente, centrarse en el momento presente. Solo el momento presente es real.

Tan solo respiras y eres consciente de tener un cuerpo. Sonríes al cuerpo; disfrutas de tener un cuerpo para sentarte o caminar sobre la Tierra y disfrutar de la Tierra. Y con esa energía de la plena consciencia cuidas de todo malestar, agitación o sufrimiento que descubras en él. Es una práctica muy concreta. No se trata de una filosofía o de una idea, sino de un verdadero camino de práctica que te ayuda a sufrir menos y a disfrutar más de la vida, empezando por tu respiración, por tu cuerpo, por la Tierra.

Comprendes que tu cuerpo es una maravilla y que contiene a todos tus ancestros y a las generaciones futuras. Sientes el privilegio de estar vivo. La vida no es solo sufrimiento, también está llena de maravillas.

Deja que el artista que hay en ti reconozca, sonría, se asombre y sueñe con lo que es hermoso y bueno. El artista que hay en ti no ha muerto. Cada mañana puedes disfrutar del amanecer: es el artista en acción. El guerrero va de la mano del meditador y del artista. También debemos dar una oportunidad al guerrero que hay en nosotros. Su arma es la espada de la sabiduría que nos hace libres.

La vida es maravillosa, misteriosa. Hay mucho por descubrir, que explorar. *Permítete* ser libre para disfrutar del tiempo que pases en la Tierra. Y algo que podemos hacer es ayudar al mundo, liberar a todos los seres de su sufrimiento. Pero, ante todo, debemos ayudarnos a nosotros mismos y liberarnos.

¿Quién está al mando?

En nuestra época muchos vivimos en piloto automático: vivimos como máquinas. Vivir en plena consciencia es otra cosa. Cuando conduces, sabes que estás conduciendo. Estás al mando. No eres conducido por tu automóvil, eres tú quien lo lleva. Y cuando respiras, no lo haces solo porque el cuerpo necesite respirar. Inspiras y disfrutas de inspirar. La libertad se cultiva por medio de pequeñas cosas como esa. Cuando caminas, no lo haces solo para llegar a algún lugar. Con cada paso, disfrutas de estar vivo. Eres realmente tú. Y eso es la libertad. Con plena consciencia, la libertad es posible. Y cuanto más libre seas, más feliz llegarás a ser.

Si durante las veinticuatro horas de un día puedes tener cinco minutos de paz, calma y libertad, no está nada mal. ¡Eres muy generoso! Si dispones de tan solo cinco minutos en los que no te dejas arrastrar por el ansia, tus proyectos o la ansiedad, te vuelves una persona libre sin nada que hacer y ningún lugar al que ir.

Así y todo, muchos somos arrastrados por los acontecimientos y las circunstancias que nos rodean, por lo que vemos y escuchamos. Nos perdemos. Por eso tenemos que cultivar también liberarnos de la muchedumbre. Cuando eres realmente libre, aunque todos los que te rodean griten y caminen en una dirección, tú puedes seguir siendo tú mismo. No te dejas arrastrar por las emociones de la mayoría. Necesitas ser muy fuerte para lograr una libertad como esta.

Buda era un monje con gran libertad. Aunque todos los que lo rodeaban opinasen de otra forma, él seguía viendo que su forma de pensar era la verdad. Por ejemplo, cuando Buda hablaba del no yo, mucha gente se oponía a él, porque esa visión profunda iba en contra del pensamiento general de la India de entonces. Pero Buda tuvo el valor de mantener su visión. En su interior, él era libre y paciente. Finalmente, pudo hacer llegar su visión a muchas otras personas. La libertad verdadera trae amor, paciencia y otras muchas cualidades extraordinarias.

Es esto

Cuando era novicio, acompañé a mi maestro en una visita al templo Hải Đức en Hue, en Vietnam. Allí vi a un maestro zen sentado en su plataforma de madera. Esa imagen me impresionó. Aquel maestro no estaba practicando la meditación sentada. No estaba en la sala de meditación. Estaba simplemente sentado ante una mesa baja muy erguido, muy bellamente. Y me causó una gran impresión. Su aspecto era muy pacífico, natural, relajado. En mi corazón de novicio brotó el deseo profundo, el voto de sentarme de esa forma. ¿Cómo podía sentarme así? No necesitaba hacer nada. No necesitaba decir nada. Tan solo tenía que sentarme así. En la tradición zen, la meditación se considera un tipo de alimento. Puedes sanarte y alimentarte con la meditación. En la literatura zen existe esta frase: la alegría y la felicidad de la meditación como alimento diario. En chino se escribe 禪悅為食. Cada sesión de meditación debería aportarnos alimento, sanación y libertad.

Practicar la meditación sentada es como sentarse sobre la hierba en la brisa de primavera. En Plum Village, nos sentamos para estar realmente presentes. Nos sentamos para entrar en contacto con todas las maravillas del universo, de la vida, en el momento presente. No hay ningún otro objetivo. Tan solo nos sentamos, no necesitamos hacer nada más. Ni siquiera necesitamos la iluminación. Nos sentamos para ser felices. Nos sentamos para estar alegres, en paz. Sentarse no es una tarea ardua. En la tradición soto del zen, hablan de «sentarse para sentarse» o «simplemente sentarse». No nos sentamos para *hacer* nada. Solo necesitas sentarte.

Tenemos que organizar nuestra jornada diaria de forma que dispongamos de más oportunidades para estar en paz, estar alegres, ser amorosos, ser compasivos. Necesitamos disponer de formas muy concretas de hacerlo. ¿Cómo podemos dejar de ser víctimas de la sobrecarga de trabajo? Nuestra sociedad está tan atrapada en las preocupaciones diarias y en la ansiedad que no tenemos tiempo de vivir nuestra vida o de amar. No tenemos tiempo de vivir profundamente y de tocar la naturaleza verdadera de lo que está ahí, de comprender qué es la vida. Estamos demasiado ocupados para tener tiempo de respirar, de sentarnos, de descansar.

¿Por qué tenemos que estar tan ocupados? Debes aceptar el hecho de que es posible llevar una vida más sencilla, una vida que te proporcione más libertad. Tendrías que vivir una vida que te permita tener tiempo para estar sentado sin nada que hacer. Y cuando te sientas en calma, empiezas a descubrir muchas cosas. Tienes tiempo para cuidar de tu cuerpo, para cuidar de tus sensaciones y emociones. Saboreas la alegría de ser libre.

El valor de sentarse

V. D.

El problema de regresar y aterrizar en el momento presente es lo que nos encontramos cuando llegamos a él. ¿Crees que esa es la razón por la que evitamos hacerlo? Tan pronto como regresamos al cuerpo y cerramos los ojos, descubrimos que estamos llenos de todo lo que hemos experimentado y de todas las imágenes, los sonidos y las sensaciones que lo acompañan. Si ya sentimos que el mundo está roto, ¿por qué querer sentirlo más aún? No queremos afrontarlo, nos resistimos a hacerlo.

Puede parecer paradójico: por un lado, los maestros y las maestras zen nos dicen que respiremos y aceptemos la situación; por otro lado, nos dicen que debemos intentar cambiarla. La salida está en hacer ambas cosas. ¿Cómo podemos esperar cambiar algo si todavía no hemos comprendido cómo se ha originado? ¿Cómo podemos escuchar y comprender lo que ocurre fuera de nosotros si no somos capaces de escuchar y comprender lo que ocurre dentro de nosotros? Veinte o treinta minutos de meditación sentada pueden ser veinte o treinta minutos cuidando el mundo, por la manera en que su sufrimiento queda reflejado en nuestro propio cuerpo y sensaciones. Y requiere valor.

En Plum Village practicamos treinta minutos de meditación sentada dos veces al día. Esa meditación sentada comienza ya en el momento en que caminamos por el sendero que lleva a la sala de meditación: seguimos la respiración y llegamos a cada paso. Abrimos la puerta, nos descalzamos y estamos plenamente presentes, conscientes de cada paso mientras nos acercamos al cojín para sentarnos en él. Es muy importante adoptar una postura cómoda, estable; nos sentamos con el cuerpo, no con la mente. Muchos empezamos por hacer un «escáner» del cuerpo, comprobando su estado y relajando cada músculo con la dulce energía de la plena consciencia. Comprobar cómo se presenta el día según el estado de nuestra frente, mandíbulas, hombros o pecho es ya un acto de llegada y escucha.

Nos entrenamos para encontrarnos a nosotros mismos con dulzura, sin juzgar ni reaccionar. No nos sentamos para ser budas, para ser otra persona, alguien mejor o diferente. Nos sentamos tan solo para ser nosotros mismos sentados. Crear cada día un espacio de quince minutos de libertad para ser nosotros mismos ya es mucho. Hay un arte de sentarse. No se trata de sumar minutos de mantener una postura o de huir a algún lugar diferente del que ocupamos en realidad. Se trata de la facilidad, de la naturalidad y de la ausencia de objetivo de estar simplemente ahí, vivo, fascinado por el milagro de respirar y sentir el mundo.

Las meditaciones guiadas grabadas pueden ayudarnos a mantener el hilo de nuestra concentración cuando nos distraemos, pero puede ser mejor una experiencia directa y callada de nuestro momento presente. Escuchamos con hondura la huella del mundo en nuestro cuerpo y en nuestras sensaciones; disolvemos la agitación, calmamos la ansiedad. Si es necesario, lloramos. No meditamos tan solo para experimentar paz: meditamos para reconocer, abrazar y transformar todo lo que bloquee nuestro camino a la paz. Thay siempre nos dice: «Puedes llorar. Pero no te olvides de respirar». Abrazamos las lágrimas con la energía de la plena consciencia. Al sentarnos, necesitamos la compasión y creatividad de un artista, la calma de un meditador y la disciplina de un guerrero. Necesitamos una estrategia. ¿Dónde sentarse? ¿Cuándo sentarse? Todo lo que hagas destinado a sentarse es, ya, sentarse.

————————————*t.d.*

El poder de una vida sencilla

Cuando era un joven novicio, el templo donde vivía no tenía agua corriente, agua caliente ni electricidad, y así y todo éramos muy felices. Incluso lavar los platos de cien monjes era un momento de alegría, porque lo hacíamos juntos, disfrutando de la fraternidad. Para encender fuego y poder calentar el agua, ascendíamos a las colinas y rastrillábamos las agujas de pino. No teníamos jabón, usábamos cáscaras de coco y cenizas para limpiar las ollas. La felicidad no depende solo de condiciones externas, depende también de nuestra forma de ver y observar. Podemos vivir de una forma más simple si sabemos apreciar las condiciones que tenemos.

Mahatma Gandhi dijo que debemos ser el cambio que queremos ver en el mundo. Si sabemos vivir de forma más simple, relajada y feliz, nuestro planeta tendrá un futuro. Es un sueño que podemos hacer realidad ahora mismo, hoy mismo. Gandhi se vestía de forma sencilla, se desplazaba a pie y comía de forma frugal. La sencillez de su vida es testimonio no solo de su libertad frente a lo material, sino también de su fortaleza espiritual. El gran éxito de la lucha de Gandhi no lo produjo una doctrina, ni siquiera la doctrina de la no violencia, sino la propia forma de ser de Gandhi.

En todas partes hay personas intentando aplicar el principio de la no violencia, pero les cuesta conseguir su energía. Si se carece de la energía espiritual de Gandhi, es difícil generar su nivel de compasión y de sacrificio. Mientras sigamos dejando que nos arrastre la maquinaria del consumismo, nos será difícil desarrollar nuestra fuerza espiritual. Por eso, el punto de partida de una nueva civilización debe ser la determinación de no seguir siendo «colonizados» por los bienes materiales, rebelarnos contra el materialismo y a favor de nuestra necesidad innata de ser verdaderamente *seres* humanos.

Vivir de forma más simple puede darnos un valor inmenso para decir la verdad. Cuando hablamos, lo hacemos movidos por el amor y la compasión. Tienes el valor de hablar porque no temes perder nada. Eres libre. Sabes que la comprensión y el amor son la base de la felicidad, no las posesiones materiales, el estatus o la posición social. Pero si tienes miedo de perderlas, no tendrás el valor necesario para alzar la voz.

El bodhisattva Samantabhadra

El bodhisattva Samantabhadra es el Bodhisattva de la Gran Acción. Hay numerosos tipos de acciones que podemos realizar siguiendo la aspiración de Samantabhadra de ayudar a aliviar el sufrimiento en el mundo, como la práctica de la generosidad, la ofrenda. Nuestra vida diaria debería ser una ofrenda. No necesitas tener mucho dinero para hacer una ofrenda; tu propia paz y felicidad son ya un gran regalo para los demás. Puede que te sientas generoso, pero también tienes que desarrollar formas concretas de desarrollar esa generosidad. El tiempo es más que dinero. El tiempo es vida. El tiempo es para estar plenamente presente con las demás personas. El tiempo es para dar alegría y felicidad a los demás.

Tu presencia, tu forma de ser, es lo que ofreces cada minuto, cada hora del día. Samantabhadra no es una figura abstracta. Está en torno a nosotros en carne y hueso. Samantabhadra está presente en cada persona que actúa para aliviar a todos los seres en el planeta. Incluso en mi comunidad, veo muchos bodhisattvas que trabajan sin descanso para ayudar a los demás, y siento mucho agradecimiento hacia esas personas. Algunas son jóvenes, otras son menos jóvenes. Todas son brazos del Bodhisattva de la Gran Acción. Cuando ayudamos, no nos sentimos obligados a hacerlo, nos sentimos felices de hacerlo. Nuestra práctica es vivir cada día de forma tal que cada acto se convierta en un acto de amor. Servimos a todos los seres con nuestra comprensión, compasión y acción, y somos felices en el mismo momento de la acción.

¿Qué debo hacer con mi vida?

¿Cómo puedes saber si llevas la vida que más puede ayudar a la humanidad? ¿Cómo elegir una forma de vida que me proporcione más paz y sea más útil para el mundo?

Decidir qué hacer consiste en decidir cómo queremos ser. Hacer es una forma de ser. Lo esencial es que mientras lo hagas disfrutes de ello y ofrezcas tu presencia plena al mundo y a ti mismo. Todo está bien. Depende de cómo lo hagas, no de qué hagas. Hay muchas clases de trabajos que pueden ayudarte a expresar tu alegría y tu compasión hacia la humanidad, hacia todas las especies de la Tierra. Puedes ganar menos dinero, vivir en una casa más pequeña y tener un automóvil más humilde, pero serás más feliz. Puedes reír, puedes amar, todo lo que haces expresa tu amor. Si puedes vivir de esa manera, tu vida será una vida feliz. Se puede vivir de forma sencilla. Tu mayor contribución es ser un ser humano feliz.

Muchos de nosotros nos vemos sobrepasados por el trabajo y nos perdemos la vida. No tenemos tiempo para vivir con hondura. Así es nuestra civilización. El agotamiento es una realidad. Y no merece la pena. La vida es un regalo, y tenemos que aprovechar ese regalo al máximo. Necesitamos tiempo para vivir. Necesitamos evitar el pensamiento dualista que nos dice que el «trabajo» es una cosa y la «vida» otra.

Cortar leña, acarrear agua, preparar el desayuno, todas esas tareas son «trabajo», pero la alegría y la felicidad pueden existir en el tiempo que dedicas a trabajar. Es lo mismo cuando te reúnes con un cliente. La reunión no es solo para hacer negocios, también se puede transformar en un encuentro agradable entre dos seres vivos. Los elementos de la plena consciencia y la bondad amorosa pueden hacer que esa reunión se convierta en un momento alegre, feliz y significativo. Es cuestión de calidad, no de cantidad, de *cómo* vives, no de cuánto haces o cómo de eficiente eres.

Cuando hago caligrafías, practico ver la vida y el trabajo como una sola cosa. Al empezar cada sesión, siempre me preparo té y luego mezclo té en la tinta. El té y el zen llevan unidos cientos de años. Mientras dibujo medio círculo, inspiro. Mientras dibujo la otra mitad del círculo, espiro. Hay respiración en el círculo, hay plena consciencia. De vez en cuando invito a mi maestro o a mi padre a dibujar el círculo conmigo. Toco la verdad del no yo porque mi maestro está en mí, y mi padre también está en mí. La meditación, el trabajo, la alegría y la vida se hacen uno. No hay diferencias. El arte consiste en la forma en que haces que tu trabajo sea agradable y placentero. Y eso es posible gracias a la plena consciencia y a la práctica.

Cómo tomar decisiones difíciles

En la vida diaria a menudo nos encontramos en situaciones en las que debemos tomar alguna decisión, y lo hacemos demasiado rápido o con una mente ansiosa o agitada. Esa decisión no proviene de una mente clara. Debemos evitar tomar decisiones cuando nuestra mente no es libre. Aunque nos presionen, debemos negarnos, porque una decisión equivocada puede hacernos sufrir a nosotros y a los demás mucho tiempo.

Así que no tomes ninguna decisión. Primero, inspira. Inspira y concéntrate totalmente en tu respiración, abandona ese tema que te preocupa, suelta el pasado y el futuro, y ya eres más libre. En cinco o siete minutos, quizá ya hayas logrado libertad suficiente para tomar esa decisión. Tu respiración alimenta esa libertad, y así se abrirán ante ti varias opciones. Esa decisión será mejor, más beneficiosa, más compasiva que una decisión adoptada bajo la influencia del miedo, los remordimientos, la ansiedad o el dolor. Puedes lograr *mucha* libertad cuando respiras en plena consciencia. Y si quieres que esa libertad se mantenga, puedes seguir respirando de forma consciente todo el tiempo que quieras. La práctica es sencilla, pero muy efectiva.

Practicar la plena consciencia no significa que no puedas hacer planes para el futuro ni que no puedas aprender del pasado. Se trata de no perderse en el miedo y la incertidumbre sobre el futuro, sino de *establecerse* en el momento presente, traer el futuro a este momento presente y observarlo detenidamente. Eso es planear el futuro. No te pierdes en el futuro, lo planeas justo aquí, en el momento presente.

Cómo fracasar

¿Tienes miedo al fracaso? ¿Cómo lidiar con ese miedo? Quizá dudes de si eres capaz de hacer lo que quieres hacer. Pero, ¿qué es el éxito?, ¿qué es el fracaso? A cada uno de nosotros nos mueve el deseo de tener éxito. Algunos fracasamos, pero a partir de ese fracaso lo hacemos mejor y logramos un éxito que es un éxito verdadero. Algunos otros tienen éxito, pero acaban siendo víctimas de ese éxito. Esa no es la clase de éxito que buscamos.

Imagina que practicas la respiración consciente y lo consigues. La respiración aúna tu cuerpo y tu mente, y te ayuda a establecerte en el aquí y el ahora. Te aporta alegría y paz. Esa clase de éxito nunca te hará daño. Es cuestión de tu *forma* de hacer las cosas. Si quieres tener éxito, y haces lo que sea para lograrlo, incluso emplear métodos que no son buenos, quizá «triunfes», pero te arruinarás como ser humano.

La acción correcta es la clase de acción que se orienta en la dirección de la comprensión, la compasión y la verdad. Es la clase de acción sin discriminación que se basa en la visión profunda del interser. La acción correcta está motivada por la compasión. Y si todas las acciones que emprendas para lograr éxito son acciones correctas, no tienes nada que temer, porque la acción correcta está generada por la energía de la bondad, de la compasión, de la paz. Y eso puede protegerte durante toda la vida.

Cuidas tus palabras, tus pensamientos y tus actos, y ya no temes el fracaso. Gracias a la energía de la plena consciencia, la concentración y la visión profunda, cada momento de tu vida se convierte, ya, en un éxito. No necesitas esperar un año para lograrlo. Cada paso es un éxito. Cada respiración es un éxito. Porque con cada paso puedes generar alegría, paz y felicidad. Y si los medios son buenos, el fin será bueno.

El estudiante y el ermitaño

El mundo necesita luz. Necesitamos personas que puedan traer a este mundo la luz de la libertad, la luz de la comprensión, la luz del amor. El buda Dipankara es alguien con la capacidad de «encender la lámpara de la sabiduría» y hacer brillar la luz en el mundo.

Las leyendas dicen que, en vidas anteriores, el buda Shakyamuni fue un estudiante. No era aún un buda, era un bodhisattva. Y era un estudiante que cursaba estudios superiores y soñaba con llegar a gobernar. Todos los jóvenes de su tiempo soñaban lo mismo: aprobar los exámenes y ser elegidos por el emperador para gobernar. Así, sus padres y amigos hacían todo lo posible para ayudar a los estudiantes a superar los exámenes.

Se organizaban concursos en todas las provincias y de los miles que se presentaban, solo unos pocos eran elegidos y enviados a la capital para seguir con la formación y la selección. En la capital, el emperador en persona fijaba las preguntas para las disertaciones del Concurso Imperial. Quería comprobar si los candidatos comprendían la situación del país y averiguar qué ideas tenían para ayudar a las personas y a la sociedad a desarrollarse y ser más feliz.

Aquel joven acudió al concurso, pero no fue seleccionado. Sintió una profunda desesperación. Había estudiado duro para hacer realidad su sueño de servir a su gente y a su país, ganar un buen sueldo y fundar una familia. Descorazonado, emprendió el largo viaje de regreso a su hogar a pie a través de montañas, bosques y campos. Una tarde, cerca de una colina, se sintió exhausto, no podía dar un paso más. Justo entonces se encontró con un ermitaño, un monje que vivía de forma simple al pie de la colina. Se detuvo y observó que el ermitaño estaba cocinando en una pequeña olla. Agotado y hambriento, le rogó que le diera algo para comer. El ermitaño le respondió: «Descansa un poco, y cuando la sopa esté lista te daré un cuenco de sopa. Puedes usar las raíces de este árbol como almohada». El joven se tumbó a descansar y pronto cayó en un sueño profundo.

Tuvo un sueño muy extraño. En aquel sueño, vio que era uno de los primeros cientos de elegidos del concurso trianual y que lo habían enviado a la capital para participar en el Concurso Imperial. Se esforzaba en responder a todas las preguntas del emperador haciendo uso de todos los conocimientos adquiridos por la lectura de infinidad de libros. El emperador lo elegía y, como resultaba ser el más brillante de todos los que se habían presentado al concurso, el emperador le concedía la mano de la princesa. Ella era muy hermosa, y él era inmensamente feliz. Estaba lleno de energía y de esperanza. Y le daban un puesto muy importante en el gobierno como ministro de Defensa.

Pero aquel era un pequeño país, vecino de otro mucho más poderoso. Como ministro de Defensa era el responsable de defender las fronteras, y se enfrentó a muchas dificultades y retos, incluyendo la envidia, la ira y desesperación. Su relación con la princesa tampoco era fácil, discutían casi todos los días. También era difícil educar a sus dos hijos. Era muy infeliz. Se encontraba con problemas tanto en su vida familiar como en su vida política.

Un día, le llegó la noticia de que el país vecino había reunido grandes ejércitos para invadirlos. Tuvo que reunir sus tropas y enviarlas a la frontera para resistir la invasión. Con una vida pública y privada llena de problemas, no contaba con la suficiente paz y claridad, y así, cuando organizó el contrataque cometió muchos errores. El enemigo triunfó y se hizo con gran parte del territorio. El emperador recibió las noticias de la derrota y, furioso, ordenó que decapitaran al ministro de Defensa.

En sueños, aquel joven se vio rodeado de soldados que lo llevaban al cadalso. Justo cuando estaban a punto de cortarle la cabeza, oyó algo que parecía el canto de un pájaro y despertó. Desorientado, miró a un lado y al otro. Vio que estaba al pie de una colina en compañía de un ermitaño.

El ermitaño lo miró sonriendo y le dijo: «¿Has descansado bien? La sopa de mijo ya está lista. Ven, siéntate a mi lado y toma este cuenco de rica sopa». El joven se levantó, casi sin hambre. Había vivido tantas cosas en su sueño que le parecía que había trascurrido toda una vida. Si no sabes vivir cada momento con hondura, la vida puede pasar como un sueño, muy rápido, quizá más rápido que el tiempo necesario para preparar una sopa de mijo.

Allí estaba el ermitaño, tranquilo y sereno, removiendo la sopa con un par de palillos. Si observabas al ermitaño con detenimiento, podías ver que en él habitaban la paz y la libertad. Estaba realmente vivo, era realmente feliz. Con paz, solidez y libertad, la vida es maravillosa, la felicidad es posible. El joven se sentó junto al ermitaño y le hizo muchas preguntas. Como era inteligente, empezó a descubrir que tener paz y libertad en el corazón era esencial para llevar una vida feliz, y abandonó su ambición de convertirse en gobernante. Formuló un nuevo sueño. Quería aprender a vivir como aquel ermitaño para poder transformar su sufrimiento y recobrar la paz y la libertad en su corazón. Decidió hacerse discípulo del ermitaño.

Ese ermitaño era el buda Dipankara, Aquel que Enciende la Lámpara. Después de aquello, tras haber practicado durante muchas vidas, se convirtió en el buda llamado Shakyamuni. Si tú estás estudiando todavía, quizá puedas reflexionar sobre esta historia. Observa detenidamente tu ambición, tus proyectos, para comprobar si merece la pena dedicar toda tu vida y toda tu energía a perseguir lo que anhelas.

Es muy necesario entrar en contacto con un amigo, con una persona que conozca el camino de la libertad, que sepa generar solidez y compasión. En el budismo, hay una palabra muy importante: *kalyāṇamitra*. Significa un amigo sabio, un amigo que tiene luz, un verdadero amigo espiritual. Este amigo puede ser alguien cercano a ti que no has sido capaz de reconocer. Todos necesitamos encontrar a un amigo así que nos apoye y nos traiga luz para no perder nuestro camino en la oscuridad. El momento en que encuentras a ese amigo o amiga espiritual es un momento maravilloso.

Aprender el arte de la felicidad verdadera

V. D.

Los grandes maestros y maestras zen nos enseñan que si nos tomamos tiempo para estar en silencio y escuchar, sabremos el camino que debemos tomar. Nadie puede darnos esa visión profunda; es algo que debemos experimentar por nosotros mismos, con nuestra práctica verdadera. La visión profunda no puede ser transmitida a través de palabras, ni siquiera en un libro. Las palabras pueden indicarnos el camino, sí, pero no pueden recorrerlo por nosotros.

Cuando era una joven periodista, practicaba la plena consciencia en la sala de redacción, en el último piso de un edificio de seis plantas en el centro de Londres. Me entrené para escuchar a mis colegas cuando gritaban, a respirar antes de responder al teléfono, a visualizar manantiales y cascadas cada vez que iba al frigorífico a por un vaso de agua. Cuando las cosas se ponían difíciles (si un invitado fallaba en el último momento antes de la emisión en directo o se perdía una cinta), me entrené en recordar dónde estaban las estrellas: no solo sobre mi cabeza, más allá del cielo gris de la ciudad, sino también a mi izquierda, a mi derecha y debajo de mi escritorio, muy, muy lejos, más allá del extremo del planeta. Descubrí que, en momentos de extrema tensión, podía hacer breves relajaciones de diez minutos en las cabinas del cuarto de baño. Y descubrí que era posible estar presente en cada paso mientras corría por los pasillos del estudio para entregar en el último minuto las tarjetas de apuntes segundos antes de salir en el aire.

La plena consciencia me ayudó a vivir mis minutos en la sala de redacción profundamente y me ayudó a ver mi situación con claridad. Recuerdo un día en que caminaba por el suelo enmoquetado para prepararme un café, siguiendo mi respiración y mis pasos; en mi mente bullían las historias de los dos programas de radio y los seis periódicos que había tenido que consumir aquella mañana. Mientras daba un paso consciente hacia la cocina, una pregunta me dejó sin aliento: ¿es *esta* la manera en que quiero vivir mis horas, días y meses? Me di cuenta de que yo era un diminuto engranaje en una máquina tóxica, repartida en miles de estudios de planta abierta, oficinas y cocinitas. ¿Es esto lo que quiero hacer con mi única y preciosa vida? ¿Es aquí donde quiero invertir mi energía? Aquella pregunta se sembró en el corazón de mi vida y se convirtió en un *koan*. Y, un día, la respuesta se presentó, clara como el día.

La generación actual de jóvenes y francos activistas en defensa del clima son un tipo muy especial de bodhisattva, heraldos y espejos de la verdad en nuestro mundo. Su extraordinaria huella demuestra que no necesitamos un diploma en Economía para decir la verdad. La verdad está ahí, ante nuestros ojos, si nos permitimos verla, oírla y decirla. Necesitamos muchos más portavoces de la verdad en nuestro mundo, y necesitamos muchos tipos diferentes de bodhisattvas. ¿Qué clase de bodhisattva serás tú? ¿Cómo vas a emplear tu tiempo y tu energía? Las decisiones que tomamos sobre nuestro tiempo, energía y medios de vida como especie están en la raíz de esta crisis planetaria.

He aquí el siguiente de los cinco entrenamientos de la plena consciencia. Podemos adoptarlo como un estimulante objeto de contemplación que nos guíe y acompañe hacia una simplicidad y plenitud más profundas. Después de leerlo, puedes tomarte un momento para detenerte y reflexionar sobre la luz que arroja sobre tu vida en este momento.

———————————*td.

El entrenamiento de la plena consciencia sobre la verdadera felicidad

Consciente del sufrimiento causado por el robo, la opresión, la explotación y la injusticia social, me comprometo a practicar la generosidad en mis pensamientos, en mis palabras y en mis actos de la vida diaria. Compartiré mi tiempo, energía y recursos materiales con quienes los necesiten. Me comprometo a no robar y a no apropiarme de nada que no me pertenezca. Me entrenaré en mirar profundamente para ver que la felicidad y el sufrimiento de los demás están estrechamente ligados a mi propia felicidad y sufrimiento. Comprendo que la verdadera felicidad no es posible sin comprensión y compasión, y que buscar la felicidad en el dinero, la fama, el poder o el placer sensual genera mucho sufrimiento y desesperanza. Soy consciente de que la felicidad depende de mi actitud mental y no de condiciones externas, y de que puedo vivir feliz en el momento presente simplemente recordando que ya tengo condiciones más que suficientes para ser feliz. Me comprometo a practicar un medio de vida correcto para reducir el sufrimiento de todas las especies sobre la Tierra y dejar de contribuir al cambio climático.

EL COMBUSTIBLE CORRECTO: CUIDA TU MENTE, ALIMENTA TU ASPIRACIÓN

¿Qué estás alimentando?

Para ser capaz de proteger de verdad el medio ambiente, debes ser capaz de cuidar de ti. Nuestra base de operaciones es la vida diaria y nuestro cuerpo, sensaciones, percepciones, formaciones mentales y consciencia. El bienestar del planeta depende del bienestar de tu cuerpo y mente, de la misma forma en que el bienestar de tu cuerpo y mente depende del bienestar del planeta. Y por eso, la protección del planeta está relacionada con nuestra manera de consumir. Si no puedes lidiar con el problema de la contaminación y la falta de equilibrio en ti, ¿cómo podrás lidiar con el problema de la polución y la falta de equilibrio en la naturaleza? La enseñanza del interser es crucial en esta cuestión.

Sufrimos porque hemos estado consumiendo un alimento erróneo. Estamos arruinando el planeta con nuestra manera de consumir, y nuestros descendientes pueden sufrir inmensamente por ello. Por tanto, la vía para salvar este planeta es practicar un consumo consciente. De lo contrario, la humanidad seguirá destruyendo el planeta y creando un gran sufrimiento, no solo a los demás seres humanos, sino también a las especies en la Tierra.

Buda dijo: «Nada puede sobrevivir sin alimento». También dijo: «Cuando sufrimos, echamos la culpa a factores externos, echamos la culpa a otras personas que, según nuestra creencia, son los causantes de nuestro sufrimiento. Pero, si miramos con hondura, descubrimos que nosotros somos nuestro principal enemigo». Somos quienes más nos hacemos sufrir por nuestra forma consumir, nuestra forma de comer, nuestra forma de beber, la manera en que organizamos nuestra vida, cómo nos comportamos: incluso nuestra manera de perseguir nuestro ideal de felicidad. Somos los creadores de nuestro propio sufrimiento, nuestro peor enemigo. Eso es lo que dijo Buda. Somos *responsables*, de muchas formas, de nuestro propio sufrimiento. Hemos creído que algo era bueno para nosotros y, sin embargo, nos hace sufrir.

Es posible poner fin a nuestro malestar. Esa es una muy buena noticia. La depresión puede acabar. Tu miedo, ira y odio pueden acabar. Nos entrenamos para ver nuestro malestar en términos de alimento. En cuanto podemos reconocer cuál es la fuente que alimenta nuestro malestar, la cortamos y el sufrimiento cesa; perecerá por falta de combustible.

En el budismo hablamos de cuatro tipos de alimento: alimentos comestibles (lo que comemos y bebemos); las impresiones sensoriales (todo lo que consumimos a través de los sentidos en forma de imágenes, sonidos, música, películas, páginas web, etc.); la volición (lo que consumimos en forma de nuestra aspiración más honda); y la consciencia (lo que consumimos a través de la energía colectiva que nos rodea). Todas estas fuentes de alimento pueden ser saludables o tóxicas.

El deseo más profundo

El primero de los cuatro alimentos que vamos a contemplar es la volición. ¿Qué queremos hacer con nuestra vida? Para descubrirlo, tenemos que sentarnos y observar detenidamente. ¿Es tu más hondo deseo perseguir la fama, el poder, el éxito, la riqueza y los estímulos sensuales? ¿O se trata de otra cosa? En el caso de un terrorista, su deseo más profundo es castigar y matar. Para un ecologista, su deseo más profundo es proteger el medio ambiente.

Todos albergamos algún deseo, y ese deseo puede ser sano o malsano. Puede hacernos felices o desgraciados. ¿Es sano nuestro deseo más profundo? Si nuestro deseo más hondo es sufrir menos y ser más felices, si nuestro más hondo deseo es regresar a nosotros, crear alegría y felicidad, nutrirnos y nutrir a los demás; si nuestro deseo más hondo es aprender a abrazar y transformar nuestro sufrimiento para poder sufrir menos y ayudar a los demás a hacer lo mismo, ese es un deseo positivo. Es una buena aspiración, es la *bodhicitta*, la mejor de las voliciones.

Sabemos que hay sufrimiento en nosotros y en el mundo. Queremos *hacer* algo, *ser* alguien que ayude a reducir la cantidad de sufrimiento existente. Pero podemos sentirnos impotentes ante la abrumadora cantidad de sufrimiento. Parece que no podemos hacer mucho por nosotros mismos. La vida nos resulta insoportable, aunque seamos jóvenes todavía.

Cuando Buda era joven, se sentía de esa misma manera. Vio el sufrimiento y vio que, aunque seas un rey, no puedes hacer mucho por aliviar el sufrimiento. Por eso eligió no ser rey, se alejó de la corte y buscó otra vía. El deseo de ayudar a todas las personas a sufrir menos lo llevó a hacerse monje, a practicar. Una vez que podemos transformar nuestro sufrimiento interior, podremos ayudar a transformar el sufrimiento del mundo. Es muy sencillo, muy claro. Y eso es lo que Buda hizo.

Practicamos la plena consciencia (incluso podemos hacernos monásticos) no para evitar el sufrimiento o huir de la sociedad, sino para adquirir la fortaleza necesaria para salir adelante y ser de ayuda. Y aprendemos que, aunque no podamos hacer mucho actuando solos, con una comunidad sí tenemos cosas que hacer. Por eso, lo primero que hizo Buda después de despertar fue buscar en su entorno los elementos necesarios para crear una *sangha*; él fue un excelente constructor de *sanghas*. En las últimas décadas yo también he aprendido a construir *sangha*. Cuando conocí a Martin Luther King, él empleaba la expresión «amada comunidad» para describir una *sangha*, nuestra comunidad espiritual.

Cuando yo era un joven monje, el sufrimiento que había en Vietnam era abrumador. Morían millones de personas. ¿Qué puedes hacer para ayudar? El sufrimiento te sobrepasa. Pero así y todo quería hacer algo para que la guerra acabara. Mis amigos y colegas (incluida la hermana Chan Khong, que era por entonces una joven estudiante), hicieron todo lo posible para aliviar el sufrimiento de las personas pobres y oprimidas. Pero no bastaba, la guerra seguía causando muchos destrozos. Se involucraron en actividades por la paz y la hermana Chan Khong fue incluso arrestada. Yo también sufrí mucho en mis labores por la paz: cuarenta años de exilio por haberme atrevido a actuar para contribuir al fin de la guerra. ¡Cuarenta años de exilio! Pero debíamos *actuar*; en caso contrario, no hubiésemos podido sobrevivir, ni física ni mentalmente. Cuando no podemos actuar, podemos volvernos *locos*.

Hoy en día nos ocurre eso mismo a todos. Nuestro planeta está en peligro. Hay mucha violencia, mucho sufrimiento en el mundo, te desesperas. Quieres *hacer* algo, primero para sobrevivir y luego para ayudar a reducir el sufrimiento. *Aspiras* a hacer algo. *Deseas* algo. Y necesitas esa clase de deseo a fin de contar con energía suficiente para sostenerte. Tu deseo más profundo no es solo tener dinero, ganar reconocimiento social, influencia o éxito. Quieres algo más.

Quizá quieras cambiar la dirección en la que va la civilización. Quizá quieras ayudar a la gente a cuidarse, a cuidar su sufrimiento para que puedan sanar y transformarse, vivir con hondura, alegría y felicidad, y ayudar a la Tierra a recuperar su belleza. Este es un buen deseo, una buena fuente de alimento. Es la *bodhicitta*, la mente de amor. Si eres un político, un activista o un líder empresarial y albergas esa buena intención, esa buena volición, puedes cambiar la dirección que ha tomado nuestra civilización.

Hay deseos que pueden destruirte, arruinarte el cuerpo y la mente. Pero también hay deseos que te confieren gran fortaleza: una aspiración, un voto. Si eres joven, necesitas esa clase de alimento. Por supuesto, cada uno padece su propio sufrimiento, pero en cuanto nace en nosotros una fuerte aspiración, estamos preparados para actuar. Al ver el sufrimiento que hay en el mundo, sentimos de inmediato que nuestro sufrimiento no es lo más importante, y al instante sufrimos menos. Por eso es tan importante este tipo de alimento.

Cuando hay en ti un deseo como este, tus ojos brillan más, tu sonrisa es más bella, tus pasos son más firmes. Y ese fuerte deseo es el alimento que necesitas. Cuando nos unimos en una comunidad que comparte una aspiración *colectiva*, disponemos de la energía necesaria para llevar a cabo lo que queremos realizar. Y tomamos refugio en la comunidad, no en beneficio propio, sino en beneficio de todos, porque sin una comunidad no llegaremos muy lejos.

Ya sabes qué hacer. Debes dominar las técnicas de la plena consciencia, la concentración y la visión profunda porque la generación joven te necesita. Dedicas tu tiempo a esa labor. Cada momento es una oportunidad de entrenarnos, de transformarnos, de prepararnos para servir al mundo. No tenemos tiempo que perder en cuestiones que no sean realmente importantes. Nuestro camino está claro. Tenemos una labor que hacer. Y sabemos que si somos capaces de llevarla a cabo, podemos contribuir a reducir el sufrimiento del mundo. Aunque mi edad sea avanzada, he sido capaz de mantener viva esa aspiración. Aún soy joven de espíritu y deseo transmitir esa energía a mis estudiantes. No envejezcas, mantente joven. Toma el alimento correcto. Y construye una comunidad.

El bodhisattva Ksitigarbha

Cualquier bodhisattva, cualquier gran ser, dispone de una tremenda energía interior. Si aún no has descubierto tu aspiración, debes encontrarla. Debemos sentarnos con nuestra pareja, con los amigos y preguntarnos unos a otros cuál es nuestro sueño más profundo. Si todos comparten la misma aspiración, esa relación se fortalecerá. Estamos aquí, vivos, y todos queremos hacer algo con nuestra vida. Queremos que nuestra vida tenga sentido, que sea útil.

Hay un bodhisattva llamado Ksitigarbha. El voto de Ksitigarbha es acudir a los lugares donde haya un gran sufrimiento para servir y ayudar. Hay infiernos por todas partes en este planeta. A veces ese infierno puede ser nuestra familia, nuestra comunidad o nuestra nación. Hay odio entre la gente, matanzas, usamos bombas y armas para matarnos mutuamente. Pertenecemos a la misma familia, a la misma cultura, pero nos convertimos en un infierno para los demás. Ksitigarbha está dispuesto a acudir a esos lugares para ayudar. Es una tarea muy ardua. Debes ser fresco, debes ser paciente y perseverante, debes armarte con el no miedo. Y llegas no para culpar a nadie, sino para ayudar a que cese el miedo, la ira y la violencia. Llegas para ofrecer comprensión y compasión y ayudar a las demás personas a generar comprensión y compasión en su corazón.

Hay muchos profesionales de la sanidad y trabajadores sociales que son Ksitigarbhas vivientes. Trabajan como voluntarios en lugares de la Tierra llenos de sufrimiento para intentar aliviarlo. Por tanto, el bodhisattva Ksitigarbha es muy real, no es un mero icono. Muchas personas jóvenes trabajan como bodhisattvas Ksitigarbha en todas partes. No temen sufrir, porque saben que pueden aportar alivio a los demás. Les protege una poderosa energía de compasión y aspiración.

Todos deberíamos dar nuestro apoyo a las personas que hacen el profundo voto de ayudar a los demás para que su aspiración no se pierda, para que no se quemen en el camino. Les enviamos nuestra energía de ánimo. Después de trabajar durante seis meses o un año en duras condiciones, regresan a casa y necesitan nutrición y sanación. Y ahí estamos nosotros para cuidar de ellas, para hacer todo lo posible por ayudarlas a sanar a fin de que puedan acudir a esos lugares de nuevo una segunda vez, una tercera vez. Los Ksitigarbhas del mundo necesitan ayuda. Necesitan una comunidad, una *sangha* para poder proseguir su tarea por mucho tiempo.

En las situaciones difíciles debes saber cómo cultivar tu artista interior, tu meditador interior, tu guerrero interior (la determinación y la perseverancia sin miedo de Ksitigarbha) para tener equilibrio y solidez que ofrecer a los demás. Hace varios decenios, parecía que la guerra en Vietnam no fuera a acabar nunca. La desesperación era generalizada, sobre todo entre los jóvenes. Recuerdo que alguien me preguntó: «Thay, ¿llegará un día en que no haya más guerra?». No parecía que fuera a acabar nunca, se prolongaba eternamente. Me era difícil responder, pero después de inspirar y espirar varias veces, contesté: «Queridos amigos, sabemos que todo es impermanente. También lo es la guerra».

Mi respuesta no es muy importante. Lo importante es encontrar en cualquier situación la forma de cultivar la compasión, la calma y la claridad. Si podemos preservar estas cualidades, habrá esperanza. El peor enemigo es la desesperación. Debemos mantener la esperanza. Nuestra práctica de calmarnos y mirar con hondura alimenta nuestra esperanza. Y gracias a esa calma, a esa mirada profunda, a esa apertura, podemos hacer que crezca, en tamaño y calidad, un movimiento hacia el despertar. Ya hay muchas personas preparadas para actuar en favor de la paz, de la justicia social, de la protección del planeta. No debemos sentirnos solos. Siempre existe la tentación de caer en la desesperación y en el uso de la violencia. Pero si el meditador y el artista están vivos en nosotros, el guerrero sabrá qué dirección tomar.

¿Es zen soñar?

Podrías alegar que Thay Nhat Hanh siempre nos ha animado a vivir en el momento presente y, sin embargo, ahora nos propone que soñemos con el futuro. Puede que sea un sueño hermoso, pero sigue siendo un sueño.

¿En qué consiste nuestra mayor aspiración, nuestra mayor esperanza, sino en un sueño? En el budismo, la energía de la *bodhicitta*, la mente de amor, no es solo un sueño. La *bodhicitta* es una realidad, una energía viva que nos proporciona fe y esperanza. A cada momento de la vida diaria, nuestros sueños pueden hacerse, lentamente, realidad. Durante los últimos años de mi vida, puedo decirte que no hay un solo instante en que no haya visto cómo mis sueños se hacían realidad. Nuestros sueños *pueden* volverse reales. De hecho, *ya* están haciéndose reales. Quizá no puedan realizarse al 100 %, pero cada día pueden hacerse poco a poco más reales, tan reales que podemos experimentarlos en el momento presente.

En el budismo mahayana, es muy importante la práctica de cultivar una aspiración profunda. Para llegar a ser un verdadero bodhisattva, necesitas una aspiración profunda: la aspiración de transformarte y ayudar a los demás a transformarse. *Necesitas* albergar una aspiración. Y, sin embargo, es posible practicar, al mismo tiempo, la ausencia de objetivo (o la ociosidad, como la llamó el maestro Lin Chi). La ausencia de objetivo significa «no poner ante ti nada que intentar lograr». Otra forma de comprenderla es la siguiente: ya eres lo que quieres llegar a ser. No te subestimes. En este mismo instante, todo está aquí. No necesitas buscar más. Todo está ya aquí. Cada cosa que buscas, la paz, el bienestar, la felicidad o el amor, ya están aquí. No necesitas seguir buscando.

El momento presente contiene el pasado y el futuro. Si sabes vivir hondamente tu aspiración en el momento presente, tocas la eternidad. En el budismo, los medios y los fines deben ser idénticos. No hay camino a la felicidad, el camino es, en sí, la felicidad. No hay ninguna práctica que lleve a la sanación y a la transformación: la práctica debería ser la sanación y la transformación en sí. Albergas una honda aspiración, pero también puedes practicar la ausencia de objetivo. Es perfectamente posible.

¿Te atreves a soñar?

V. D.

Como meditadores comprometidos, la energía de la aspiración es uno de los elementos más esenciales de nuestro camino. Nos preguntamos: ¿cómo está mi aspiración de vida? Si está algo cansada, podemos reanimarla. Si es todavía una vaga idea, podemos hacer que cristalice. Si la descubrimos en el pasado, pero ahora la hemos abandonado, podemos recuperarla. Si está profundamente escondida, podemos buscar hábilmente la manera de que se revele.

A veces se entiende, de forma errónea, que la aceptación y la ecuanimidad de quien medita lleva a una serena y fría indiferencia ante el sufrimiento del mundo, pero eso solo ocurre si empleamos la meditación para ocultar la verdad. De hecho, el arte de meditar radica en *revelar* la verdad y el camino que hay que seguir. Una vez que vemos y comprendemos cómo se ha originado el sufrimiento en el mundo, en ese mismo instante vemos cómo transformarlo. La comprensión del mundo que tiene un meditador es *dinámica*. La visión profunda y la comprensión del sufrimiento hacen brotar la compasión y un profundo deseo de proteger y alimentar la vida. Como estudiante del camino de los bodhisattvas, nuestra aspiración es una semilla de vitalidad, una fuerza vital que nos sostiene en el viaje.

Aspiración y ambición son cosas diferentes. Ganar dinero, lograr cierto éxito, influencia, posición o estatus son solo signos externos que la sociedad nos sugiere lograr. Tal vez las estemos persiguiendo sin darnos cuenta de ello. Una aspiración es algo mucho más profundo. La aspiración se refiere a la contribución que realmente deseamos hacer al mundo en esta vida.

Recuerdo que cuando era una joven periodista, alguien me dijo que si seguía trabajando duro, algún día podría llegar a ser *Editora de programas* (con E mayúscula). Era un título muy grande, me parecía intimidante. Pero algo de eso me atrapaba, no dejaba de pensar en ello: «Si persevero, algún día...».

Por entonces, solía recitar las cinco rememoraciones antes de dormir. Me recordaba a mí misma, en silencio, respiración a respiración, que está en mi naturaleza enfermar, envejecer, morir, tener que separarme de las personas que amo, y que no hay nada que pueda hacer para huir de ese hecho. La última rememoración es recordar que al morir no me llevaré nada conmigo; que mis actos de cuerpo, palabra y mente son mi única continuación. Empecé a comprender que el momento de la muerte es un momento íntimo de reflexión en el que querré saber: ¿he sido fiel a mí misma? ¿He hecho lo posible por vivir bien, por hacer lo que quería hacer con esta vida única y preciosa?

Un día descubrí, de repente, que si seguía por aquel camino, mi lápida diría: «Natasha Phillips, Editora de la BBC». Me di cuenta al instante de que no era eso lo que quería. Y mi siguiente pensamiento fue: «Prefiero morir a tener una lápida semejante».

Hay muchas personas extraordinarias que han aportado grandes cosas a la sociedad con su trabajo como editores de la BBC, pero ese no era el camino adecuado para mí. Lo siguiente que comprendí fue que, dijera lo que dijera mi lápida, en el lecho de muerte me enfrentaría, sobre todo, a mi relación conmigo misma. ¿Habría hecho lo que consideraba más importante? ¿Cómo podría no traicionar esta oportunidad de vivir, de sanar y transformar, no solo mi propia basura, sino la de mis ancestros, mi cultura? ¿Cómo debo vivir los minutos y las horas para poder estar en paz en mi lecho de muerte? Era una base nueva desde la que tomar decisiones sobre mi vida. Tuve una sensación más honda de lo que pudiera ser una «vida bien vivida» desde el interior, y ello me proporcionó un manantial de valor para tomar un camino menos transitado.

Cuidar el fuego

Tener una idea clara de cómo queremos vivir y alimentar una honda aspiración puede ser un poderoso antídoto a la desesperación. Sin eso, nos dice Thay, podemos perder la cabeza al intentar enfrentarnos al inmenso sufrimiento del mundo. Pero no siempre es fácil preservar la llama.

En los primeros años tras recibir la ordenación, fui muy activa ayudando a Thay y a la comunidad en los proyectos de compromiso social. Pero todavía no había aprendido a encontrar mi equilibrio y llegué a agotarme, me quedé sin fuerzas. Entonces surgieron las semillas de la desesperación. Me di cuenta de que tenía que reencontrar mi equilibrio y pedí permiso a la comunidad para no trabajar organizando actividades frente a una pantalla y ocuparme del huerto durante un año. Pasé mi infancia en una granja, y me resultaba reconfortante regresar a la calma y a la simplicidad del barro, el compost y las hortalizas. Pero la pena seguía viva en mí, y aunque la suavidad y la frescura de la tierra eran sanadoras, los nubarrones que me oscurecían el corazón tardaban en disolverse.

Un día, un monje, el hermano Espíritu, me trajo un mensaje: «Thay me ha pedido que te diga que quiere que organices un retiro para periodistas la primavera próxima». Mi reacción inmediata fue de frustración. Me había hecho monástica para no estar con periodistas, para sanar. Mi camino solo acababa de empezar. Quería reivindicar mi derecho a llevar una vida simple, una vida cerca de la naturaleza, lejos de las pantallas. Thay nos enseñó la importancia de mantener el equilibrio, de reconocer nuestros límites. Así que respondí con rechazo: «No. Dile a Thay que trabajar frente a un ordenador es demasiado estresante para mí ahora. Puedo practicar mucho mejor en la huerta. La comunidad ya me ha dado permiso para trabajar en la huerta durante un año». El hermano Espíritu transmitió aquella respuesta a Thay, quien se limitó a sonreír. Con una especie de feroz regocijo, descargó su espada zen: «Da igual. Dile que trabajar en el ordenador o plantar lechugas es lo mismo». Recibí el mensaje, no lo acepté y seguí con mi trabajo en el compost.

Una semana más tarde, el hermano Espíritu volvió con un nuevo mensaje. Me dio el borrador de un artículo de Thay llamado *Una conversación íntima con la Madre Tierra* y me dijo: «Thay quiere que lo edites. Y desea que organices una conferencia de prensa para hacerlo público». Mi tozudez quería resistir, pero el corazón me decía que aceptara hacerlo. Así que pedí ayuda a otros monásticos, lo organizamos entre todos y finalmente publicamos aquel bello texto en forma de libro, *Un canto de amor a la Tierra*. Aún no se daban las condiciones necesarias para poder convocar una rueda de prensa. Pero dos años más tarde, pudimos organizar un encuentro de plena consciencia en Nueva York, en el Centro Dart para el Periodismo y el Trauma. Fue intenso y gratificante. La flecha de Thay no cayó lejos del blanco; solo hizo falta algo de tiempo para que prendiera el fuego.

Es difícil recuperarse del agotamiento, y cada uno de nosotros debe encontrar su propio camino para hacerlo. Necesitamos pasar tiempo en la naturaleza, simplemente inmersos en el momento presente, impregnándonos de todas las maravillas; necesitamos pasar tiempo con los seres que amamos y cuidar de nuestro cuerpo y mente para curar profundas heridas, remordimientos y penas. Necesitamos dormir, llorar y reír. Pero lo que aprendí de aquella experiencia con Thay es que una de las cosas más importantes que podemos hacer es mantener vivo el fuego de la aspiración: ese es nuestro principal combustible. Y cuando disminuye, necesitamos buenos amigos en el camino, personas queridas, mentores, que nos ayuden a continuar y nos recuerden qué es lo que nos gustaría hacer con nuestra vida.

Una de mis mentoras me describió la aspiración y la plena consciencia como las dos alas de un hermoso pájaro que vuela alto atravesando una tormenta. Necesitamos ambas alas para surcar el viento. Necesitamos el fuego de la determinación, la perseverancia y el no miedo: las cualidades del bodhisattva Ksitigarbha. Y también necesitamos la fuerza equilibradora de la respiración y el caminar conscientes, comer y dormir bien, relajarnos, hacer ejercicio y estar presentes para nosotros, cuidar de todo lo que ocurra en nosotros, justo mientras trabajamos en bien de los demás.

——————————*t.d.

Cuida tu mente

La aspiración o volición es uno de los cuatro alimentos. Otro alimento es lo que en el budismo llamamos «impresiones sensoriales», todo lo que vemos, oímos, tocamos y olemos. Cuando vemos una película o una serie, estamos consumiendo. Cuando navegamos en internet, estamos consumiendo. Cuando leemos un libro, una revista o escuchamos música, estamos consumiendo. Incluso cuando mantenemos una conversación, estamos consumiendo ese diálogo. Lo que la otra persona diga puede contener mucho odio o desesperación, y cuando entra en nuestro cuerpo, pueden resultar muy tóxico. Las noticias pueden contener también mucha ira, miedo, ansiedad y odio.

Estamos a la búsqueda de estímulos, y por eso tomamos el teléfono, el portátil, un libro o una revista esperando encontrarlos. Buscamos imágenes y sonidos que nos alejen de la desazón que sentimos en el momento presente y oculten nuestro sufrimiento. No buscamos estímulos precisamente porque los *necesitemos*, sino porque haríamos cualquier cosa para evitar estar con nosotros mismos. Y podemos acabar haciéndonos adictos a esos estímulos, aunque nunca nos proporcionen la satisfacción que buscamos. Necesitamos amor, necesitamos paz, pero como aún no sabemos cómo generar ese amor y paz en nuestro interior, los buscamos en el mundo exterior.

Buda nos sugiere que regresemos a nosotros mismos sin miedo, que caminemos y respiremos de forma consciente para generar suficiente energía de plena consciencia, concentración, visión profunda y valentía y así poder cuidar del sufrimiento y de la sensación de soledad que hay en nosotros. Con un poco de entrenamiento, puedes traer la mente de regreso al cuerpo, unir cuerpo y mente, y crear momentos que te den amor y alegría. Cuando estás realmente presente, observas lo que te rodea y ves que la lluvia está ahí y es maravillosa; que los árboles están ahí y son hermosos; que el aire es sorprendentemente fresco. Inspira y espira, y descubrirás las maravillas del momento presente.

Recuerdo un día, en los primeros años de la década de los setenta, en la Conferencia de Paz de París donde yo representaba a la Delegación Budista por la Paz vietnamita. Teníamos muchas preocupaciones. Cada día caían las bombas, cada día seguía muriendo gente. Mi mente estaba concentrada en cómo ayudar a parar la guerra, cómo detener las matanzas. No tenía tiempo de entrar en contacto con las maravillas de la vida que pueden sanar y renovar. Y por eso, no tomé el alimento que necesitaba. La hermana Chan Khong participaba en la delegación como mi ayudante. Un día, preparó un cesto de hierbas frescas, fragantes. En Vietnam se sirven hierbas frescas con cada comida. Me quedé maravillado. No había tenido tiempo de pensar en cosas como las fragantes hierbas y las maravillas de la vida. Aquel momento me enseñó mucho: que no debía dejarme ahogar por el trabajo, quedar totalmente inmerso en él. Debía disponer de un tiempo para vivir, para entrar en contacto con los elementos refrescantes y nutritivos en mí y en torno a mí. Aquel día pude recobrar mi equilibrio gracias al cesto de hierbas fragantes que la hermana Chan Khong me mostró.

Aquellos de nosotros que somos activistas deseamos siempre tener éxito en nuestros esfuerzos por ayudar al mundo, pero si no guardamos un equilibrio entre nuestro trabajo y nuestro alimento, no podremos llegar muy lejos. Por eso es crucial para nuestra supervivencia practicar la meditación caminando, la respiración consciente y entrar en contacto con los elementos refrescantes y sanadores que hay en nosotros y a nuestro alrededor.

Senda de héroes

No esperes a mañana para cortar tus aflicciones. Debes hacerlo hoy mismo. A veces dudamos y seguimos enredados en nuestras dificultades un mes, y otro mes, año tras año. No podemos salir de ellas. El guerrero que somos quiere liberarse de verdad, el meditador quiere trascender esa situación, y así y todo dejamos que el sufrimiento siga arrastrándonos. Queremos acabar con esa situación, pero el guerrero interior no ha entrado en acción, y por eso el meditador interior se siente aprisionado.

Siempre que anhelemos algo (comida, alcohol o placeres sensuales), podemos convertirnos fácilmente en *víctimas* de ese anhelo y perder nuestra libertad. Los objetos de nuestros anhelos son muy tentadores, pero ocultan un «anzuelo» que nos atrapa. La salida es reconocer ese anzuelo para poder liberarse. El guerrero desenvaina la espada de la visión profunda para cortar toda aflicción y anhelo, y ese guerrero debe actuar ahora. El guerrero dice: «No puedo esperar. Debo ser libre».

Sea lo que sea que te está tentando, sea lo que sea que haya tomado el control de tu vida, sea cual sea el hábito que te ha atrapado y te hace sufrir tanto, usa la espada de la sabiduría para liberarte. Justo ahora, hoy, en este instante, tomas la determinación de no ir más en esa dirección. Es ahora o nunca. Da al guerrero que hay en ti la oportunidad de actuar, de blandir la espada y cortar tus amarras. No esta noche, no mañana, sino en este mismo momento.

Si quieres paz, la paz estará ahí al instante. Sea cual sea el objeto de tus anhelos, le dices: «Quiero ser libre. Me niego a depender de nada. Me niego a ser un esclavo». Quieres ser libre. Quieres paz. La cuestión es si lo quieres lo suficiente. Esa es la clave. Si aún no eres libre, si no has alcanzado la libertad, la paz y la sanación que buscas, es porque no las deseas todavía lo suficiente. Debes quererlas de verdad, como si tu vida dependiera de ello. Tu determinación de liberarte proviene de tu despertar. Ves que has sufrido demasiado tiempo. Ya basta. Quieres salir. No deseas seguir así ni un día más. Eso es despertar. Y desde ese lugar de despertar, tomas la decisión de liberarte.

¿A dónde va tu caballo?

Hay una historia zen sobre un hombre a caballo a todo galope. En un cruce, un amigo le grita: «¿A dónde vas?». Y el jinete responde: «¡No lo sé! ¡Pregúntaselo al caballo!». Esa es la situación de la humanidad en este momento. El caballo actual es la tecnología. Nos empuja y está fuera de control.

Al principio, Google tenía el lema «no hagas el mal». ¿Es eso realista? ¿Es posible? ¿Puedes ganar grandes cantidades de dinero sin hacer el mal? Es lo que intentan hacer, pero sin mucho éxito hasta el momento. La tecnología nos está alejando de nosotros mismos, de la familia y también de la naturaleza. Sin embargo, la naturaleza puede sanarnos y alimentarnos. Pero pasamos mucho tiempo delante de una pantalla y ya no podemos estar presentes para nosotros, para nuestra familia, para la Madre Tierra. Eso significa que la civilización va en la dirección equivocada. Puede que nuestra forma de ganar dinero no mate a nadie, no robe nada a nadie, pero nos está costando nuestra vida, nuestra felicidad y la vida, y felicidad de los seres que amamos y de la Madre Tierra.

Lo cierto es que, en vez de utilizar nuestros conocimientos científicos y tecnológicos para salvar el planeta, el mercado emplea la tecnología para satisfacer nuestros deseos y seguir explotando la Tierra. El problema es que empleamos la tecnología, sobre todo, para satisfacer nuestros anhelos y alejarnos del momento presente. Contamos con tecnología suficiente para salvarnos y salvar el planeta, pero aún no contamos con la voluntad de usarla para ese fin. La cuestión es: ¿cómo puede convertirse la tecnología en una fuerza de integración y no de destrucción? ¿Cómo pueden las compañías tecnológicas innovar para contribuir a que todos cuiden de sí mismos, cuiden de sus empleados y de la Tierra?

Cuidado con el bloqueo

Podemos considerar nuestro «depósito de consciencia» como nuestro sótano, y la «consciencia mental» como nuestro salón. Tendemos a poner todo lo que no nos gusta en el sótano; queremos que el salón se vea hermoso. Lo mismo es cierto para nuestro sufrimiento. Pero los nudos de sufrimiento que hay en ti no quieren quedarse en el sótano y, si se hacen muy fuertes, abren la puerta de un empujón y se instalan en el salón sin que nadie los invite. Sobre todo durante la noche, cuando no tienes posibilidad de control, tiran la puerta abajo y aparecen en la consciencia mental.

De día también pueden presionar la violencia, el ansia, el odio y la ira, porque has dejado que se hagan fuertes gracias a tu forma de consumir. Puedes intentar resistir. Cierras la puerta con llave. Creas un bloqueo entre el salón y el sótano, y reprimes todo lo que hay ahí abajo. ¿Y cómo lo reprimes? Intentas llenar la consciencia mental mediante el consumo. Te sientes incómodo, agitado, sientes que algo quiere subir, así que pones música, tomas el teléfono, pones la televisión, vas a algún lugar. Haces cualquier cosa para mantener el salón lleno a fin de que esos bloques de dolor no puedan ascender.

Pero muchas de las cosas que consumimos en esos momentos pueden contener toxinas, y al consumirlas, el veneno del ansia, el odio y la violencia llega hasta al depósito de consciencia y hace que crezcan esos nudos de sufrimiento. Esa es una situación muy peligrosa. Por tanto, el primer paso es dejar de regar esas semillas para impedir que crezcan. Tienes que preparar una estrategia de consumo consciente con tus seres queridos y amigos: una estrategia de apoyo y protección mutuos.

Imagina que hablamos de la depresión. La depresión no aparece por sí misma, de la nada. Si observamos la depresión con detenimiento, podremos ver sus raíces. Incluso una depresión necesita alimento para estar viva. Así, debemos haber vivido y consumido durante los meses previos de forma tal que ha hecho posible la depresión en el momento presente. Quizá hemos reprimido el sufrimiento mediante nuestra manera de consumir y hemos creado una situación de circulación deficiente en nuestra consciencia. Gracias a la plena consciencia, puedes actuar de otra forma. Puedes dejar que el dolor ascienda, reconocerlo, abrazarlo con ternura y observarlo hondamente. Una vez que sea abrazado por la energía de la plena consciencia, la concentración y la compasión, el dolor disminuirá, perderá algo de fuerza. Y la próxima vez que ascienda, lo dejarás venir porque ya sabrás cómo cuidarlo. Después de unas pocas semanas de esta práctica, recuperarás la buena circulación en tu consciencia. La práctica de la plena consciencia puede ser muy sanadora.

La estrategia del guerrero para cuidar nuestra mente

V. D.

Lo que Thay nos propone aquí es algo sencillo: empezar a considerar todo lo que leemos, miramos o escuchamos como un alimento. Lo difícil es transformar nuestros hábitos, que son también los hábitos de nuestra cultura, de nuestros ancestros y de nuestra civilización. La plena consciencia nos da la oportunidad de estar vigilantes y alertas, y de sentir cómo responden nuestra mente y cuerpo a esa información. ¿Cómo nos sentimos mientras navegamos en la red? ¿Cómo nos sentimos después? ¿Qué nos hacen sentir las películas o series que vemos, sobre todo después de desconectar? ¿Cuál es nuestra huella? ¿Han generado en nosotros tensión, miedo, agitación y soledad? ¿O alegría, realización, conexión y comprensión?

Las pantallas nos ofrecen muchas cosas buenas: risas, inspiración, educación, entretenimiento. La televisión, las películas, etc. no son malas en sí: tienen una parte positiva. La dificultad radica en entrenarnos para no ahogarnos en ellas. En Plum Village, durante los retiros monásticos, tenemos una noche dedicada a ver películas. Y en verano solemos seguir la final mundial de fútbol en la sala de meditación, con otros cientos de personas.

En esta cuestión no hay absolutos, no hay «correcto» o «incorrecto»: el consumo consciente es un arte. Se trata de su contenido: ¿estoy consumiendo algo que contamina mi mente con miedo, violencia o ira? Se trata de su duración: ¿cuánto es suficiente? Y se trata de lo que las pantallas y los auriculares nos quitan: la presencia de los seres amados, salir a la naturaleza o la simple oportunidad de estar presentes para nosotros mismos y para las sensaciones que surgen de nuestro interior. Es diferente para cada persona. Pero cuanto más sólida se vuelve nuestra práctica de la plena consciencia, más claramente vemos, más libre será nuestra voluntad, más opciones se abrirán ante nosotros. Y al aprender cómo manejar las sensaciones más agudas y difíciles, menos temeremos encontrarnos con nosotros mismos cuando apaguemos las pantallas.

No es fácil tomar el control y tener la libertad de elegir qué introducimos en nuestra mente: existen sofisticados algoritmos y supercomputadoras apostadas contra nosotros, diseñadas específicamente para jugar con nuestras preferencias y sacar provecho de acaparar nuestra atención. En 2013, unos pocos monásticos acompañamos a Thay en su visita a la sede de Google en Mountain View, California, para reunirnos con altos ejecutivos e ingenieros en la sala de juntas de esta empresa.

Thay acababa de dar una charla a cientos de empleados de Google sobre la importancia de crear aplicaciones y dispositivos que puedan ayudarnos de forma efectiva a sufrir menos y a cuidar el cuerpo, las sensaciones y las relaciones. Los ingenieros le hicieron preguntas, querían saber qué haría Thay si estuviera en su lugar. Querían saber dónde trazar los límites éticos.

Thay escuchó con gran atención sus inquietudes. Fue paciente y atento, generoso y alentador, pero también muy firme: si podemos ayudar a reducir el sufrimiento, debemos hacerlo. Uno de los ingenieros que asistió a aquella reunión fundó poco después el *Center for Humane Technology* (Centro para una Tecnología Humana), una organización no gubernamental que trabaja para promover un mundo digital que contribuya al bienestar de los seres humanos en vez de explotar sus debilidades. Depende de todos nosotros, de forma individual y colectiva, resistir a un futuro digital que, sin que nos demos cuenta, monetiza nuestra atención, radicaliza nuestras opiniones y alimenta una economía del ciberanzuelo y el ansia.

La cuestión es: ¿cómo? Podemos hacerlo si contamos con una estrategia: decidir cuántas horas a la semana veremos películas o miraremos la televisión, jugaremos a videojuegos, leeremos las noticias y consultaremos las redes sociales; o emplear aplicaciones y medios de bloqueo que nos ayuden a proteger nuestra atención para poder actuar según lo que hemos decidido. ¿Podemos tomar el compromiso de alejarnos del teléfono cuando estamos con nuestros seres queridos, o dejarlo en otra habitación cuando nos vamos a dormir? Son gestos sencillos, pero difíciles. El dominio de uno mismo comienza por pequeños pasos.

También necesitamos un plan para cuidar la mente cuando no consumimos, ¿cómo abrazaremos la soledad, la pena o el desaliento? ¿Cómo alimentaremos la alegría y la conexión? ¿Cómo nos relajaremos? Yo tengo mi pequeña lista de cosas que funcionan. Cuando la semilla de la pena asciende, hago todo lo posible para salir al exterior y llevar toda mi atención al momento presente: a los sonidos, las imágenes, los olores y el tacto del milagro de esto que llamamos vida.

Cuando estoy agitada o ansiosa, puedo sentirlo en mis huesos. Me tomo unos minutos para practicar una relajación escaneando el cuerpo, sentada o tumbada. Cuando se despierta la ira, trato de ir a caminar cuanto antes. Generar compasión es de gran ayuda: es el antídoto más poderoso contra la ira. Y a veces, tras esa ira, podemos descubrir dolor y miedo ocultos, activados unos nanosegundos antes, y podemos ocuparnos de ellos.

Cuando estoy en un estado de descontento que no desaparece, me entreno para «cambiar el canal», cambiar de pista, de tema, y hacer que algo más positivo se manifieste. En el budismo esto se llama el cultivo de la «atención apropiada». A veces lo mejor que podemos hacer para recuperar el equilibrio es cambiar el objeto de nuestra atención; otras veces, hacerlo puede ser evasión o escapismo. El truco, el arte es aprender a discernir qué necesita nuestra mente, qué será lo más saludable, en cualquier situación o contexto. También he aprendido a no subestimar nunca la importancia de contar con buenos amigos: personas con las que pasar tiempo, hablar, reír, jugar y llorar. La pandemia ha hecho que este recurso esencial se convierta en más escaso y precioso. El mero hecho de estar en compañía de otros seres humanos puede ser una fuente profunda y satisfactoria de alimento, y esta «consciencia colectiva» es el siguiente alimento de los cuatro alimentos en el budismo.

—————————*t.d.

La consciencia colectiva es un alimento

Existe el alimento de la «volición» y el alimento de las «impresiones sensoriales». El tercer tipo de alimento del que habló Buda es la *consciencia*. Podemos hablar de una consciencia *individual* y de una consciencia *colectiva*. La individual está hecha de la colectiva, y la colectiva está hecha de la individual: interson. Nuestra consciencia individual es reflejo de la colectiva. Por ejemplo, el miedo y la ira que hay en nosotros son *individuales*, pero también reflejan, de algún modo, el miedo y la ira de la sociedad. Supón que algo te parece hermoso. No es porque sea hermoso en sí, sino porque la consciencia colectiva lo considera hermoso. La consciencia individual y la consciencia colectiva que consumimos a diario son *muy reales*.

Los pensamientos, las sensaciones y los estados de la mente pueden ser considerados un tipo de alimento que entra en nuestro cuerpo y mente. Si nos sentamos y dejamos que surjan el sufrimiento o la tristeza y las rumiamos una y otra vez, como hacen los rumiantes con el bolo alimenticio, la consciencia puede convertirse en un alimento no beneficioso. Pero con la energía de la plena consciencia podemos entrenarnos en cuidar nuestros pensamientos con la atención apropiada, de forma que nos dirijamos hacia la comprensión, la compasión y la libertad. Podemos elegir *cuándo* es apropiado poner la atención en cierto tipo de pensamientos. Nuestra consciencia es una fuente de alimento, y gracias a la plena consciencia podemos elegir qué alimento sabemos que nos alimentará y nos ayudará a crecer.

Si vemos a un amigo sumido en sus pensamientos, arrastrado por ellos, con un rostro lleno de ansiedad y tristeza, sabemos que tal vez

esté ahogándose en el pensamiento o en una sensación de pena y dolor. Se trata de «atención inapropiada». En esos momentos, debemos
acudir en su ayuda. Ponemos la mano en el hombro de ese amigo, de
esa amiga, y le decimos: «¿En qué estás pensando? Es un día hermoso,
vayamos a caminar». Ayudamos a ese amigo a dejar de consumir alimento no beneficioso de la consciencia. No dejamos que siga sentado
rumiando sus pensamientos. Quien pueda beneficiarse de una zona
de energía colectiva positiva con buenos amigos empezará a sentirse
mejor, y día a día se sentirá nutrido y transformado.

Lo mismo ocurre con la energía negativa de la consciencia colectiva. Cuando el miedo y la ira se vuelven colectivos, puede ser muy
peligroso. Puedes sentir el mismo miedo y alarma que los demás y ser
arrastrado por esa energía colectiva. Por eso es muy importante buscar un entorno donde recibas la influencia de una consciencia colectiva saludable, clara. Muchos recibimos la influencia del pensamiento
de nuestro entorno. Por ejemplo, durante la guerra de Irak de 2004, el
80 % de los estadounidenses creían que se trataba de una guerra justa,
mientras que solo el 35 % de los británicos lo mantenía. Todo un país
puede quedar encerrado en una noción, una idea, un sentimiento. Los
medios de comunicación, el complejo industrial militar, todos esos
elementos pueden crear una prisión para nosotros, para que sigamos
pensando de la misma manera, viendo de la misma manera y actuando de la misma manera.

¿Quién puede ayudarnos a salir de esa prisión de visiones y senti-
mientos, de la prisión de la consciencia colectiva? Tú. Ya seas artista,
escritor, periodista, cineasta, activista o una persona que practica, debes generar *tu propia* visión profunda. Ayudas al buda en ti a manifestarse, y te expresas a la luz de la verdad. Aunque la mayoría no haya
visto la verdad que tú ves, cuentas con el valor suficiente para seguir
adelante. Una minoría que ha visto la verdad puede trasformar toda la
situación.

Comer sin violencia

El cuarto alimento del que habló Buda es la *comida*: el desayuno, el almuerzo, la cena, todo lo que consumimos por la boca. Lo que comemos es muy importante. Dime *qué* comes y te diré quién eres. Dime *dónde* comes y te diré quién eres.

Buda dijo que deberíamos comer de forma tal que mantenga viva nuestra compasión. Los informes anuales de Unicef exponen que cada año mueren tres millones de niños de hambre y malnutrición. Son nuestros propios hijos e hijas. Cuando comemos en exceso, nos los estamos comiendo a ellos. Nuestras formas de comer y de producir alimentos pueden ser muy violentas. Estamos comiéndonos a nuestros hijos; estamos comiéndonos a nuestra descendencia. Nos estamos comiendo la Tierra.

La plena consciencia nos ayuda a saber qué está ocurriendo. La industria cárnica ha devastado el planeta. Se han destruido bosques enteros para crear pastos para el ganado o para cultivos con los que alimentarlo. El ganado existente en el mundo consume por sí mismo una cantidad de comida equivalente a las necesidades calóricas de 8.700 millones de personas. Se necesita cien veces más de agua para producir un kilo de carne que para producir un kilo de cereal.

Hay que tomar medidas urgentes a escala individual y colectiva. No comer carne es una forma poderosa de contribuir a la supervivencia del planeta. Basta seguir una dieta vegetariana para preservar agua, reducir la contaminación, prevenir la deforestación y proteger de la extinción a la vida salvaje. Si dejamos de consumir, dejarán de producir.

Es tu consciencia del sufrimiento la que te lleva, de forma natural, a tomar la determinación de consumir sin violencia, nadie te obliga a hacerlo. Lo haces movido por la comprensión, la plena consciencia y la compasión. Es una forma de expresar amor y gratitud a la Tierra. Y puedes estar en paz, alegre y feliz al instante. Nuestra forma de vida debe expresar cada día el despertar. Solo si consumimos conscientemente podemos mantener viva la compasión y asegurar un futuro a nuestro planeta.

Puedes ser muy feliz siguiendo una dieta vegetariana, y puedes hacerlo sin juzgar. Eres tolerante, no intentas imponer tus ideas a los demás. Les permites ser como son. No deberías hablar mucho de ello, sino invitarlos a comer deliciosos platos vegetarianos. Siempre habrá personas que sigan comiendo carne y bebiendo mucho alcohol; necesitamos que un 50 % de la humanidad cambie de forma voluntaria para crear un equilibrio. Comer es solo una parte de la práctica, y cuando los demás vean tu paz, alegría y tolerancia, empezarán a valorar comer de forma no violenta. Si la sociedad es capaz de practicar el consumo consciente, podremos sanarnos, sanar a la sociedad y ayudar a que sane el planeta.

En la tradición budista, hay un poema que les recuerda a los monásticos que en sus interacciones con el mundo se entrenen para ser tan delicados y atentos como una abeja libando en una flor. Las abejas se alimentan de su dulce néctar, pero no destruyen su fragancia y belleza. Nosotros somos hijos e hijas de la Tierra, y podemos beneficiarnos al máximo de la Tierra y de su belleza, pero respetándola, como una abeja respeta la flor.

Quizá quienes se dedican a los negocios y a la política deban reflexionar sobre este punto, ya que nuestra codicia nos ha llevado a destruir las flores, las aguas y las montañas. Deberíamos tomar solo lo que necesitemos y actuar de forma que la belleza y las flores del planeta queden intactas. Las enseñanzas de los cuatro tipos de alimentos nos ayudan a comprender cómo no destruirnos, no destruir nuestra comunidad o nuestro planeta, y cómo alimentarnos y protegernos, y alimentar y proteger el medio ambiente.

Aprender el arte de nutrir y sanar

V. D.

El valor y una honestidad radical nos ayudan a ver con claridad el impacto en nosotros y en el planeta de nuestra manera de consumir. ¿Es sostenible el ritmo de crecimiento de nuestra economía? ¿Soy dueño de mi atención? ¿Cuál es el coste verdadero de una camiseta de algodón barata, de un vaso de licor o de un kilo de carne de vacuno? La verdad puede ser dolorosa, pero nos hará despertar. Esta visión profunda nos ayudará a transformar nuestros hábitos y así encontraremos nuevas vías de sostener nuestra aspiración y encontrar un combustible saludable para la mente y el cuerpo.

Necesitamos la determinación y el valor de un guerrero para abrirnos paso y reclamar nuestra libertad, pero también necesitamos la paciencia y la amabilidad de un meditador y la apertura, tolerancia y creatividad de un artista. Como dice Thay: «¡No te conviertas en un campo de batalla!». El mundo no necesita más fanáticos. Si nos cuesta mucho cambiar un hábito, es probable que se trate de algo que nos ha sido transmitido a lo largo de generaciones, o que sea una costumbre muy arraigada en la sociedad, la cultura o el contexto, el medio ambiente en el que vivimos. Podemos descubrir muchas cosas sobre nosotros y sobre los ancestros cuando empezamos a hacer cambios para ajustar nuestras decisiones a nuestros valores.

Este es el texto del quinto entrenamiento de la plena consciencia, escrito por Thay para guiarnos mientras navegamos en nuestro periplo hacia un consumo más consciente. Su lectura puede parecerte severa, conflictiva o exigente. Si ese es el caso, no pasa nada. El texto pretende ser provocativo, como un maestro zen que pregunta: «¿Estás seguro?». Tal vez quieras leer el texto despacio y reflexionar sobre la forma en que conecta con tu vida actual o la reta. Cada lectura puede provocar respuestas diferentes. ¿Qué visión profunda, preguntas o reacciones suscita hoy en ti?

———————————————*t.d.*

El entrenamiento de la plena consciencia sobre nutrición y sanación

Consciente del sufrimiento provocado por un consumo irreflexivo, me comprometo a cultivar la buena salud de mi cuerpo y de mi mente, y del cuerpo y la mente de mi familia y de la sociedad, por mi práctica de la plena consciencia cuando como, bebo o consumo. Me entrenaré en observar profundamente mi consumo de los cuatro tipos de alimentos: los alimentos comestibles, las impresiones sensoriales, la volición y la consciencia. Me comprometo a abstenerme de juegos de azar, alcohol, drogas, y a no consumir ningún producto que contenga toxinas, como ciertas páginas web, juegos electrónicos, películas, programas de televisión, revistas, libros y conversaciones. Practicaré el volver al momento presente para estar en contacto con los elementos refrescantes, nutritivos y saludables que se encuentran en mí y en torno a mí. No dejaré que los remordimientos y las penas me arrastren al pasado, ni que las preocupaciones o los miedos me alejen del momento presente. Me comprometo a no emplear el consumo como un medio de huir del sufrimiento, la soledad y la ansiedad. Contemplaré el interser de forma que, al consumir, nutra la alegría, la paz y el bienestar tanto en mi cuerpo y mi consciencia como en el cuerpo y la consciencia colectivas de mi familia, de mi sociedad y de la Tierra.

DIÁLOGO VALIENTE:
EL PODER DE LA ESCUCHA

En un verdadero diálogo ambas partes están dispuestas a cambiar

Si quieres salvar el planeta y transformar la sociedad, necesitas hermandad, necesitas unión. Siempre que hablamos del medio ambiente, de la paz y de la justicia social, solemos hablar de acciones no violentas o de soluciones tecnológicas, y olvidamos que el elemento de la colaboración es crucial. Sin él, no podemos hacer nada, no podemos salvar nuestro planeta. Las soluciones técnicas tienen que estar sustentadas en la unión, la comprensión y la compasión.

Para poder colaborar, tenemos que saber escuchar profundamente y hablar con habilidad, restaurar la comunicación y facilitarla para poder comunicarnos con nosotros mismos y entre nosotros. Podemos tener muy buena voluntad para reunirnos, analizar la situación, diseñar un plan y actuar. Pero si no somos capaces de llegar a acuerdos, si solo nos peleamos entre nosotros, nuestra organización se disgregará. Cuando no sabemos cómo ayudarnos entre nosotros, cómo escuchar, nos enojamos y nos dividimos.

Restaurar la comunicación es una práctica urgente. Con una buena comunicación es posible la armonía, la comprensión y la compasión entre individuos, grupos y naciones. Nuestros líderes necesitan poder reunirse y hablar sobre el peligro al que está expuesto el planeta. Y la práctica de escucharnos unos a otros hondamente, emplear un habla hábil y compasiva para expresar nuestros puntos de vista y opiniones es fundamental para que las partes enfrentadas lleguen a establecer una relación humana y se comprendan.

Los líderes y representantes políticos necesitan entrenarse en el arte de la escucha profunda: escuchar a su propia gente, escuchar el sufrimiento de su país y el de las demás naciones. Muchas personas sienten que nadie escucha su sufrimiento, que nadie lo comprende. Nuestra sociedad está profundamente dividida. Nos matamos unos a otros y hay miedo, ira, discriminación y desesperación causadas por la falta de comunicación entre los seres humanos como especie. No solo estamos causando la muerte de *otras* especies; también estamos acabando *con nosotros mismos* como especie. Por eso, necesitamos aprender a escuchar con hondura para que cada uno pueda aportar su escucha y compasión.

Oír palabras de reproche y crítica de los demás puede despertar nuestra propia irritación, ira y frustración. Por tanto, necesitamos algo más que la mera *intención* de escuchar: necesitamos *entrenar* nuestra forma de escuchar. Cuando podamos abrir la puerta de nuestro corazón y restaurar la comunicación en nuestras relaciones más cercanas, seremos capaces de hacer lo mismo en la sociedad y entre partidos políticos y naciones.

Mientras escuchamos profundamente a la otra parte, empezamos a reconocer no solo sus percepciones erróneas, sino también *las nuestras*. Eso convierte el diálogo y la comunicación conscientes en una práctica crucial. Practicar la escucha profunda y el habla amorosa puede ayudar a eliminar las percepciones erróneas que están en la base del miedo, el odio y la violencia. Mi más profundo deseo es que nuestros líderes políticos puedan utilizar esas herramientas para que la paz les llegue a ellos mismos y llegue al mundo.

Salvar el abismo

En el *Sutra del loto* aparece un bodhisattva muy especial llamado Sostén de la Tierra, Dharanimdara. Su nombre significa «quien sostiene la Tierra», quien protege y preserva. Bodhisattvas como esos son muy necesarios en estos tiempos. El Bodhisattva Sostén de la Tierra aporta la energía de preservar la vida, de sostener la vida. Su tarea es fomentar la comunicación y la conexión entre los humanos y las demás especies, y proteger la Tierra y el medio ambiente. Su papel es el de un ingeniero o arquitecto cuyo cometido es crear un espacio que pueda acoger a todos, tender puentes para cruzar de un lado al otro, construir caminos, vías, para que podamos llegar hasta los seres amados. Debemos reconocer la presencia del Bodhisattva Sostén de la Tierra en nosotros y a nuestro alrededor. También nosotros podemos crear un espacio que acoja a todos. Podemos ayudar a restaurar la comunicación entre las personas y a tender un puente que una los corazones.

Yo llegué a Occidente en 1966 con la tarea principal de hablar en contra de la guerra en Vietnam, pero junto con otros amigos del movimiento pacifista reflexionamos también sobre la situación global del planeta y centramos nuestra atención en la Tierra. Después de una profunda observación, fundamos una organización llamada Dai Dong para concienciar sobre la necesidad de crear una comunidad *transnacional* para la humanidad, una comunidad que trascienda las fronteras nacionales. Đại significa «grande», y ðông significa «unión»: Organización para la Gran Unión.

En 1970, Dai Dong celebró en Francia una reunión de científicos y publicó la *Declaración de Menton*, «un mensaje dirigido a los 3.500 millones de habitantes del planeta Tierra», suscrito por más de 3.000 científicos. Allí hablamos del deterioro medioambiental, del agotamiento de los recursos naturales, de la sobrepoblación y del hambre. En 1972, cuando la ONU convocó la primera conferencia medioambiental en Estocolmo, nosotros organizamos una conferencia alternativa en la que no participaron gobiernos, sino personas, siguiendo el espíritu de la Gran Unión.

El entonces secretario general de las Naciones Unidas, U Thant, apoyó nuestros esfuerzos y declaró: «Esta preocupación global ante un grave peligro común, que contiene el germen de la extinción de la especie humana, podría resultar ser esa fuerza indefinible capaz de unir a la humanidad». Si todas las partes en conflicto del mundo pudieran ser expuestas directamente a la verdad y recibir información completa sobre el estado del planeta, acabarían todas las disputas. Todos los conflictos se solventarían rápidamente para poder actuar. El motivo de que las naciones sigan preocupadas por cosas sin importancia es que aún no se ha alcanzado una verdadera comprensión de la verdad. En cuanto aceptemos la realidad de que, de seguir así, no podremos impedir el fin de la civilización, obtendremos la fuerza y el despertar necesarios para unirnos, superar la ira, la división, el odio y la discriminación y ver con claridad qué tenemos que hacer.

Cómo escuchar

Aunque disponemos de la tecnología más sofisticada que nunca ha existido, la comunicación se ha hecho mucho más difícil. Muchos de entre nosotros ni siquiera nos escuchamos a nosotros mismos. Escuchar es, ante todo, estar plenamente presentes, sin distracción alguna. Es estar presentes para nosotros, escucharnos y, gracias a la respiración consciente, recobrar nuestra paz y frescura.

Esta es la calidad de la presencia que ofrecemos a quien está con nosotros, y así podremos escuchar y recibir tanto lo que se dice como lo que se calla.

Existe un arte de la escucha. La plena consciencia es siempre plena consciencia de algo, y al escuchar, lo que practicamos es la *plena consciencia de la compasión*. Mantienes en ti la visión profunda de que escuchas con un único propósito: dar a esa persona una oportunidad de expresarse y de sufrir menos. Mientras escuchas, practicas la respiración consciente para mantener viva esa aspiración. Aunque esa otra persona diga cosas que no sean ciertas o que contengan percepciones erróneas, amargura o reproches, puedes seguir escuchando con compasión, porque estás practicando la plena consciencia de la compasión. La compasión te protege y evita que lo que esa persona diga despierte en ti la irritación o la ira. Una hora de esta escucha puede ayudar a esa persona a sufrir mucho menos y ayudar a restaurar la comunicación.

Pero si ves que no puedes escuchar y que te apartas, puede que la causa no sea tu falta de compasión, sino que aún no has podido transformar tu propio sufrimiento. Recuerdo una historia que me contaron. La presentadora de televisión Oprah Winfrey estaba entrevistando a una mujer que hablaba de su sufrimiento tras haber sido maltratada. La entrevistadora casi se derrumbó; sentía tanta angustia que estuvo a punto de hacer parar las cámaras. La causa era que la propia Oprah Winfrey había conocido ese mismo sufrimiento. De niña había sido maltratada y no había encontrado una oportunidad para transformar ese sufrimiento. Por tanto, al escuchar el testimonio de aquella mujer, casi se vino abajo. Tenemos que aprender a transformar nuestro propio sufrimiento para poder acompañar a quienes sufren y necesitan nuestra ayuda.

Creo que los educadores también tienen que dedicar tiempo a escuchar el sufrimiento de sus alumnos y alumnas. No es una pérdida de tiempo, porque si los estudiantes sufren, les resultará difícil aprender. Ayudarles a sufrir menos es esencial para educar y transmitir conocimiento. Una vez que los docentes hayan escuchado su propio sufrimiento, pueden escuchar el sufrimiento de sus alumnos y alumnas y ayudarles a sufrir menos con solo una hora dedicada a la escucha. Y, a su vez, los estudiantes pueden escuchar el sufrimiento de los educadores, porque también tienen su propio sufrimiento, y si pueden compartirlo con los alumnos, la comunicación se volverá más fluida. La atmósfera del aula se transformará y la tarea de enseñar y aprender se volverá mucho más agradable.

En toda organización debería haber personas que conozcan el arte de la escucha compasiva y el uso del habla amorosa. Y su trabajo consistiría solo en estar con cada persona, sentarse y escuchar. Podrían decir algo así: «Querido amigo, dime por favor cómo estás, ayúdanos a comprender los retos y las dificultades a las que te enfrentas en el trabajo, en la familia, en ti mismo». La persona que escucha debe haberse escuchado a sí misma y a su propia familia antes de poder dedicarse a ayudar a los demás a hablar y a sufrir menos. Con una buena comunicación entre sus miembros y una intención y orientación compartidas, cualquier organización puede convertirse en una comunidad que sea un instrumento hacia el cambio social.

En algunas ocasiones también necesitamos escucharnos como nación. Hay mucho sufrimiento dentro del país, hay injusticia, discriminación, ira, y mucha gente siente que nadie escucha su sufrimiento, que nadie lo comprende. Necesitamos identificar a esas personas de entre nosotros que tienen la capacidad de escuchar, invitarlas a reunirse y ayudarnos a practicar, como nación, la escucha de quienes se sienten víctimas de la discriminación y la injusticia. Podemos crear un entorno en el que se sientan seguros para expresarse, aunque tarden días o semanas en reunir el valor suficiente para contar todo lo que guardan en el corazón. Una vez que hemos podido escucharnos mutuamente como nación, seremos capaces de escuchar a personas de otros países.

El Bodhisattva de la Compasión

Avalokiteshvara es el bodhisattva que sabe escuchar con profundidad el llanto del mundo. Todos nosotros y todas las especies nos expresamos de diferentes maneras. Sea cual sea esa forma de expresión, el bodhisattva Avalokiteshvara siempre la comprende. Si se trata de un niño que no cuenta con palabras suficientes para expresarse, el bodhisattva lo entiende. Si esa persona se expresa mediante palabras o acciones corporales, el bodhisattva también la comprende.

Necesitamos aprender a escuchar, necesitamos entrenarnos. Cuando te resulta difícil escuchar lo que una persona dice, puedes sentir la necesidad de hacerla callar y corregirla porque lo que dice es demasiado doloroso y despierta tu propio sufrimiento. Pero nos esforzamos en no interrumpirla. No importa si lo que dice es correcto o incorrecto. Lo importante es darle una oportunidad de aliviar su carga. Escuchar su sufrimiento con compasión es la única manera de ayudarla. Esa otra persona necesita que alguien la escuche, y tal vez tú seas la primera persona en su vida que ha sido capaz de escucharla y de darle una oportunidad para desahogarse. Es una práctica muy profunda y requiere entrenamiento.

Te dices: «Está sufriendo, necesita que alguien le escuche. Yo seré esa persona. Adoptaré el papel del Bodhisattva de la Escucha Profunda, Avalokiteshvara. Podré hacerlo si recuerdo inspirar y espirar en plena consciencia mientras escucho y me recuerdo esto: escucho con la única intención de darle una oportunidad de decir lo que guarda en el corazón. Diga lo que diga, aunque sea erróneo o esté lleno de reproches, críticas y percepciones erróneas, seguiré escuchando». Eso es la escucha compasiva. Sentarse así y escuchar es un gesto de bondad. Desempeñas el papel de un bodhisattva. Estás protegido por la energía de la compasión. Esa es la capacidad que debemos entrenar.

Se puede escuchar el sufrimiento de forma que no nos arrastre. Todos tenemos la semilla de la ira y la de la compasión. Si practicas de forma eficaz la plena consciencia, la semilla de la compasión en ti crecerá más que la semilla de la ira. Y si la semilla de la compasión se hace suficientemente vigorosa, podrás activar tu compasión para que te proteja mientras escuchas y evitar que se active la semilla de la ira. En la escucha compasiva nuestra intención no es aislarnos, separarnos de la otra persona. Escuchamos su sufrimiento con compasión y ponemos atención en reconocer, abrazar y transformar nuestras propias semillas, que quizá han despertado mientras escuchábamos. En Plum Village, tras una sesión de escucha profunda, solemos practicar la meditación caminando en el exterior para recobrar la paz, la calma y la frescura.

Al mismo tiempo, debemos conocer nuestros límites. Debemos organizar nuestra jornada diaria de manera que logremos equilibrio y suficiente nutrimento, paz y alegría para poder seguir ofreciendo una escucha compasiva a los demás. Algunas personas llevan mucho dolor, odio y violencia, y necesitan expresarlos. Les resulta muy difícil encontrar a alguien que se siente a su lado y escuche. Por eso, cuando estés preparado para escucharlas, tenderán tal vez a abusar de tu tiempo y amabilidad, y hablarán sin parar. No sabes cuánto tiempo, cuántos días o años de escucha bastarán para ayudarlas. Repiten lo mismo una y otra vez.

Seguir escuchando en una situación como esa no es una escucha profunda inteligente. Debemos encontrar medios hábiles para ayudarlas de forma activa a reconocer, abrazar y transformar con hondura su sufrimiento. Ser escuchados les aportará algo de alivio, pero no basta. Debemos buscar aliados y unirnos para ayudar a organizar su vida de forma que puedan cortar toda fuente de alimento de su sufrimiento. Seguir escuchando sin más puede destruirnos y destruir al bodhisattva que hay en nosotros, y eso no es nada bueno.

El abc de la escucha profunda

V. D.

Cuando estamos en desacuerdo con alguien, necesitamos mucho valor para seguir escuchándole; cuando experimentamos una injusticia de cualquier tipo y nos sentimos impotentes, necesitamos una inmensa fortaleza espiritual para no ser víctimas de la ira o del odio. ¿Cómo podemos contribuir a construir puentes en un mundo fraccionado, polarizado?

Antes de visitar Plum Village por vez primera, no sabía que se podía aprender a escuchar. Me imaginaba que es un don que tienes o no tienes, y yo no lo tenía. Pero poco a poco descubrí que cuanto más capaz era de estar en silencio y escucharme a mí misma, más espacio había en mí para escuchar a los demás. Sentí curiosidad por la gente y por el paisaje de sus esperanzas, miedos y sueños. La cuestión es que es fácil confundir la escucha con intentar tener razón, cuando, en realidad, hablar y escuchar son dos cosas diferentes. Escuchar es un entrenamiento, una práctica. Es un regalo que le ofrecemos a otra persona, y un regalo que nos hacemos a nosotros mismos: ensanchar nuestra perspectiva y ver de forma profunda al ser humano que está ante nosotros.

En Plum Village nos entrenamos en escuchar con todo nuestro ser, en estar plenamente presentes para lo que se dice. El primer truco es seguir nuestra respiración mientras escuchamos. Inmediatamente nos convertimos en un escuchante personificado. Prestar atención a la extraordinaria sinfonía de nuestra respiración nos mantiene enraizados en el momento presente y nos ayuda a no ser distraídos por nuestro discurso interior. Al respirar de forma consciente mientras escuchamos, descubrimos pronto que nuestra respiración contiene la huella de nuestras reacciones. Al cuidar nuestra respiración, tenemos la oportunidad de reconocer, acoger y abrazar cualquier reacción en el mismo momento en que se produce.

Ocurren muchas cosas: ante nosotros está una persona y sus palabras, está su cuerpo, su respiración y sus reacciones. Este es el segundo truco: cuidar el impacto del sufrimiento de esa otra persona en nuestro cuerpo y nuestra respiración. Si aparece alguna tensión, la soltamos al espirar. Si nuestra respiración se hace irregular o breve, nos relajamos y la soltamos. No reprimimos ninguna sensación que aparezca en nosotros; simplemente, tomamos nota y la abrazamos, sabiendo que podremos cuidar de ella más tarde, cuando la escucha haya acabado.

El arte de la escucha incluye el arte de no interrumpir, el tercer truco. Cuando alguien nos provoca o dice algo falso, nuestro primer impulso es interrumpirle, corregirle y decirle por qué se equivoca. Pero en la escucha honda, compasiva, nuestra tarea es, sobre todo, dejar que esa persona diga todo lo que tiene que decir. Es nuestra oportunidad de escuchar lo que piensa de verdad en lo más hondo de su corazón. Si escuchar nos resulta doloroso, nos dice Thay, nos protegemos con la energía de la compasión y nos recordamos que escuchamos con un único propósito: dejar que esa persona abra su corazón y se exprese. Cultivamos una curiosidad genuina por comprender sus miedos y preocupaciones más profundas.

Este es el cuarto truco: mantener viva nuestra compasión durante toda la escucha. Yo lo hago a menudo no centrándome demasiado en las palabras. Creo que la mejor manera de escuchar un discurso difícil, amargo o lleno de ira es escuchar el dolor que está detrás de esas palabras, la sensación que esa persona está tratando de expresar, por muy torpe que sea su forma de hacerlo. Thay describe la acción del Bodhisattva de la Escucha Profunda, Avalokiteshvara, como «escuchar de forma tan atenta que podamos escuchar lo que esa persona dice y también lo que no dice». A todos nos resulta difícil poner nuestras emociones en palabras incluso en las mejores circunstancias, y más aún en las peores, cuando nos han herido o se ha despertado nuestro miedo o ira.

A veces, cuando escucho a una persona agitada o enojada, mientras la miro directamente más allá de sus palabras y siguiendo mi respiración, mantengo en mi corazón una pregunta abierta y callada: ¿qué es lo que está causando este dolor?, ¿qué estás tratando de decirme? Puede haber un abismo entre lo que alguien quiere decir y las palabras que escuchamos en realidad. La energía de la plena consciencia nos puede ayudar a salvar ese abismo. Y ese es el quinto truco: escuchar lo que no se ha dicho.

Finalmente, debemos crear condiciones apropiadas para que la escucha sea posible. Apagar los teléfonos, la televisión, la música, o proponer salir a dar un paseo o tomar un café. En toda situación, siempre hay algo que podemos hacer para mejorar el entorno y estar plenamente presentes.

Al mismo tiempo, necesitamos ser sinceros con nosotros mismos. ¿Estamos realmente dispuestos a escuchar? ¿Hay en nosotros espacio suficiente? Si nuestro estado de ánimo no es propicio a la escucha, es mejor decirlo y ofrecerse para practicar la escucha profunda en otro momento. Tenemos también derecho a respetar nuestros propios límites. Hay interser entre el hablante y el escuchante: cuando alguien nos escucha de verdad, cuando sentimos que nos van a escuchar de verdad, de repente podemos expresar plenamente todo lo que guardamos en el corazón. De la misma forma, cuando alguien no está escuchando con una apertura y compasión genuinas, lo percibimos.

He observado que llevar la comunicación a un nivel más hondo es más difícil cuando se trata de una relación estrecha. Y, sin embargo, puede ser una práctica poderosa salir a caminar con alguien que queremos y preguntarle: ¿cómo estás de verdad? ¿Qué es lo que más te preocupa en este momento? ¿Te comprendo lo suficiente? Se suele decir que si no sabes cómo se siente una persona extrovertida, no le has escuchado, y si no sabes cómo se siente una persona introvertida, no se lo has preguntado. Lo extraño es que a veces aquellos que hablan más alto son los que se sienten menos escuchados.

Cuando empecé a trabajar como periodista, había un miembro en mi equipo que vivía solo. Cada mañana irrumpía en la oficina con una diatriba tóxica sobre el tráfico, las últimas noticias del día o el político que acababa de encontrarse en el vestíbulo. La mayoría de mis colegas, en un estilo muy británico, gritaban de forma automática desde su escritorio: «¡Buenos días!», sin ni siquiera levantar la mirada, y seguían con lo que estuvieran haciendo. Yo también lo intenté, pero como era la más nueva me habían dado la mesa más cercana a la suya. Era difícil ignorarlo. Recuerdo que un día la bronca duró más de diez minutos y era imposible trabajar. Él estaba tan enfadado y maldecía tanto que no pude más. Era demasiado tóxico. Pero era mi superior, no podía pedirle que se callara y yo tenía trabajo pendiente, así que no podía abandonar mi mesa. Entonces se me ocurrió que quizá fuera una buena idea intentar escucharlo.

Así que giré mi silla para mirarlo y empecé a escucharlo al 100 %, siguiendo mi respiración y mirándolo directamente con calma, sin tapujos. Al principio me di cuenta de su desconcierto porque alguien lo escuchara de verdad. Y luego, solo unos segundos más tarde, lo único que yo era capaz de ver en su rostro era soledad y frustración resonando en la oscuridad. Sentí una compasión sincera. Seguí sentada, respirando, escuchando, respirando. En un par de minutos se quedó sin fuerzas y me dijo: «¿Qué estás escuchando? ¡Vuelve al trabajo!». Y luego, cambiando el tono: «Voy a por un té. ¿Te apetece uno?». Y desapareció en la cocina. Desde entonces, cuando llegaba echando pestes de todo, bastaba con que yo girase la silla para que se calmara. A veces puede que queramos ser escuchados, pero no siempre estamos preparados para ello.

———————— ✳t·d.

Dominar la ira

Muchas personas consideran que la ira es energía y que debemos usarla para luchar contra la injusticia y la desigualdad social. Por supuesto, la ira es muy poderosa, pero la cuestión es si puedes *controlarla*. Cuando estás enojado, no estás demasiado lúcido y te arriesgas a hacer mucho daño, tanto a ti como al mundo. Pero si sabes cómo transformar la ira en compasión, seguirás teniendo en ti una poderosa fuente de energía. Y esa energía de compasión hace que haya personas dispuestas a dar su vida para salvar las de los demás. No temen a nada, igual que una madre que se sacrifica para salvar a su hijo. La compasión es una energía mejor que la ira, del mismo modo que la energía solar es mejor que la nuclear. Así, la práctica de la plena consciencia no trata de luchar contra la ira ni de reprimirla, sino de reconocerla, abrazarla y transformarla poco a poco en compasión. Para hacerlo, necesitamos algo de entrenamiento.

Aprender a cuidar de nuestras emociones fuertes cuando aparecen es esencial si queremos dominar la práctica del habla amorosa. La compasión es un tipo de *antídoto* para la ira: ambas están relacionadas. Tan pronto como aparece la compasión en tu corazón, la ira desaparece. Puedes restaurar la comunicación y reconciliarte. Puedes comunicarte contigo mismo de forma más fácil; puedes comprenderte y comunicarte con los demás de forma más fácil. La ira, al contrario, bloquea la comunicación.

Siempre aconsejo a las parejas que, cuando se enfaden, vuelvan a la respiración y al caminar conscientes, abracen la ira y la contemplen con hondura. En unos pocos minutos, en unas pocas horas, puedes transformar tu ira. Pero si no consigues hacerlo, tienes que hacérselo saber a tu pareja. Intentas decirle con calma: «Quiero que sepas que sufro. Honestamente, no sé por qué hiciste lo que hiciste o dijiste lo que dijiste». Si no estás lo bastante tranquilo para poder decirlo, lo escribes en un papel.

Lo segundo que puedes decir es: «Quiero que sepas que hago todo lo que puedo», es decir: «Estoy intentando no decir ni hacer nada con ira, porque sé que, si lo hago, solo crearé más sufrimiento. Hago todo lo que puedo para abrazar mi ira y observarla profundamente». Le haces saber que estás intentando descubrir si esa ira tiene también su origen en tu *propia* incomprensión, percepción errónea y falta de atención.

Lo tercero que podrías decir es: «Necesito tu ayuda». Cuando estamos enojados, queremos hacer lo contrario. Decimos: «No te necesito para nada. Déjame solo». Pero si somos capaces de decir que necesitamos ayuda, lo que estamos diciendo es: «Necesito tu ayuda para sobreponerme a mi ira». La calidad de nuestro ser es crucial. Eres libre de decir qué hay en tu corazón. Pero debes decirlo de forma que la otra persona pueda oírlo, de que pueda escucharlo de verdad. Si somos demasiado agresivos, si hacemos reproches, será imposible. Expresarte es un arte. Si hay en ti aún demasiada ira, demasiada energía orientada a castigar y a reprochar, solo conseguirás que la división se haga mayor. Por eso, escribes una nota que sea una invitación *real* a restaurar una comunicación verdadera. Estás dispuesto a escuchar, estás dispuesto a comprender.

El arte de no odiar

Cuando estamos inmersos en un conflicto, tendemos a creer que solo podremos ser felices y estar en paz si la otra parte deja de existir. Puede que nos mueva un deseo de aniquilación, de destruir esa otra parte, de encerrarla entre cuatro paredes. Pero si miramos profundamente sabremos que, de la misma forma en que nosotros hemos sufrido, así ha sufrido la otra parte. Queremos tener una oportunidad de vivir en paz, a salvo, seguros, y también queremos que esa otra parte tenga una oportunidad de vivir también en paz, a salvo y en seguridad.

Una vez que eres capaz de incluir a la otra parte en tu corazón, una vez que haces nacer en ti esa aspiración, ya empiezas a sufrir menos. Y entonces es posible hacerle esta pregunta: «¿Cómo podemos garantizar mejor tu seguridad? ¿Cómo podemos ayudarte a estar en paz y seguridad y a tener alguna oportunidad? Dínoslo, por favor». Tan pronto como seas capaz de plantear estas cuestiones, la situación cambiará de forma profunda y rápida. Pero antes debe haber un cambio en tu corazón: la intención de *incluir* al otro, de darle una oportunidad. Si hay en ti esa intención, sufrirás menos, ya no tendrás el deseo de eliminar a nadie.

Mientras veamos a esa otra persona como el enemigo, seguiremos deseando vencerla, castigarla. Cuanto más sufra, más satisfechos estaremos. Pero esta forma de pensar nos hará fracasar. Buda nos enseña que primero debemos vencernos a *nosotros mismos*, es decir, liberarnos del resentimiento, del odio y de las percepciones erróneas. Primero debemos vencer a nuestra propia mente. Vencer no consiste en lograr la victoria sobre aquellos que nos hacen sufrir, sino en la victoria sobre nuestra propia ignorancia y resentimiento interiores. Quizá tengamos la impresión de que no tenemos la culpa de nada, de que todo nuestro sufrimiento ha sido causado por la otra persona, la otra parte. Pero eso no es cierto. Somos responsables, al menos, de parte del sufrimiento. Si observamos, seremos capaces de verlo. Y si aún no podemos ver cómo hemos contribuido a ello, podemos pedirles a los demás que nos lo digan.

Aquellos que llamamos «terroristas» albergan mucho resentimiento y odio. Han sufrido, la energía de su odio ha guiado sus actos. Pero eso no significa que estén exentos de odio quienes no se consideren a sí mismos terroristas. ¿En cuál de las partes *no* hay odio? ¿En cuál de las partes *no* hay incomprensión?

Podemos creer que somos justos, que caminamos por la buena senda, irreprochables, carentes de odio. Y puede que pensemos que el otro grupo es una amenaza para la civilización o la seguridad global. Más que nunca, necesitamos blandir la espada de la comprensión para liberarnos a nosotros y liberar a los demás de etiquetas. Un grupo etiqueta al otro y viceversa para enfrentarse, incluso matarse, en nombre de Dios, de la democracia, de la libertad o de la civilización.

En Plum Village, en Francia, hemos invitado a grupos de palestinos e israelíes a venir a practicar con nosotros. Al principio siempre es difícil. Cuando ambos grupos llegan, no pueden mirarse. No pueden hablarse, porque en ambos hay mucha ira, miedo y recelo: un sufrimiento enorme. Por eso, durante la primera semana, los mantenemos separados. Practican la respiración y el caminar conscientes para calmar su dolor, abrazar su pena. Los guiamos para que entren en contacto con las maravillas de la vida que hay en ellos y alrededor de ellos, y para que obtengan de esa forma el alimento que necesitan.

Al principio de la segunda semana, los entrenamos en la escucha profunda, compasiva, y en el habla amorosa. Pedimos a uno de los grupos que hable de su sufrimiento mientras el otro practica la escucha profunda y compasiva. Gracias a esa práctica, después de la primera sesión sufren ya menos. Cuando escuchas así, te das cuenta de que las personas del otro grupo han sufrido exactamente como las del tuyo. Por vez primera, ves que ellos también son víctimas del conflicto, víctimas de percepciones erróneas. En ti nacen la comprensión y la compasión y ya no estás enojado. Puedes ver, por vez primera, que son seres humanos como tú. Han sufrido mucho; tú también has sufrido. Por eso es posible la comprensión y la comunicación mutuas. Y sabes que, más tarde, tú también podrás hablar de tu sufrimiento, dificultades y desesperación, y el otro grupo te escuchará. La práctica de la escucha compasiva puede eliminar mucha ira, eliminar muchos recelos, eliminar mucho miedo.

Durante la guerra de Vietnam, Estados Unidos envió medio millón de soldados a Vietnam que mataron a muchos vietnamitas. Destruyeron nuestras aldeas y mataron a nuestros hijos. En Vietnam murieron unos 50.000 soldados. Cientos de miles de ellos regresaron a Estados Unidos enfermos y necesitaron de mucho tratamiento psicológico. Mi práctica es no odiar a esos soldados norteamericanos que vinieron a Vietnam, porque ellos también son víctimas de una política que no fue ni inteligente ni compasiva. Cada vez que vamos a Estados Unidos a guiar retiros, ofrecemos retiros para veteranos de guerra para ayudarlos a sanar y a retomar sus vidas. Muchos han regresado a Vietnam para ayudar a reparar el daño que le hicieron a nuestro país.

El perdón es posible. Esa es mi experiencia. He padecido mucha injusticia y sufrimiento. He sobrevivido a varias guerras. Se han cometido injusticias contra mí, contra mi gente, contra mi país. La compasión y el perdón son posibles una vez que podemos ver el sufrimiento de aquellos que nos han hecho sufrir. Y cuando comprendemos ese sufrimiento, nace en nosotros la compasión y podemos perdonar.

Podemos alcanzar la cualidad del amor que encarna Buda. Es posible responder al odio con amor. Es posible responder a la violencia con compasión y acciones no violentas. Con escucha profunda y habla amorosa, puedes cambiar la forma de pensar de la gente; no necesitas matarlos. No necesitamos matar a los terroristas. Lo que los convierte en terroristas es su odio, miedo e ira. Pero si nos sentamos y los escuchamos profundamente, podemos ayudarlos a transformar su ira y su miedo, y dejarán de ser terroristas. Solo puedes ayudar a eliminar las percepciones erróneas con el diálogo: escuchar profundamente y hablar con compasión.

¿Se puede trabajar por el cambio sin odiar «al otro bando»?

V. D.

Cuando Martin Luther King marchó por las calles de Chicago para protestar contra la guerra en Vietnam el 25 de marzo de 1967, pocos meses después de su encuentro con Thay, lo hizo bajo una pancarta en inglés y vietnamita que decía: «Los hombres no son nuestros enemigos. Si matamos a los hombres, ¿con quién viviremos?». Thay y Martin Luther King compartían la visión profunda de que nuestro enemigo no son otras personas; nuestro enemigo es la ira, el resentimiento, el odio, el miedo y la discriminación. Concentrarse en esta visión profunda ayudó a Thay, a la hermana Chan Khong y a sus jóvenes trabajadores sociales en Vietnam a permanecer neutrales y no tomar partido durante la guerra.

El camino de no odiar a nuestro enemigo es una práctica espiritual profunda. El Dr. King dijo una vez que, si hay en nosotros suficiente espiritualidad y ética, podremos reemplazar el odio con amor y «amar a la persona que ha cometido una acción malvada mientras odiamos la acción malvada que ha cometido». Como practicantes de meditación, nos entrenamos en esta forma de mirar para poder enfrentarnos a la injusticia sin odio. Todos necesitamos una dimensión espiritual en nuestra vida, y por eso Thay nos dice que no debemos dejar que ningún grupo concreto se arrogue en exclusiva la espiritualidad. Sin embargo, a veces, sigue diciendo Thay, eso es lo que ocurre: «Una de las partes monopoliza a Dios; se apropia de Dios para dividir, odiar, discriminar, fomentar la intolerancia y tratar de demostrar que el otro grupo actúa contra la voluntad divina». Pero lo que el mundo más necesita ahora, nos dice Thay es «un dios de compasión. Necesitamos un dios de no discriminación, necesitamos un dios de tolerancia, necesitamos un dios de amor». El amor nos permite ir más lejos y ver el odio, la ira y la discriminación no como enemigos, sino como energías (que todos tenemos) que pueden ser abrazadas y transformadas.

Gracias a la visión profunda del interser y de la impermanencia que hemos explorado en páginas anteriores de este libro, sabemos que *una persona no es solo sus opiniones*. No es meramente «el bando» con el que se identifica. Podemos estar rodeados de personas que tengan posturas o visiones con las que no estamos de acuerdo; puede incluso que haya personas así en nuestro lugar de trabajo, en nuestra comunidad, en nuestra familia. Una opinión siempre es parcial, no absoluta. Es cambiante, no es permanente. Que una opinión arraigue en el corazón y la mente de una persona puede deberse a que algo haya «alimentado» esa opinión. Como dice Thay, «nada puede sobrevivir sin alimento». Una opinión puede haber sido alimentada por algoritmos, resultados de búsquedas, *feeds* de noticias y clics. El reto es entrenarnos para considerar todas las opiniones, incluso las propias, como limitadas, impermanentes y sujetas al cambio.

Enfrentados a una sociedad polarizada, surge esta pregunta: ¿cómo entablar un diálogo maduro por encima de las diferencias? ¿Cómo tener una comunicación real? ¿Cómo ser, juntos, seres humanos? Esto tiene que ver con nuestra capacidad para escuchar, para cultivar la apertura y soltar nuestras opiniones. La enseñanza de Thay es muy firme en este punto: a la luz del interser, no puede haber una derecha sin una izquierda. En lo referido a las opiniones y al diálogo, debemos mantener la perspectiva de que nuestra posición existe en relación con la posición opuesta. Nuestras posiciones interson. «En un diálogo verdadero —dice Thay—, ambas partes están dispuestas a cambiar». Eso significa que debemos estar preparados para soltar nuestras opiniones.

Quizá queramos decir al otro grupo: «¡Cambia tú primero! Si tú no cambias, yo tampoco cambiaré». Pero gracias a la visión profunda del interser, sabemos que nuestra forma de ser, nuestra apertura, cambia *ya* la situación. El reto es ser humilde sobre los límites de nuestra propia perspectiva, estar abiertos a aprender algo nuevo y tener una curiosidad genuina por saber cómo ellos han llegado a opinar lo que opinan. En la tradición de Plum Village, nos entrenamos para respetar el derecho de los demás a ser diferentes, a decidir qué creer y qué decisiones tomar. Sin embargo, también nos comprometemos a ayudarlos a transformar el fanatismo y la estrechez de miras mediante un diálogo compasivo. Quizá necesitemos ser pacientes para poder comprender. Si partimos de la idea de que «yo tengo la razón» y de que «tú te equivocas», ¿cómo lograremos alguna vez llegar a una comprensión más profunda? Debemos encontrar la manera de disminuir la reactividad, abrir nuestro corazón para ver al ser humano que está ante nosotros y recurrir a nuestra compasión y a una voluntad por comprender sus más profundos miedos, dolor y preocupaciones. Nos recordamos que debemos apreciar al ser humano, aunque no estemos de acuerdo con él. No hay «victoria» alguna, no hay una «solución» a los problemas del planeta si no se incluye a todos en el diálogo.

Catalizador del cambio

Christiana Figueres, la artífice del histórico Acuerdo Climático de París de 2015, ha demostrado que es posible poner en práctica estas enseñanzas y transformar, incluso, las situaciones más graves. Christiana es una estudiante de Thay y lleva sus enseñanzas del interser, de la escucha profunda y la reflexión personal al corazón de su labor. Contra todo pronóstico, sus esfuerzos en París tuvieron éxito: 195 países se reunieron para suscribir el acuerdo. Ella afirma que las enseñanzas de Thay la ayudaron «a mantener una calma extraordinaria en momentos de crisis total en las negociaciones». Sin eso, dice Christiana, simplemente no hubiera tenido «la resistencia interior, la profundidad de optimismo, la profundidad de compromiso, la profundidad de inspiración» para salir adelante.

Cuando conocí a Christiana en persona, ella estaba bailando, feliz, con un obispo vestido de púrpura sobre un escenario instalado en una iglesia de París en la víspera de la conferencia. Varios líderes y miembros de diferentes tradiciones religiosas se habían reunido allí para orar y hacer hincapié en el imperativo moral de una acción global por la justicia climática. Nosotros habíamos sido invitados para guiar una meditación. En aquel momento, nadie sabía si aquella conferencia tendría éxito. Pero lo que sí sabíamos era que esa misma tarde llegarían líderes de todo el mundo, y que quizá ocurriera un milagro.

Mientras Christiana bailaba, me acerqué, para esperarla, caminando despacio por el abarrotado pasillo, con mi cabeza afeitada y mis hábitos, pasando por delante de los guardias de seguridad. Año y medio antes, Thay me había pedido que me encargara de transmitirle su apoyo, su ánimo y su amor. Acababa de sufrir el ictus y no podía estar presente, así que una delegación compuesta por una docena de monásticos vinimos a París en su nombre. Cuando Christiana bajó del escenario, uní las manos en señal de saludo y abrí los brazos para abrazarla: «Este es un abrazo de parte de Thay y de todos nosotros. Estamos aquí para ti». No puedo decir cuánto duró aquel abrazo, en medio del torbellino de bailarines y periodistas, con los guardias de seguridad intentando llevarla al aeropuerto; lo que sí sé es que hubo lágrimas y profundas respiraciones conscientes que se extendieron más allá del espacio y el tiempo. Cuando nos enfrentamos a una tarea ardua, necesitamos toda la fuerza espiritual que podamos obtener.

Christiana se define como una optimista pertinaz con los pies en la tierra. Para Christiana, el optimismo no consiste en prever un resultado, sino en elegir *la clase de energía con la que abordamos el reto* de la crisis climática. No se centra en el resultado. La energía del optimismo hará que el resultado cambie. Hay un profundo interser entre los fines y los medios.

Christiana lo explica así: «Abordas este compromiso con optimismo porque sabes que es algo que debemos hacer. Es una oportunidad sagrada para *todos nosotros* ahora mismo: vivir y ser adultos en un momento en que la historia de la humanidad está viviendo esta increíble transformación». Mientras lideraba el acuerdo de París, aprendió «que si ante un desafío no controlas el complejo escenario, y rara vez lo haces, lo más eficaz que puedes hacer es cambiar *tu comportamiento* en ese escenario valiéndote de ti misma como catalizadora de un cambio global».

Christiana describe la escucha profunda y sincera como una de las habilidades más subestimadas y transformadoras que ella ha aportado en su compromiso por el clima: «No puedes pasar a las soluciones sin haber comprendido el problema. Solo se llegará a soluciones efectivas si honramos y respetamos las diferencias de todos, si elegimos comprender las necesidades y dolor de quien se sienta al otro lado de la mesa». Esto es lo que dice:

«Debo decir que durante el proceso que nos llevó a París ejercimos muchas habilidades "duras", técnicas, y que para mí la más poderosa de las habilidades "blandas" fue la escucha profunda. Viajamos a casi cada país del mundo para hablar con sus líderes y negociadores, cargados de preguntas y de escucha profunda con la intención de comprender su punto de partida, no para decirles lo que creíamos que debían hacer. Eso abre un terreno común que no se da si no escuchas.

»Para mí fue una de las experiencias de crecimiento personal más poderosas, porque estamos acostumbrados a pensar que la experiencia de otra persona es solo su experiencia. Pero si practicamos de verdad la escucha profunda, vemos en seguida que todos somos, fundamentalmente, humanos, y que los pensamientos, las emociones, el miedo, la ansiedad y el dolor que siente otra persona están, de algún modo, también en nosotros. Tal vez bajo otro color, tal vez en otro idioma, tal vez en una región geográfica diferente, pero el sentimiento existe, porque es un sentimiento humano. Por eso, cuando alguien comparte su dolor, sentir con toda atención en qué parte de nosotros está ese mismo dolor, entrar en contacto con él y sanarlo en nosotros hace que cambie radicalmente la calidad de nuestra experiencia con esa otra persona. Te acercas a la vulnerabilidad con vulnerabilidad, descubres la vulnerabilidad mutua. Una vez que has vivido esa experiencia con otro ser humano, la calidad de la relación mutua pasa a un nivel totalmente diferente. Ya se ha implantado una raíz común profunda. A partir de ese momento puedes entablar discusiones técnicas sobre megatoneladas o cualquier asunto.

La visión profunda radical y el arco del amor

Christiana también descubrió que la enseñanza de Thay sobre trascender las nociones de «víctima» y «perpetrador» tiene un efecto poderoso que ayuda a zanjar dificultades durante las negociaciones. En su propia vida, Christiana ha comprobado que, como muchos de nosotros, ella también se consideraba una víctima de diversas maneras por su dura infancia y matrimonio. Al reflexionar sobre ello según su práctica espiritual, Christiana despertó al hecho de que «si me etiqueto como víctima, inmediatamente estoy etiquetando a alguien como perpetrador». Y rápidamente ese perpetrador se vuelve hacia ti y te llama perpetradora, y antes de que te des cuenta «te encuentras sumida en un vaivén de víctima/perpetrador donde todo el mundo es víctima y perpetrador». En esta dinámica, «eres víctima y perpetrador en diferentes momentos, con diferentes personas, en diferentes situaciones». Christiana fue testigo de ello durante las negociaciones. Los países en vías de desarrollo «son objetivamente víctimas del cambio climático, pero no tienen por qué permanecer en ese papel. Podemos salir de esa dinámica víctima/perpetrador». Se aceptó la realidad de la responsabilidad histórica y, al mismo tiempo, se asumió «una responsabilidad común con visión de futuro relacionada con el porvenir del planeta y el porvenir de todos los seres humanos que habitan en él». Y cuando Christiana empezó a superar su propia dinámica de víctima/perpetrador, empezó a notar un cambio en las negociaciones.

La compasión hacia todas las partes desempeñó un papel importante. Cuando le preguntan si puede sentir amor por los hermanos Koch, ricos industriales que se han enriquecido gracias a los combustibles fósiles y que se oponen a un cambio de la legislación climática, Christiana es rotunda:

«Aquí radica la dificultad: no podemos hacer excepciones, no podemos. Y si bien me enoja mucho lo que ellos hacen, eso no hace que se desvanezca mi amor espiritual hacia ellos, porque también viven en este planeta. Mi reto consiste en extender el arco de mi amor sobre los que están cerca de mí, las personas que amo, que están en mi ámbito. Pero también en extender el arco de mi amor sobre las personas con las que no estoy de acuerdo, sobre personas que nunca he conocido. Tengo conversaciones fascinantes con los hermanos Koch y veo cosas buenas también en ellos. En el momento en que empiezas a culpar y demonizar a una persona, a una empresa o a un sector, has perdido el juego. Al hacerlo, caes en un nivel del que será muy difícil salir, porque alguien tendrá que ganar y alguien tendrá que perder. Y ese no es el ámbito en el que quiero trabajar. Quiero trabajar en un ámbito en el que todos ganemos».

Christiana afirma que todos podemos contribuir a un futuro radicalmente nuevo donde todos seamos escuchados, incluidos, donde ganemos todos. Esa es la visión de Martin Luther King de una «amada comunidad» que incluya incluso a nuestros enemigos. Christiana insiste en que todos podemos contribuir en algo:

«No se trata del poder "sobre" algo, sino del poder "para": el poder para el cambio, el poder para el bien. No se trata del privilegio de "tener", sino del privilegio de ser: de ser seres humanos, del privilegio de ser un servidor de la humanidad. ¿Qué mayor privilegio podemos tener? El privilegio que todos compartimos es el de estar vivos ahora mismo y ser humanos en este increíble momento. Al ahondar en nuestra propia vulnerabilidad nos humanizamos, y ese es el lugar de conexión con los demás. De repente, podemos descubrir dónde reside realmente el poder: el poder de cambiar y la capacidad de mejorar y trabajar juntos. Encontrándonos, trabajando mano a mano y caminando de la mano con lo que somos como humanos, caminamos mucho más rápido y más lejos».

————————————*t.d.

Traer la sanación a tu casa

Hay padres que se sienten derrotados, que sienten que la vida los ha tratado injustamente, o que han sido dañados en su infancia. Sus corazones están llenos de frustración, de injusticia y de odio. Como no saben transformar esas energías violentas en su interior, siguen haciéndose sufrir a sí mismos y a sus hijos. Los niños soportan esa violencia y no se atreven a defenderse. Así, van acumulando una violencia que se desencadena cada vez que hay una oportunidad. En infinidad de familias la comunicación está bloqueada: nadie sabe escuchar, se acumulan los malentendidos y todos sufren. Si no sabemos practicar para transformar estas energías en nosotros mismos, en nuestras familias y en nuestra propia generación, destruiremos nuestro futuro.

Nuestra práctica de escucha profunda y habla amorosa puede ayudar a nuestro padre, madre, hermano, hermana, amigo, amante o pareja. Tengo muchos amigos jóvenes que, con la práctica de la plena consciencia, han sido capaces de abrazar, sanar y transformar sus propias dificultades y las de sus padres. Ellos me hacen tener fe en que todavía tenemos una salida. Tenemos un camino y nada que temer. Solo hay que recorrer ese camino juntos.

Con una voz calmada, sincera y afectuosa puedes decir algo así: «Papá, mamá, sé que en los últimos años has padecido muchas dificultades, mucho dolor que no has podido expresar. Y yo no he sido capaz de ayudarte. Al contrario, he empeorado las cosas. Ahora me doy cuenta y lo lamento. Prometo que a partir de ahora dejaré de culparte y de provocarte. Solo quiero hacer algo para que sufras menos.

Papá, mamá, por favor, cuéntame cómo ha sido para ti. Quiero comprender tus dificultades, lo que te preocupa. También tengo cosas que me gustaría compartir contigo. Sé que en el pasado he sido irreflexivo, reactivo y poco hábil. Por favor, ayúdame a no volver a cometer los mismos errores. Hay muchas cosas que quiero realizar, pero no he tenido la oportunidad de hacerlo. Quiero hacer lo correcto, y quiero que te sientas orgulloso de mí, pero necesito tu ayuda. Por favor, dime qué he hecho mal y cuándo me ha faltado habilidad. Prometo escuchar, no volveré a actuar como antes. Por favor, ayúdame». Esa es la manera de hablar del bodhisattva Avalokiteshvara, dispuesto a escuchar con compasión.

Para tener éxito, debes poner en ello todo tu corazón. Cuando tu padre o tu madre se sientan capaces de hablar, quizá no utilicen un habla amorosa, porque todavía no han aprendido a hacerlo. Puede que sus palabras estén llenas de amargura, ira, reproches o acusaciones, pero tú mantienes la compasión viva en tu corazón, ella te protege. Diga lo que diga, no te muestres impaciente, no le interrumpas, no le digas que se equivoca. Eso solo conseguirá frustrarlo, hacer que se cierre y que comience una nueva discusión. Tú recuerdas esto: «Ahora solo escucho. Más tarde tendré tiempo de explicarle lo que ha pasado de verdad y así podré cambiar sus percepciones erróneas. En este momento solo escucho». Si puedes mantener la compasión viva en tu corazón durante todo el tiempo de la escucha, habrás triunfado.

Si tu madre o tu padre son reacios a hablar, puedes animarlos con amabilidad diciéndoles algo como esto: «Papá, no sabía que lo estabas pasando tan mal», o «Mamá, no sabía que te hubiera costado tanto».

Gracias a la práctica de la escucha profunda, miles de padres han podido reconciliarse con sus hijos. Cuando alguien te ha escuchado durante una hora, te sientes mucho mejor, como si hubieras tomado una buena dosis de vitaminas. En el futuro, cuando las cosas se calmen, cuando llegue el momento oportuno, podrás encontrar formas de ofrecer más información sobre lo que ha ocurrido a fin de que puedan corregir percepciones erróneas. Es mejor hacerlo poco a poco, dar solo un poco de información cada vez. Así podrán escucharla y reflexionar sobre ello. Si te impacientas y quieres arreglarlo todo de una vez, puede que no sean capaces de lidiar con ello. La compasión va unida a la paciencia.

Palabras que sanan

Una vez que has conseguido escuchar a tus padres, puedes preguntarles si están dispuestos a escucharte a ti. Puedes poner en palabras cosas que nunca pudiste decirles. Tienes el derecho y la responsabilidad de hablar sobre lo que guardas en lo más hondo de tu corazón, incluso de tus dificultades, de tus heridas o de tus sueños. Regresar a tu respiración consciente para abrazar las emociones fuertes te permitirá emplear palabras hábiles que ellos puedan acoger con facilidad. El propósito es ayudar a la otra persona a cambiar sus percepciones y a reconocer tu pena, tus dificultades o sueños. Y emplear un habla amorosa favorece que quien escucha sea más receptivo. Hablamos de nuestra pena, nuestros problemas y nuestros sueños sin reprochar, acusar o condenar, sin amargura ni escarnio. Podemos pedirles ayuda para que escuchen sin interrumpirnos y así tener una oportunidad de compartir todo lo que hay en nuestro corazón.

Tengo fe en que puedes hacerlo. Cuando sufrimos, es muy fácil que pronunciemos palabras que nos dañan a nosotros y a las personas que amamos. Pero con un habla amorosa y hábil dejamos de herirnos unos a otros, y podemos empezar a sanar. Las palabras no cuestan nada, pero pueden ofrecer esperanza, fortalecer nuestro amor, restablecer la comunicación y sacarnos de las profundidades del dolor y la desesperación. Con unas pocas palabras amables y cariñosas, puedes ofrecer felicidad a muchas personas, incluida tú misma. Yo lo he hecho y lo he conseguido. Y muchos de mis jóvenes amigos también lo han conseguido. No pienses que solamente podrás ayudar a los demás cuando tengas dinero o poder. Puedes ayudarles ahora mismo con un habla amorosa.

También tienes que hablarte a ti mismo con amor. Muchos de nosotros hemos sufrido de niños y esas heridas aún no han sanado. Puedes hablarte con cariño y decirte: «Sé que estás ahí en mí, mi pequeño niño herido. Siento haber estado tan ocupado que no he tenido tiempo de volver a mí para cuidarte. Ahora estoy aquí». Con la respiración consciente acompañas a tu niño interior y lo ayudas a sanar. Esto es meditación. Es muy urgente. Podemos decirle: «Mira, hemos crecido. Ya no somos tan vulnerables como antes. Podemos protegernos y defendernos muy bien». Dile al niño pequeño, a la niña pequeña que llevas dentro: «No tengas miedo. Salgamos y disfrutemos del sol, de las hermosas colinas y árboles. No hay necesidad de esconderse». Este es el tipo de meditación que podemos hacer para sanar. Puede que todavía haya mucho miedo y cierta tendencia a aislarse. Así que vete a casa y habla con el niño o la niña e invítale a disfrutar del momento presente contigo. Esto es posible. Con unos pocos días de práctica como esta, puedes hablar con el niño que llevas dentro y conseguir la sanación que necesitas.

Aprender el arte de comunicarse

V. D.

Existe un arte para abrazar nuestras emociones fuertes y nuestra ira de modo que no causemos más daño con nuestra forma de hablar. Es posible entrenarnos para transformar la energía de la ira o la rabia en una compasión feroz y amorosa que pueda sostener nuestra acción y no acabar agotándonos. No siempre es fácil. A veces puede que tengamos que descargar nuestra ira corriendo, gritando al cielo o tirándonos por el suelo a llorar. No pasa nada. Vivimos tiempos difíciles, pero, con una práctica espiritual y el apoyo colectivo, encontraremos un camino amoroso para salir adelante. Podemos consolarnos con el hecho de que Thay ha escrito un libro entero sobre la ira; es una sensación con la que está íntimamente familiarizado. A través de su propia vida, Thay demuestra que es posible transformar y redirigir esa energía hacia una acción amorosa y profunda.

Como hemos descubierto en este capítulo, la comunicación profunda y compasiva no consiste en negociar necesidades o en defender una posición determinada. Gracias a la visión profunda y radical de la meditación, nos damos cuenta de que somos impermanentes y de que nuestros puntos de vista y posiciones son impermanentes, y sabemos que la verdad de nuestro interser con los demás es muy profunda. Cuando iniciamos un diálogo es importante estar abiertos y ser curiosos, dispuestos a soltar y a cambiar nuestro punto de vista. No podemos trazar una línea dura entre nosotros y los demás o entre nuestra propia transformación y la transformación de una situación. Por eso, la verdadera comunicación es posible, incluso en aquellas ocasiones en las que parece más difícil de alcanzar.

He aquí el breve texto del entrenamiento de la plena consciencia sobre el habla amorosa y la escucha profunda. Tal vez quieras leerlo despacio, reflexionando sobre las formas en que puede ser un reto o una inspiración en tu camino hacia un diálogo valiente y compasivo.

————————————— *t.d.

El entrenamiento de la plena consciencia sobre habla amorosa y escucha profunda

Consciente del sufrimiento causado por palabras irreflexivas y por la incapacidad de escuchar a los demás, me comprometo a aprender a hablar a todos con amor y a desarrollar una escucha compasiva que alivie el sufrimiento y promueva la paz y la reconciliación en mis relaciones con los demás, entre grupos étnicos y religiosos, y entre naciones. Sé que las palabras pueden crear felicidad o sufrimiento, y me comprometo a aprender a hablar con honestidad, a emplear palabras que inspiren autoconfianza y que alimenten la alegría y la esperanza. Me comprometo a no decir nada cuando me invada la ira. En ese caso, me entrenaré en respirar y caminar en plena consciencia para reconocer esa ira y observar profundamente sus raíces, especialmente en mis percepciones erróneas y en mi falta de comprensión de mi propio sufrimiento y el de la persona contra la que dirijo mi ira. Me entrenaré en decir la verdad y escuchar profundamente para reducir el sufrimiento en los demás y en mí, y para encontrar soluciones en las situaciones difíciles. Me comprometo a no difundir noticias de las que no tenga certeza y a no decir nada que pueda causar división o discordia. Practicaré la diligencia correcta para nutrir mi comprensión, mi amor, mi alegría y mi inclusividad, y transformar día a día las semillas de violencia, ira y miedo que yacen en lo más profundo de mi consciencia.

AMOR VERDADERO:
¿ES REAL?

El combustible es el amor

Con una mente de amor, tenemos un corazón ardiente, contamos con la vitalidad y la fuerza necesarias para hacer todo lo que nos propongamos. La mente de amor es la energía del bodhisattva que hace el voto de convertirse en un instrumento de paz, de compasión y de bienestar para el mundo. La mente de amor puede nutrir y sanar. La mente de amor puede ayudarnos a proteger el medio ambiente y el planeta. La mente de amor va unida al despertar, a la iluminación. La comprensión es el fundamento mismo del amor, es otra palabra para decir «amor», porque una vez que hemos comprendido, empezamos a amar. Hay una conexión profunda entre el corazón y la mente.

En Plum Village, tenemos una definición muy sencilla del amor. Decimos que amar significa estar ahí: estar ahí, primero para uno mismo y para las maravillas de la vida y de la Tierra que te rodean. Una vez que tu presencia es plena, puedes ofrecer esa presencia a los seres que amas. Si no estás ahí, ¿cómo puedes amar? Estar verdaderamente presente: eso ya es zen. La meditación es estar realmente presente, mirar en profundidad y reconocer a las personas y las maravillas que nos rodean. Y cuando reconocemos la presencia de la otra persona, ella es feliz y nosotros también lo somos. A veces, cuando practico la meditación caminando en las noches de luna llena, elevo la vista a la luna, sonrío y le digo: «Gracias, Luna, por estar ahí. Gracias, estrellas, por estar ahí». Reconozco su presencia.

Si miramos con los ojos de la no dualidad, podemos establecer una relación muy cercana entre nuestro corazón y el corazón de la Tierra. Cuando somos capaces de ver que nuestra bella Tierra no es materia inerte sino un ser vivo, brotan en nosotros conexión y amor al instante. Admiramos y amamos la Tierra, queremos estar conectados. Ese es el significado del amor: ser uno con. Y cuando amas a alguien, quieres decirle: «Te necesito. Me refugio en ti». Es una oración, pero no se trata de superstición. Amas la Tierra y la Tierra te ama. Confías tu amor a la Tierra, sabes que ella nunca te traicionará. Harías lo que fuera por el bienestar de la Tierra y la Tierra haría lo que fuera por tu bienestar. Y esta conexión comienza con la plena consciencia. Te das cuenta de que existes en calidad de *hijo*, *hija* de la Tierra, que llevas la Tierra dentro de ti. La Madre Tierra no está *fuera* de ti, está *dentro* de ti. La Madre Tierra no es el medio ambiente, tú formas parte de la Madre Tierra. Esa visión profunda de interser, de no discriminación, te ayuda a entrar en una comunión auténtica con la Tierra.

Pero algunos nos sentimos cansados de la Tierra, nos cuesta amar la Tierra. Podemos acusar o reprochar a la Tierra habernos traído a una vida de tanto sufrimiento. Podemos desear no haber nacido nunca o haber nacido en algún otro lugar. Pero si miramos profundamente, podremos superar todo sufrimiento y resentimiento, y ver la naturaleza verdadera de la Tierra y de nosotros mismos.

En el vientre de la Tierra

La Tierra está ya en nosotros y nosotros ya estamos en la Tierra. No necesitamos esperar a morir para retornar a la Tierra. Necesitamos aprender a tomar refugio en la Tierra: esa es la mejor forma de sanar y de nutrirnos. Podemos hacerlo si sabemos dejar que la Tierra *sea*, en nosotros y alrededor de nosotros: tan solo comprender que *somos la Tierra*. Y no tenemos que hacer gran cosa. De hecho, no tenemos que hacer nada de nada. Es como cuando estábamos en el vientre de nuestra madre. No necesitábamos respirar, no necesitábamos comer, nuestra madre respiraba y comía por nosotros. No teníamos que preocuparnos por nada.

Puedes hacer eso mismo cuando te sientas. Deja que la Madre Tierra se siente por ti. Cuando respires, deja que la Tierra respire por ti. Cuando camines, deja que la Tierra camine por ti. No hagas esfuerzo alguno. Déjale hacer a ella. Sabe cómo hacerlo. No trates de hacer algo. No trates de luchar para sentarte. No trates de inspirar y espirar. Ni siquiera intentes estar en paz. Deja que la Tierra lo haga todo por ti. Deja que el aire entre en tus pulmones y salga de tus pulmones. No necesitamos hacer un esfuerzo para inspirar o espirar. Tan solo deja que la naturaleza, que la Tierra inspire y espire por ti. Tú tan solo te sientas y disfrutas de la inspiración y de la espiración. Está la respiración, pero no hay un «tú» que inspire o espire. No se necesita un «tú» o un «yo» para inspirar y espirar. La inspiración y la espiración ocurren por sí mismas. Haz la prueba.

Déjate estar sentado. Déjate ser tú. No hagas nada. Tan solo deja que la sentada ocurra. No te esfuerces para sentarte. Y la relajación llegará. ¿Sabes una cosa? Cuando hay relajación, comienza la sanación. No hay sanación sin relajación. Y relajarse significa no hacer nada, no tratar de hacer algo. Mientras «se» inspira (no eres «tú» quien inspira), tú tan solo disfrutas de la respiración y te dices en silencio: «Aquí está la sanación», y cuando «se» espira, te dices: «Aquí está la sanación». Deja que tu cuerpo sane, se renueve, se nutra. Esto es lo que en el zen se llama «la práctica de la no práctica».

Si conocemos la práctica de la no práctica, no tenemos que esforzarnos o luchar. Tan solo dejamos que el cuerpo sane. Dejamos que la mente sane. No buscamos hacer algo. Déjate relajarte, soltar toda tensión del cuerpo y todas las preocupaciones y los miedos de la mente. Deja que la Tierra te sostenga cuando te sientes, cuando camines, cuando te tumbes, cuando estés en pie. Deja que la Tierra y el Sol te abracen para que la sanación se haga realidad. Siéntate de forma tal que no tengas que intentar sentarte. Tan solo disfruta profundamente de estar sentado. Nada que hacer, ningún lugar al que ir. Si te sientas así durante treinta minutos, estarás sanando durante treinta minutos. Si te sientas así durante una hora, estarás sanando durante una hora. Si te sientas así durante un día entero, estarás sanando durante un día entero. Es posible. Haz que sea agradable, haz que sea sanador, nutritivo. No intentes nada, no hagas ningún esfuerzo. Tan solo déjate tomar refugio en la Madre Tierra. Ella sabe qué hacer y lo hará por ti.

Hambre de amor

Todos tenemos hambre de paz, hambre de comprensión y hambre de amor. Quizá hemos vagado de aquí para allá buscando a una persona que nos dé amor, pero aún no hemos encontrado a nadie. Por mucho que queramos ayudar a la sociedad o al planeta, no podemos hacer nada si no hemos podido satisfacer nuestra necesidad esencial de amor.

En una relación, en cualquier clase de relación, entre padre e hijo, entre madre e hija, entre un compañero y otro compañero, todos necesitamos que la otra persona nos proporcione tres cosas: algo de paz interior, algo de comprensión y algo de amor. Si esa otra persona no puede dárnoslas, esa relación no saciará nuestras necesidades y sufriremos. ¿Qué deberíamos hacer? Una pregunta que debemos hacernos es: ¿cómo puedo generar, crear, la energía de la paz, la comprensión y el amor?

Tal vez esa persona que amamos sufra. Tiene sus propias dificultades, sus propios sueños y aspiraciones, pero si no comprendemos todo esto, no podemos ofrecerle comprensión. ¿Cómo puedo nutrirla y alimentarla con el amor adecuado? Tenemos que comprender primero nuestras propias dificultades y sufrimiento para poder amar a los demás.

Quieres amarte a ti mismo, pero, ¿tienes *tiempo* para quererte, para cuidar de tu cuerpo y de tus sensaciones? Si no tienes tiempo para hacerlo, ¿cómo puedes ayudar a otra persona? ¿Cómo puedes amar? Todo lo que hagas en tu vida diaria puede ser un acto de amor. Cuando llevas una hora trabajando delante de una pantalla, ¿eres capaz de tomarte un respiro, volver al cuerpo y disfrutar de respirar? Este puede ser un poderoso gesto de reconciliación, un gesto de amor. Practicar la meditación caminando o la relajación profunda para soltar la tensión del cuerpo puede ser un gesto de amor. Es posible reconciliarse con uno mismo de una manera no violenta, amable. Te dices en silencio: «Querido cuerpo, estoy aquí para ti». Te reconcilias con tu cuerpo, te reconcilias contigo mismo. La cuestión es esta: ¿me tomo tiempo suficiente para cuidarme, para sanar y así poder amar, servir y ayudar a sanar a la sociedad?

Si nos cuesta aceptar nuestros actos y nuestras energías de hábito, nos resultará difícil amarnos. Quizá exista un sentimiento de odio o ira hacia nosotros mismos. En ese caso, podemos dedicar tiempo durante la meditación a observar detenidamente nuestros actos y reconocer las semillas que los motivan. Esas semillas pueden provenir de tus ancestros. Puedes haber realizado un acto con la energía de tu padre, de tu abuelo o bisabuelo en ti, la de tu madre, tu abuela o bisabuela en ti. Es importante recordar que estás hecho de elementos no tú. Puede haber en ti semillas que han sido sembradas en el transcurso de tu vida y otras semillas que fueron sembradas hace tiempo. Debes observar todas las acciones que has realizado (positivas, negativas o neutras) y considerarlas a la luz del no yo.

A veces, una energía de hábito nos empuja a hacer o decir algo. No queremos hacerlo, pero no podemos evitarlo. Tal vez, ni siquiera nos diéramos cuenta entonces de que lo estábamos haciendo. Es como si ese hábito, esa semilla, fuera más fuerte que nosotros. Cuando practicas la plena consciencia, tienes una oportunidad de introducir el elemento de la atención. Es muy interesante. Si eres lo bastante curioso, serás capaz de mirar profundamente, de concentrarte y de ver las raíces de esa acción. Y si reconoces que esa acción no te beneficia a ti ni beneficia al mundo, puedes decidir no volver a hacerla. De esta forma practicamos realmente para nuestros antepasados y para las generaciones futuras, no solo para nosotros. Practicamos para todo el mundo.

Amor sin fronteras

La verdadera naturaleza del amor es la inclusividad, la no discriminación. Si un amor aún contiene discriminación, no es amor verdadero todavía. En el budismo hablamos del «amor sin fronteras»: las cuatro mentes inconmensurables.

La primera mente inconmensurable es *maitrī*, que se puede traducir como «bondad amorosa», «amistad» o «compañerismo». *Maitrī* tiene el poder de ofrecer felicidad. Si el amor no ofrece felicidad, no es amor verdadero. Por eso, *maitrī* no es la mera *voluntad* de ofrecer alegría, sino la *capacidad* de ofrecerla. Un amor que puede generar felicidad es un amor verdadero. Necesitas mirar para ver si *maitrī* está presente en tu relación. Puede que haya *maitrī*, pero que sea aún algo débil. Si ese es el caso, tienes que ayudarla a crecer. El amor debe ser cultivado.

El segundo elemento del amor verdadero es *karuṇā*, la compasión. *Karuṇā* es la capacidad de aportar alivio, de eliminar el sufrimiento. Debemos mirar para ver si *karuṇā* está presente en nuestra relación: la capacidad de aliviar y transformar el dolor y el sufrimiento. Si en nuestra amistad, en nuestro amor, en nuestra relación, hay *karuṇā,* es señal de que se trata de un amor verdadero. Pero si ese amor no alivia nuestro dolor, sino que lo empeora, no es amor verdadero.

La compasión tiene el poder de sanar, y nunca la hay en cantidad suficiente. Algunos psicoterapeutas hablan de «fatiga por compasión». Pero la compasión se agota si uno no sabe cómo seguir generándola. La fatiga no viene de un exceso de compasión, sino de quedarse sin ella. La compasión es un poder, una energía que debemos generar cada día. Hay una forma de ayudar a los demás y a nosotros mismos a la vez, y debemos aprenderla. Es como el árbol del jardín: todo lo que el árbol haga para estar sano y seguir siendo un árbol saludable y fresco beneficia a todo el mundo. De la misma forma, todo lo que tú hagas para mantener viva tu compasión es también beneficioso para otras personas.

Una de las mejores cosas que podemos ofrecer a la humanidad y a las demás especies es crear una energía colectiva de compasión. Debemos aprender a hacerlo. La compasión está hecha *solo* de elementos no compasión; el arte consiste en utilizar esos elementos no compasión, como el miedo, la ira y la desesperación para *crear* compasión. Si sabemos lidiar con el sufrimiento que hay en el mundo, podemos transformarlo en compasión y amor.

El tercer elemento del amor verdadero es *muditā,* la alegría. El amor verdadero siempre brinda alegría tanto a nosotros como a los demás. Si nuestro amor nos hace llorar cada día, no es amor verdadero. El amor debe proporcionar alegría. Podemos preguntarle al ser amado: ¿te aporta alegría nuestro amor? Amar significa *estar ahí* para la persona amada. No necesitamos comprar nada para darle alegría; solo necesitamos ofrecer nuestra plena presencia.

El último elemento del amor verdadero es *upekṣā,* la inclusividad. Ya no excluimos, incluimos a todo el mundo. Nuestro amor beneficia a todos, no solo a una persona. Tú y la persona que amas formáis una unidad. Tu sufrimiento es su sufrimiento; su felicidad es tu felicidad.

No puedes decir: «Ese es *tu* problema». No hay felicidad individual; no hay sufrimiento individual. Este es el significado del no yo.

Un día, Buda tomó un cuenco con agua, lo puso en la mano izquierda y con la derecha tomó un puñado de sal. Vertió la sal en el agua y la agitó. Entonces, preguntó a los monjes: «Queridos amigos, ¿creen que pueden beber esta agua? Está muy salada. Pero si vertiesen esa cantidad de sal en un gran río, no lo salaría en absoluto, y miles de personas podrían seguir bebiendo el agua de ese río».

Una persona con un gran corazón y gran compasión no sufre ya. Las cosas que les hacen sufrir a los demás ya no le hacen sufrir, del mismo modo en que un puñado de sal puede salar el agua de un cuenco, pero no podrá salar un río. Cuando nuestro corazón se encoge, la práctica consiste, antes que nada, en desarrollar nuestra compasión e inclusividad mediante el cuidado de nuestro propio sufrimiento.

Me gustaría ayudar a Buda y añadir dos elementos más al amor verdadero: la *confianza* y la *reverencia*. Por supuesto, estos dos elementos están contenidos en los otros cuatro, pero para que sean más evidentes debemos llamarlos por su nombre. Cuando amas a alguien, debe haber confianza. Un amor sin confianza no es aún amor.

Una de las cosas en que confías es en que tú contienes la budeidad, contienes el despertar. Confías en que contienes la totalidad del universo: estás hecho de estrellas. Por eso te ofreces respeto, te ofreces reverencia. Y cuando miras a otra persona, ves que también está hecha de estrellas. Es una manifestación maravillosa. No se manifiesta tan solo durante cien años. Esa persona lleva en sí la eternidad.

El amor verdadero es muy real. Podemos reconocerlo. Necesitamos tiempo y algo de práctica para cultivarlo. El amor verdadero está en cada persona *en forma de semilla*, pero necesitamos regar esa semilla para hacerla crecer. Cuando somos capaces de cultivar todos estos elementos (la bondad amorosa, la compasión, la alegría, la inclusividad, la confianza y la reverencia), el amor florece en nuestro cuerpo y mente. Nos colmamos de amor.

El amor es luz. Y al igual que la luz de una bombilla, en cuanto hay electricidad, la luz se irradia alrededor. El amor brilla. El amor ilumina sin discriminar. Este es el amor verdadero que Buda enseñó: un amor que no nos hace sufrir más, un amor que brinda alivio, que nutre y sana. Empiezas por amar a una sola persona, pero si es un amor verdadero, crecerá para abrazar a todas las personas y a todos los seres; no solo a seres humanos, sino a todos los animales, las plantas y las especies.

Hay un arte para ser un alma gemela, y no se aprende en la escuela

V. D.

Un día, el monje Ananda le preguntó a Buda: «¿Es cierto que contar con buenos amigos espirituales es casi la mitad del camino espiritual?». Sabemos que meditar es importante, sabemos que la acción correcta es importante, pero ¿cuál es la importancia de tener buenos amigos? ¿Un 50 %? Esta fue la respuesta de Buda: «No, Ananda. Tener buenos amigos espirituales no es la mitad del camino: es todo el camino». Thay lo expresa diciendo que «nada es más importante que la fraternidad». Quizá nuestra generación pueda decir: «Nada es más importante que el amor, la amistad y la solidaridad».

La primera vez que fui a Plum Village, cuando tenía veintipocos años, escuché a Thay enseñar el poder de la aspiración; la importancia de hacer un voto y comprometerse con una manera de vivir. Identificamos nuestros ideales, los ponemos ante nosotros con toda intención, y nos comprometemos a vivir de acuerdo con ellos. La energía del compromiso nos proporciona una determinación que transforma los hábitos que nos lastran. Thay también habló de la importancia del compromiso en las relaciones, de la necesidad de un compromiso mutuo, de una dedicación mutua. No podemos limitarnos a ser amigos que desaparecen en los tiempos difíciles. Tenemos que prometernos estar el uno para el otro en los momentos más arduos. Eso es solidaridad genuina, amistad verdadera, amor verdadero.

Por entonces, yo mantenía una relación y no podía comprender cómo encajaban las enseñanzas sobre la impermanencia con las enseñanzas sobre el amor. ¿Cómo puedes comprometerte a amar a una persona si eres impermanente y esa persona también lo es? ¿No es el propio compromiso impermanente? Durante un retiro de veintiún días, mi pareja y yo le hicimos esta pregunta a Thay: «¿Cómo podemos adoptar un compromiso mutuo a la luz de la impermanencia?». Thay sonrió. Nos miró a cada uno y nos preguntó: «¿Eres la misma persona que eras ayer? Lo cierto es que no eres ni la misma ni diferente; no eres la misma, pero tampoco eres una persona totalmente diferente».

Creemos conocer a la persona amada, pero tal vez no debiéramos estar tan seguros. Cada uno de nosotros es un río siempre cambiante. De un momento al siguiente, nuestro cuerpo cambia, nuestras sensaciones cambian y nuestras percepciones cambian. Da miedo. No queremos que las personas amadas cambien. Quizá solo queramos que cambien un par de cosas muy concretas, pero, en general, tenemos miedo al cambio. Tenemos miedo de perder al ser amado o a la persona que nos ama.

Thay nos enseñó a cultivar una visión profunda según la cual todo cambia, y el reto es ayudarlo a cambiar para bien, no para mal. Nos enseñó a vernos mutuamente como un jardín. En nuestro jardín puede haber diversas clases de plantas, flores y árboles, y como jardineros del jardín de esa otra persona podemos ayudar a crear condiciones para que se dé la luz, la lluvia y la sombra que sean necesarias. Como jardineros, también tenemos la responsabilidad de cuidar de las malas hierbas y del compost de nuestro amado. Nuestra tarea es ayudarle a *transformar* su compost, no tener miedo de ese compost, sino usarlo para nutrir su jardín y hacer que sea más bello. Thay, sonriendo, nos dijo: «El amor es orgánico».

Después de recibir esa respuesta, aprendimos, sobre todo, a no tener miedo del compost del otro y a no intentar ocultarlo. Nos convertimos en «camaradas de compost». Mediante la práctica de la escucha profunda y el habla amorosa, descubrimos que ayudarnos el uno al otro a transformar los desechos de nuestros hábitos y defectos podía ser una tarea común alegre y complicada. También aprendimos que incluso ese compromiso mutuo original es orgánico, está vivo, y necesita ser nutrido para que pueda crecer, evolucionar y seguir alimentando la relación y nuestra aspiración común. El compromiso mismo necesita alimento, libertad y espacio para crecer.

Recuerdo mi gran sorpresa cuando Thay dio una charla en la Cámara de los Lores, en Londres, y empezó con una frase sobre el amor. Habíamos invitado a políticos y periodistas a acudir a una «charla sobre la plena consciencia y la ética». Sin miedo alguno, Thay fue directo al grano, al meollo de la cuestión, y dijo: «Todos sabemos que el amor es maravilloso. Cuando nuestro corazón se llena de amor, sufrimos menos al instante y empezamos a sanar».

Aquel día aprendí que para Thay la compasión que deseamos aportar a nuestro compromiso y servicio no es diferente del amor que hay en nuestras relaciones íntimas. La compasión no es una destreza profesional. No es algo que podamos instrumentalizar diciéndonos: «Ser compasivo será la forma más eficaz de lograr lo que quiero». El amor verdadero es mucho más grande que eso: es una energía que cambia al amante y al amado. El amor verdadero es generoso, indulgente y tolerante.

Buda dijo que, si no hay paz en nuestras relaciones, nos será imposible tener paz sobre el cojín. Y para sentarnos con nosotros mismos en paz, necesitamos una delicadeza, aceptación y amabilidad hacia nuestro cuerpo y mente que podamos hacer extensibles a los que nos rodean y al planeta entero. Este es el «arco de amor» del que habla Christiana Figueres: queremos que ese arco se extienda. Pero, a veces, el lugar más difícil de alcanzar es nuestro propio corazón, nuestra propia soledad, nuestra propia autocrítica. ¿Cómo podemos hacer que penetren en nosotros la luz y el amor?

———————*t.d.

Meditación del amor

Según la tradición budista, la meditación del amor debe dirigirse primero a uno mismo. La práctica del amor por uno mismo que Buda recomendó es sencilla, efectiva y no es difícil de practicar. Empieza por centrar nuestra atención en aquello que realmente queremos. Debemos ser *conscientes* de qué es lo que más queremos de verdad. Buda nos propone esta contemplación:

Qué yo esté en paz, feliz, y ligero de cuerpo y mente.

¿Cómo puede ser posible la felicidad si no hay paz y ligereza en nuestro cuerpo y mente? Si sentimos la mente y el cuerpo demasiado pesados, si no estamos en paz, ¿cómo podemos ser felices? *Quiero* estar en paz, *quiero* ligereza de cuerpo y mente. Si sabes lo que realmente quieres, puedes ofrecértelo.

Esta es la siguiente contemplación:

Que yo esté a salvo, libre de accidentes.

En el mundo hay mucha violencia y accidentes. Nos decimos: quiero estar protegido, quiero estar a salvo. Si sé que eso es lo que quiero, mi práctica de la plena consciencia puede ayudarme a dar paz y ligereza a mi cuerpo y a mi mente. La plena consciencia puede protegernos.

Luego contemplamos esto:

Que esté libre de la ira.

Cuando me invade la ira, no soy feliz. Quiero estar *libre* de ira. Y la práctica puede ayudar. Cuando la ira se apodera de mí, siento que me quemo. Quiero estar libre de estados no beneficiosos de la mente, incluyendo la ira, la desesperación, los celos, el miedo y las preocupaciones.

Esta es la siguiente contemplación:

Que yo sepa mirarme con ojos de comprensión y amor.

A veces no conseguimos aceptarnos, nos odiamos, nos enojamos con nosotros mismos. No estamos contentos con nosotros. No podemos mirarnos con los ojos de la compasión. Para mirar a los demás con compasión, primero necesitas poder mirarte a ti mismo con compasión y aceptarte tal como eres. Practicamos no hacernos reproches, sino mirar profundamente en las raíces de nuestro sufrimiento, todas las causas y condiciones que nos han llevado a sufrir, para poder aceptarnos con compasión. Una vez que puedes aceptarte, sufres ya menos. Aprendemos a amarnos, a cuidarnos.

La siguiente contemplación es:

Que pueda reconocer y tocar en mí las semillas de la alegría
y la felicidad.

Hay en nosotros semillas de felicidad y alegría, y cuando reciben riego, hacen brotar la energía de la alegría y la felicidad. Esta contemplación sirve para reconocer esas semillas. Es una forma de amarnos. Nuestros amigos pueden ayudarnos a regar nuestras semillas de felicidad y alegría, pero también lo podemos hacer nosotros mismos. Reconocemos de forma activa estas semillas positivas y practicamos la forma de respirar y de caminar que las ayuda a manifestarse.

Luego contemplamos:

Que aprenda a alimentarme de alegría cada día.
Que sea capaz de vivir fresco, sólido y libre.

Todos necesitamos alegría. Todos necesitamos felicidad. Queremos ser sólidos. Sabemos que la solidez es el fundamento de la felicidad. Si somos demasiado inestables o frágiles, la felicidad no será posible. Por eso nos proponemos cultivar la solidez, la frescura y la libertad. Hay muchas meditaciones para ayudarnos a cultivar la solidez, la libertad y la calma.

Después contemplamos esto:

Que no caiga en un estado de indiferencia.

No queremos ser alguien que no se preocupa por nada, que es indiferente a todo. Queremos preocuparnos por nuestro bienestar y el de los demás. Aunque no queremos ser indiferentes, tampoco queremos quedar atrapados en las posiciones extremas del apego y la aversión. Cuando quedamos atrapados en el encaprichamiento, en el ansia o la adicción, sufrimos. Y cuando nos enojamos por algo, sufrimos. Tanto el ansia como la aversión nos privan de nuestra libertad y de nuestra felicidad.

Esta meditación tiene como objeto contemplar eso que queremos para nosotros. Y Buda nos enseña que podemos dárnoslo al instante. Este es el primer paso de la meditación del amor.

Que yo esté en paz, y ligero de cuerpo y mente.
Que esté a salvo, libre de accidentes.
Que esté libre de la ira, de los estados no beneficiosos
de la mente, del miedo y las preocupaciones.
Que sepa mirarme con ojos de comprensión y compasión.

Que sea capaz de reconocer y tocar en mí las semillas
de la alegría y la felicidad.
Que aprenda a alimentarme de alegría cada día.
Que sea capaz de vivir fresco, sólido y libre.
Que no caiga en un estado de indiferencia o quede atrapado
en los extremos del apego y la aversión.

Al principio nos entrenamos en ofrecernos amor a nosotros mismos. Luego, tras unos pocos días de práctica, avanzamos al siguiente paso: practicar el amor hacia otra persona. Ya te has ofrecido amor a ti, ahora puedes dárselo a ella. Y esto es lo que contemplamos:

Que ella esté en paz, y ligera de cuerpo y mente.
Que esté a salvo, libre de accidentes.
Que esté libre de la ira y de los estados no beneficiosos
de la mente, como la ira y las preocupaciones.
Que sepa cómo mirarse con ojos de comprensión y amor.

Haces nacer en ti el deseo de ayudarle a hacerlo. Este es el segundo paso de esta práctica: el amor dirigido a otra persona. Y el tercer paso es dirigir nuestro amor a todo el mundo, a todos los seres, no solo a una o dos personas. El amor verdadero no tiene fronteras: es la mente ilimitada. Te abres para incluirlo todo.

Que todos los seres estén en paz, y ligeros de cuerpo y mente.
Que todos los seres estén a salvo, libres de accidentes.

Acoge tu soledad

Te sientes solo porque no has visto las conexiones que te unen a los demás seres. No has visto las conexiones que te unen al aire, al sol, al agua, a la gente, a los animales, a las plantas, a los minerales. Estás solo porque crees que existe un yo separado. La visión profunda del interser puede ayudar a solucionar el problema de la soledad. Todo está ahí para ti. Esa es la verdad. El sol brilla para ti. Si no brillara, no habría vida y tú no podrías estar aquí. Así que debes ver tu profunda conexión con la luz del sol. Estás hecho de luz del sol. ¿Está sola esa luz? El agua, el aire, la Madre Tierra, las estrellas, la luna: todo está ahí para ti. Puedes entrenarte para respirar, caminar y sentarte de forma tal que puedas conectar con las estrellas, con los árboles, con el aire, con la luz del sol.

La vida es un milagro, y tu cuerpo, tus sensaciones también son un milagro. Si sabes cómo conectar con todo ello, ya no estarás solo. La luz del sol tiene el poder de amar. Y los seres humanos también tenemos el poder de amar. Si la luz del sol nos ama, también deberíamos ser capaces de amar la luz del sol. Si los árboles nos aman, deberíamos aprender a amar a los árboles. Y si sabemos amar, ya no nos sentiremos solos.

No es malo sentir tristeza o soledad. Todos nos sentimos tristes o solos a veces, y podemos aprender a regresar a nosotros mismos para abrazar nuestra soledad. Es una práctica maravillosa. A veces puedes sentirte muy cómodo abrazando tu soledad, dando cobijo a tu soledad. No tienes por qué rechazar tu soledad. Tu soledad está ahí, y tú la *aceptas*. Inspiras y espiras para estar realmente presente y abrazas tu soledad. A veces queremos estar a solas y mantener nuestra soledad. Sentimos que podemos estar ahí para nosotros mismos, que no necesitamos a nadie que nos ayude. Tenemos la capacidad de cuidar de nosotros mismos.

La enseñanza del amor verdadero es muy clara. Amar significa estar ahí y escuchar profundamente para ver el sufrimiento y la soledad de la otra persona. Una vez que sentimos que hay *una* persona que nos comprende, nuestra soledad desaparece. Tienes la suerte de que alguien te comprenda de verdad, comprenda tu sufrimiento, tus dificultades y tu soledad. Te ofrece un regalo, y ese regalo es el poder de la comprensión. Y tienes que ofrecer el mismo regalo a cambio. Puedes preguntar: «¿Te comprendo bastante? Dímelo, por favor, para que pueda comprenderte». El amor es un regalo que puede hacer que esa persona ya no esté sola.

Tres clases de intimidad

Si te sientes solo y aislado, si sufres y necesitas sanar, no puedes esperar sanar y aliviar esa soledad por medio de las relaciones sexuales. Eso solo traerá más sufrimiento tanto para ti como para la otra persona. Primero necesitas aprender a curarte *a ti mismo*, a estar cómodo contigo mismo, a cultivar un auténtico hogar interior. Cuando tengas ese auténtico hogar, tendrás algo que ofrecerle a la otra persona. Y *ella* debe hacer lo mismo: sanarse para poder sentirse mejor, en calma, y abrir ese hogar para ti. De otra forma, lo único que podrá compartir contigo será soledad y malestar, y eso no puede ayudarte a sanar en absoluto.

Hay tres clases de intimidad. La primera es física y sexual, la segunda es emocional y la tercera es espiritual. La intimidad sexual no puede separarse de la intimidad emocional: van unidas. Y si hay intimidad espiritual, la intimidad física, sexual, será significativa, saludable y sanadora. En caso contrario, solo será destructiva. Buscamos la intimidad emocional; queremos tener armonía, una comunicación real, comprensión mutua y comunión.

Aceptar nuestro cuerpo es una práctica muy importante. Ya eres hermoso tal como eres, no necesitas ser otra persona. Cuando eres capaz de aceptar tu cuerpo, de hacer las paces con tu cuerpo, tienes una oportunidad de ver tu cuerpo como tu hogar. Hay en ti paz, hay en ti calor, hay en ti alegría. Construir un auténtico hogar interior es maravilloso.

El placer sensual y el deseo sexual no son amor, pero nuestra sociedad está organizada de tal forma que hace del placer sensual lo más importante. Las empresas se valen de tu ansia para venderte cosas y ganar dinero. Pero el ansia sexual puede destruir el cuerpo y la mente. Lo que más necesitamos es comprensión: comprensión mutua, confianza, amor, intimidad emocional, intimidad espiritual. La intimidad sexual *puede* ser algo hermoso si se acompaña de plena consciencia, concentración, visión profunda, comprensión mutua y amor. Si hay comunión y comprensión mutua emocional y espiritual, la intimidad física, sexual, puede ser sagrada.

El amor es muy íntimo. En nuestro espíritu hay zonas muy profundas. En nuestro ser hay lugares sagrados. Hay cosas que no queremos compartir con nadie, cosas que queremos mantener en secreto: emociones muy profundas, recuerdos hondos, sagrados. Cosas que queremos guardar celosamente. Solo cuando encontramos una persona con la capacidad de comprendernos hondamente, nos sentimos capaces de abrir nuestro corazón. Invitamos a esa persona a entrar y a visitar esos lugares sagrados. Es una comunión, una comunicación muy profunda. Y esto solo puede darse en un amor verdadero. Dejamos que otra persona entre en nuestro mundo, y estamos dispuestos a compartir con ella todo lo que consideramos sagrado. Es algo que solo permitimos a las personas que nos comprenden.

No debemos pensar que el cuerpo es una cosa y la mente otra totalmente diferente, algo distinto. Cuerpo y mente interson. No puedes separar la mente del cuerpo ni el cuerpo de la mente. Incluso la medicina moderna está empezando a funcionar bajo esa perspectiva. Cuando hay una comunión profunda, una comunicación profunda, una comprensión profunda entre dos personas, la unión de dos cuerpos no hace más que aumentar esa comunión. Hay consciencia de que esa otra persona es algo preciado, no solo su cuerpo, también su mente. Y tienes un gran respeto por ella, tanto por su cuerpo como por su mente: el cuerpo no es un mero objeto de placer. El amor verdadero debe incluir siempre un sentimiento de reverencia y respeto.

¿Es tu «media naranja»?

En una relación, si la otra persona no es capaz de escucharte y de comprenderte, sabes que esa persona te hará sufrir en el futuro. Es algo muy claro, muy simple. Si cuando le hablas, ves que no es capaz de escucharte, que te interrumpe todo el rato, que solo intenta dar su opinión, que no está interesada en comprender tu sufrimiento, tus dificultades, sabes que esa persona no será capaz de comprenderte ni de hacerte feliz en el futuro. Puede ser muy atractiva, puede tener una buena posición, pero si no es capaz de escucharte y de comprenderte, es la persona equivocada. Solo te traerá disgustos.

Es algo muy fácil de detectar. Bastan quince minutos para que descubras si tiene la capacidad de escucharte y de comprenderte. Y debes hacerte esa misma pregunta: ¿tengo la capacidad de escucharla?, ¿me interesa comprender su sufrimiento? Y si ves que en ti hay ese deseo de comprender su sufrimiento, el deseo de ayudarla a sufrir menos, sabes que puedes seguir adelante con esa relación porque estás provisto de esa buena intención.

Es algo muy concreto. En una relación, ya podemos saber si en el futuro seremos felices o si sufriremos enormemente con solo reflexionar sobre nuestra propia capacidad e intención de escuchar y de comprender, y sobre la capacidad y la intención de la otra persona para escuchar y comprender. Es crucial, es algo fundamental.

La incomprensión es un problema cotidiano para todos. No solo nos comprende mal esa otra persona; también nos comprendemos mal a nosotros mismos. No sabemos quiénes somos, así que ¿cómo podemos esperar que esa otra persona lo sepa? Si no nos tomamos tiempo para observarnos, no comprenderemos quiénes somos, y no seremos capaces de ver nuestras fortalezas y debilidades. Eso nos llevará a una percepción errónea de nosotros mismos. Sin embargo, queremos que la otra persona nos perciba de forma acertada, correcta. Es difícil. Podemos decir: «Sé que aún no me he comprendido del todo, así que si has visto algo, te ruego que me lo hagas saber. Ayúdame a comprenderme mejor para que pueda también comprenderte a ti». Es una actitud abierta. Gracias a la comprensión mutua y a una buena comunicación, la felicidad es posible y esa relación podrá ser duradera.

Es muy importante descubrir los deseos más profundos de nuestra pareja, sus aspiraciones. Si no comprendes sus deseos y motivaciones más hondas, si no sientes que puedes ayudarla para hacer realidad esa intención, no podrás ser un auténtico amigo. Y a tu vez, debes contarle cuál es *tu* más honda motivación para hacer algo hermoso y significativo con tu vida y así comprobar si está dispuesta a respaldarte.

Debe haber una armonía perfecta entre tu forma de vivir y tu forma de amar. Debes ser capaz de hablarle al ser amado sobre cómo te ganas la vida, tus preocupaciones, tus inquietudes sobre la sociedad o sobre el planeta. Si eres un amante verdadero, ese es tu deber. No basta con traer a casa un salario todos los meses; debes traer a casa tu felicidad y tu paz, y ayuda mutua para cultivar esa felicidad, esa paz. Para que ese amor crezca, debe haber un diálogo continuo.

Aprender el arte del amor verdadero

V. D.

No es habitual que un maestro zen hable sobre la intimidad, pero Thay habla de ella porque mucha gente le pregunta sobre eso. En el monasterio, parte de nuestra formación como monásticos es aprender a mantener la creatividad y la salud mientras mantenemos un equilibrio entre tres tipos de energía: la sexual, la respiratoria y la espiritual. Hay mucho por descubrir y comprender sobre el cuerpo y la mente.

Una de las más notables contribuciones de Thay a la tradición de la meditación es su énfasis en la importancia de nutrir nuestra fuerza vital, nuestra vitalidad, aportando una «calidez primaveral» a nuestra práctica. La meditación y la plena consciencia no tratan de convertirnos en leña muerta; la práctica está para ayudarnos a sentirnos más vivos y a hacer un buen uso de nuestra energía vital y de nuestro amor como fuerzas benéficas para el mundo.

En Plum Village, cada verano organizamos un retiro de vida consciente para cientos de jóvenes de todo el mundo. Meditamos juntos y entrenamos la respiración consciente y la relajación. Hacemos caminatas, música, disfrutamos alrededor de hogueras y trabajamos juntos en nuestra granja ecológica. Una de las sesiones más potentes es cuando creamos espacios seguros para hablar en pequeños grupos sobre experiencias de intimidad sexual, y la presión y vulnerabilidades que sentimos en las relaciones sexuales. Las discusiones son a menudo acaloradas. Algunos insisten en que se puede y se debe separar el sexo del amor; otros dan testimonio del dolor emocional experimentado en momentos en los que su cuerpo fue explotado para el placer. Hay quienes no pueden imaginar una vida sana sin porno, y para otros el porno ha destruido sus relaciones. ¿Se trata solo de comunicación y consentimiento? ¿O hay algo más? Cada uno tiene opiniones, perspectivas y experiencias vitales diferentes, y es importante respetarlo. También es importante tener el valor suficiente para reconocer cuándo nos han herido y cuándo han sido heridos los demás. Escuchar y mirar con hondura puede ayudarnos a desarrollar las cualidades de presencia y comunicación que necesitamos para entablar una relación saludable con nuestro propio corazón y cuerpo, y con las personas amadas.

Este es el texto del entrenamiento de la plena consciencia sobre el amor verdadero. Aunque las palabras te resulten difíciles, son una invitación a reflexionar sobre los aspectos dolorosos de nuestro amor y de nuestras relaciones, y para crear condiciones que lleven a la sanación y la realización. Al igual que en los otros cuatro entrenamientos de la plena consciencia, no se trata de una norma rígida, sino de una contemplación que nos ayude a mirar en profundidad y a crecer.

———————————*t.d.*

El entrenamiento de la plena consciencia sobre el amor verdadero

Consciente del sufrimiento provocado por una conducta sexual irresponsable, me comprometo a cultivar la responsabilidad y a aprender a proteger la seguridad y la integridad de individuos, parejas, familias y de la sociedad. Sé que el deseo sexual y el amor son dos cosas distintas, y que las relaciones sexuales irresponsables basadas en la avidez me dañan tanto a mí como a los demás. Me comprometo a no mantener relaciones sexuales sin amor verdadero y sin un compromiso profundo, a largo plazo y conocido por mis parientes y amigos. Haré todo lo que esté en mi mano para proteger a los niños del abuso sexual y para evitar que las parejas y familias se rompan a causa de una conducta sexual irresponsable. Consciente de que el cuerpo y la mente son uno, me comprometo a aprender formas apropiadas de cuidar mi energía sexual. Me comprometo a cultivar la bondad amorosa, la compasión, la alegría y la inclusividad en mí, para mi propia felicidad y la felicidad de los demás. Sé que la práctica de esos cuatro fundamentos del amor verdadero me garantizará una continuación feliz en el futuro.

La Estrella Polar

Considerados en conjunto, los cinco entrenamientos de la plena consciencia son una contribución del budismo a una nueva ética global. Muestran una vía para lograr un despertar colectivo, de forma que podamos vivir y actuar juntos con el objetivo de salvar el planeta y hacer posible un futuro para las generaciones futuras. Necesitamos con urgencia aprender a cambiar nuestra forma de vida para que contenga más consciencia, más paz y más amor. Y todos podemos hacerlo desde hoy mismo.

Si aspiras a ser un bodhisattva de nuestros tiempos, a proteger y salvaguardar todo lo que es hermoso, llevar en el corazón estos cinco entrenamientos de la plena consciencia te proporcionará la energía y la visión profunda que necesitas para ser un bodhisattva en el camino de la acción. Sea cual sea tu cultura de origen, sean cuales sean tus raíces espirituales, estos entrenamientos pueden ser el fundamento de tu vida y representar tu ideal de servicio. Son de naturaleza no sectaria y universal.

Los cinco entrenamientos son la práctica del amor verdadero. Queremos que nuestro corazón siga creciendo y que abrace no solo a una persona, sino a todo el mundo. Este es el amor de una persona despierta: un amor sin fronteras. Y es posible. Si sigues la senda del amor verdadero, pronto podrás incluir en él a muchos seres y realizar una gran aspiración.

Yo he aprendido que la totalidad del planeta Tierra es mi hogar, mi país. No limito mi amor a un pequeño trozo de tierra en Asia: Vietnam. Y esa visión me ha llevado a experimentar una gran transformación y sanación. Quizá tu amor sea pequeño todavía. Debes ensanchar el corazón y dejar que tu amor abrace todo el planeta. Ese es el amor de los budas, de los bodhisattvas y de grandes seres como Mahatma Gandhi, Martin Luther King y la madre Teresa.

No necesitas ser perfecto. Lo importante es que veas el camino que hay que seguir, la senda del amor. Si de noche nos perdemos en un bosque y no tenemos brújula, podemos mirar la Estrella Polar para encontrar el Norte, para salir de esa situación. Tu objetivo es salir del bosque. Lo que más necesitamos es tener un camino, una dirección que seguir. Y ya no tendremos miedo a nada.

Para abrir camino a la generación siguiente debemos seguir un nuevo camino de solidaridad y compasión, de fraternidad y comunión. Para hacerlo, debemos unirnos. Debemos tomar las riendas de la realidad. Y no esperes a los gobiernos: tendrías que esperar mucho tiempo.

Despertar juntos

TERCERA PARTE

COMUNIDADES DE RESISTENCIA:
UNA NUEVA FORMA
DE ESTAR JUNTOS

Un lugar de refugio

Después de alcanzar la iluminación, lo primero que hizo Buda fue ir a buscar a sus amigos y fundar el primer grupo de practicantes, la primera *sangha*. Nosotros tendríamos que hacer lo mismo. Tendríamos que crear una isla de paz y unión allá donde vivamos. Una *sangha* es un refugio. Es una isla de paz. Es una comunidad de resistencia frente a la violencia, el odio y la desesperación. Todos necesitamos un lugar así al que acudir.

La palabra *sangha* significa, simplemente, «comunidad». Un partido político es un tipo de *sangha*, una familia es una sangha, una empresa, una clínica o un hospital pueden ser una *sangha*. Cuando nosotros usamos la palabra *sangha*, hacemos referencia a una comunidad en la que hay armonía, en la que hay plena consciencia, concentración y visión profunda, y donde hay alegría y unión. No hay luchas de poder ni divisiones. Cualquier comunidad como esa puede ser una *sangha*. Y si tienes un sueño, sea cual sea la fuerza de tu determinación, necesitarás una *sangha*, una comunidad, para hacerlo realidad.

El lema nacional de Francia es *liberté, égalité, fraternité*: libertad, igualdad, fraternidad. A lo largo de mi vida he comprobado que, sin fraternidad, sin hermandad, sin solidaridad, no puedes hacer nada. Con una comunidad podemos obtener la fuerza que necesitamos para crear igualdad de oportunidades para todos y libertad interior: libertad de la desesperación y de las prisiones del pasado y el futuro.

Hace muchos años, hablé con mi amigo, el padre Daniel Berrigan (sacerdote jesuita, poeta y activista por la paz), sobre comunidades de resistencia. En la sociedad nos asaltan constantemente cosas negativas.

Nos invaden día y noche a través de lo que vemos y oímos, y en nosotros crecen y crecen las semillas negativas. Por eso necesitamos reflexionar sobre cómo organizar comunidades que nos protejan. Es muy importante crear un entorno saludable y compasivo para todos.

En ti está la *bodhicitta*, la mente de amor, la voluntad de transformación, el deseo de servir. Has despertado y te das cuenta de que quieres vivir de otra manera. La *bodhicitta* es como el combustible de los cohetes: es tan poderosa que podría hacer llegar un cohete a la Luna. Pero para hacer que la energía de la *bodhicitta* sea fuerte y sostenible, necesitamos una *sangha*, un lugar donde refugiarnos. Necesitamos una comunidad que nos apoye en nuestra práctica. Una comunidad puede proporcionarnos el entorno que necesitamos para alimentar y fortalecer nuestra aspiración y así poder salir de nuestra coyuntura personal y colectiva.

Para tener éxito en nuestro camino, debemos tomar refugio en una comunidad. No es cuestión de devoción, sino de una acción que pueda ayudarnos a tomar la dirección de la sanación. Y tenemos que permanecer en esa comunidad, confiar todo nuestro ser a nuestra comunidad y dejar que los amigos nos lleven, como una barca. Una comunidad, una *sangha*, es una barca, y todos lo que la ocupan practican y caminan en la misma dirección. Somos parte de esa barca y dejamos que la barca nos lleve. Sin esa barca naufragaríamos. Esa es mi experiencia. Con una *sangha* nunca te sentirás solo, nunca te sentirás perdido.

En cuanto despertamos y tomamos la determinación de vivir de otra manera, empieza ya nuestra transformación y sanación. Pero si queremos *seguir* sanando, necesitamos un entorno favorable a la sanación. Somos un guerrero en el camino, pero seguimos necesitando una comunidad para seguir siendo guerreros.

Tan pronto como hemos descubierto nuestro camino y una comunidad, alcanzamos la paz. Solo el hecho de estar en el camino nos da paz, una paz que irá creciendo y desarrollándose. Es como si ya hubiéramos tomado el tren: ya no necesitamos correr, nos basta sentarnos y dejar que el tren nos lleve a nuestro destino. Al confiar en nuestra comunidad y dejar que nuestros amigos nos lleven, nos sentimos en paz.

Un poco de arroz, algo de ropa y buenos amigos espirituales

Cuando fundamos la Escuela de Jóvenes para el Servicio Social durante la guerra en Vietnam, cientos de jóvenes acudieron para vivir, practicar y servir juntos. Cada uno teníamos nuestro sueño sobre Vietnam y vivíamos ese sueño cada día. Aunque las condiciones de vida eran muy sencillas, aunque no había salarios, casas privadas ni automóviles, fuimos capaces de construir una amistad y solidaridad verdaderas. En medio de las bombas y de la violencia, creamos aldeas piloto y un movimiento para la reconstrucción rural que elevó el nivel de vida de los campesinos al contribuir a su economía, infraestructuras, educación y atención sanitaria. Con esa fraternidad y un sueño compartido que hacíamos realidad cada día, no necesitábamos perseguir la riqueza, la fama, el poder o el sexo. Trabajar en una zona en guerra era difícil y peligroso. Aunque nos enfrentábamos a retos inmensos, nunca nos rendimos. Formamos a nuestros trabajadores sociales en la práctica de la plena consciencia y escribí *El milagro del mindfulness* como un manual para ayudarles a mantenerse sanos, centrados y compasivos, para alimentar su aspiración y para que contaran con alegría y paz suficientes a fin de proseguir su tarea.

En las comunidades de vida consciente podemos demostrar que se puede vivir feliz con pocas posesiones. Unos pocos cientos de personas pueden vivir juntas y dedicar su tiempo y su energía a fomentar la solidaridad, la compasión y el amor. Pueden organizarse de modo que otras personas puedan venir y experimentar la felicidad y la alegría que nacen de vivir de forma profunda, no del consumo.

Tendríamos que buscar la forma de crear comunidades como esa en el campo. No tienen por qué ser budistas. Unas personas se unen para llevar una vida que proteja la Tierra y proteja el medio ambiente. Pueden compartir casas y herramientas, fundar su propia escuela y cultivar la tierra. Creando esas pequeñas comunidades podemos generar realmente la energía de la fraternidad, una energía que no se vende en los supermercados.

El maestro Lin Chi dijo que no se necesita mucho para encontrar la libertad. Dijo que solo necesitas «un cuenco de arroz integral y algo de ropa con que cubrirte la espalda; cuando lo tengas, dedicas toda tu energía a encontrar buenos amigos espirituales». No busques nada más. Eso es todo lo que necesitas. Unos buenos amigos espirituales pueden ayudarnos a abrir los ojos y ser nuestro verdadero yo.

Seis principios para la convivencia

V. D.

Thay nos enseñó que la fuerza de nuestra comunidad depende de su grado de armonía. Si no hay armonía, perdemos energía tirando en direcciones diferentes. Y no nos quedará más energía para llevar a cabo nuestra aspiración común. En Plum Village, Thay resalta la importancia del cultivo de las seis armonías: *luc hoà* , 六和. Thay a veces traducía estos seis principios de la tradición budista con el nombre de «las seis confluencias». Representan seis ámbitos de la vida y la colaboración comunitaria en los que se puede trabajar de forma activa para cultivar la armonía:

1. Presencia física

Es importante acompañarse mutuamente. Es importante invertir tiempo, energía y presencia física para estar presentes unos para otros con nuestra aspiración común. Queremos ser una persona en la que amigos y compañeros puedan confiar y refugiarse. En la tradición budista, este principio es descrito a veces como la armonía de vivir y reunirse «bajo un mismo techo». Es la fuerza colectiva que nace cuando nos comprometemos a reunirnos, a manifestarnos físicamente bien a través de las pantallas o en la vida real, y a implicarnos en el desarrollo de la energía y la visión profunda colectivas. Podemos hacernos esta pregunta sobre nuestra comunidad o nuestra red social: ¿me muestro lo suficiente? ¿Estoy poniendo mi corazón en ello? ¿Soy una persona con la que se puede contar? ¿Cómo puedo crear condiciones para que pasar tiempo juntos resulte más inspirador y nutritivo?

2. Compartir recursos materiales

Cuanto más compartamos, más armonía podremos tener. Puede ser algo tan simple como que todos colaboren con los víveres, los suministros o los gastos, o puede llegarse a compartir espacios e inversiones. En Plum Village, todos los recursos son comunes y todos participamos en las decisiones sobre el uso de esos recursos. Es un vínculo muy fuerte. Es una forma concreta de practicar el interser. Nos ayuda a abandonar la idea de que algo nos pertenezca de forma individual, y contribuye a que tomemos decisiones en beneficio de la comunidad. Podemos preguntarnos: ¿estoy compartiendo bastante? ¿Hay algo en lo que me comporte de forma posesiva y sea un obstáculo? ¿Hay algo más que podamos compartir para mostrar nuestra confianza y compromiso mutuos?

3. Compartir principios éticos

Ya sea una simple declaración de intenciones, un compromiso concreto con la no violencia y la inclusividad o un código de conducta específico que establezca ciertos límites y vías prácticas de resolución de conflictos, es esencial acordar los valores y la dirección que son la esencia de nuestra presencia y actuación conjunta. Funcionan como una brújula que nos guía, un contenedor que nos sostiene. Los cinco entrenamientos de la plena consciencia son un poderoso programa que utilizan miles de comunidades de todo el mundo como su Estrella Polar. Dependiendo de lo que una y sostenga a tu comunidad, puedes sentirte inspirado para desarrollar tu propia versión de ellos adaptada a tu propio contexto, cultura o fe.

4. Compartir visiones profundas y puntos de vista

Thay siempre nos enseña que ser tolerante, inclusivo y abierto a las diversas opiniones es un principio esencial para evitar el dogmatismo, la discriminación, el odio y la violencia. Compartir visiones profundas y puntos de vista, aquí, no significa que pensemos necesariamente lo mismo: significa que nos comprometemos a crear un entorno en el que todas las opiniones y voces puedan ser expresadas y escuchadas. Hacemos todo lo posible por no imponer nuestros puntos de vista a los demás. Intentamos crear un espacio para la diversidad de puntos de vista y estar abiertos a ver las cosas de una manera nueva. Tenemos que estar dispuestos a dejar de lado lo que ya sabemos para abrirnos a las ideas y experiencias de los demás. De este modo, puede surgir de forma natural una auténtica visión colectiva y una «armonía de opiniones».

5. Compartir desde el corazón

En vietnamita y en chino hay una única palabra para designar el corazón y la mente, por lo que este principio también se llama a veces «armonía de pensamiento». Significa que practicamos hablar de nuestras propias experiencias y verdades de forma profunda y honrada, y hacemos lo posible por crear un espacio para que los demás también hablen desde el corazón. Es una forma profunda de construir confianza y solidaridad. ¿Qué es lo que realmente nos pasa a mí y a ti? ¿Qué es lo que más nos preocupa de nuestra comunidad? ¿Cuáles son nuestros sueños más profundos? Cuando podemos compartir nuestras visiones profundas y puntos de vista desde un plano de sinceridad, a partir de nuestra propia experiencia (e incluso de nuestros miedos), es mucho más fácil que nuestros amigos y colegas escuchen nuestra opinión, la asimilen y se construya una comprensión armoniosa.

6. Comunicación compasiva

Es importante que nos comprometamos a cuidar nuestra forma de hablar, a practicar la moderación para no causar daño. Los medios y los fines van juntos; no nos limitamos a «decir la verdad» (que es solo nuestra *percepción* de la verdad) sin responsabilizarnos de las consecuencias. Las supuestas verdades, desnudas, directas y poco hábiles, pueden tener un efecto violento y dañar la confianza. En Plum Village nos entrenamos para hablar con calma y compasión, para expresar nuestro punto de vista; luego nos entrenamos para soltar nuestro punto de vista, para dejarlo ir. Hacemos lo posible por no luchar por nuestro punto de vista. Si en una reunión surge en nosotros una emoción fuerte, salimos a dar un paseo de diez minutos antes de volver a expresarnos con más calma. Cuando la comunicación entre dos o más de nosotros se bloquea, por la razón que sea, hacemos todo lo posible por organizar una sesión separada de escucha profunda para comprender la raíz de la fricción, la experiencia de cada uno en esa situación y nuestras preocupaciones más profundas. En nuestras comunidades residenciales de Plum Village hay personas de muchas nacionalidades, orígenes y culturas. Y, sin embargo, cada uno tiene «un sitio en la mesa», un cojín en el círculo. Todos hemos elegido este camino de entrenamiento y práctica, y esa es la base de nuestra unión. Thay nos enseñó a ver a cada persona que encontramos como «un país por descubrir». Cada persona tiene su valor; cada persona tiene un talento que hay que revelar y cultivar. Eso es cierto en cualquier comunidad, en cualquier equipo de colaboradores. El reto es crear las condiciones adecuadas para que cada flor del jardín florezca a su manera.

Durante las últimas cuatro décadas, Thay ha construido una red de comunidades de vida consciente, con miles de *sanghas* locales de meditación en la tradición de Plum Village, apoyadas por una docena de monasterios en Estados Unidos, Europa y Asia. La *Earth Holder Sangha* (*sangha* Soporte de la Tierra) es la rama del árbol de Plum Village que promueve las enseñanzas de Thay sobre el budismo comprometido, la justicia racial y social y la interacción con la Madre Tierra. Las *sanghas* Soporte de la Tierra se reúnen todos los meses, en línea o en persona, para practicar la meditación, compartir ideas y experiencias sobre la aplicación de las prácticas de amor a la Tierra en la vida cotidiana, y avanzar en la acción directa y compasiva de sanación de la Tierra.

El movimiento Wake Up es una red internacional de jóvenes comprometidos con la creación de «comunidades de resistencia» locales guiadas por los cinco entrenamientos de la plena consciencia. Se reúnen semanal o mensualmente para practicar la meditación y la plena consciencia, para crear un refugio de unión e inspiración y para llevar la sanación y la compasión a nuestra fracturada sociedad. La *sangha* ARISE, otro grupo de afinidad de la tradición de Plum Village, explora la temática de la raza, la discriminación interseccional y la equidad social como puertas del Dharma para el despertar colectivo.

La construcción de comunidades fuertes para la sanación, el despertar y la justicia en la Tierra requiere incluir diversas experiencias y perspectivas. Las enseñanzas de Thay sobre la unión, la armonía y la inclusión promueven un enfoque de colaboración en el liderazgo que potencia la presencia y la voz de las comunidades marginadas. Reunirse en comunidad nos ayuda a desarrollar la capacidad de escuchar profundamente y de hablar con compasión, y a aprender a alcanzar la armonía cuando hay diversos puntos de vista. De este modo, es posible construir comunidades inclusivas y profundamente arraigadas que puedan ofrecer solidaridad espiritual, generar una visión verdaderamente colectiva y ser un lugar de refugio y renovación para todos.

Puedes cultivar el espíritu de comunidad dondequiera que estés. Al igual que un árbol, los milagros empiezan por lo pequeño y lo sencillo. Si no te es posible invertir tus energías en una *sangha* de meditación, un grupo local de afinidad, una red de activistas o una ONG con la misma aspiración, la construcción de tu comunidad puede empezar justo donde vives y trabajas, con las personas con las que ya pasas tu tiempo. Puede ser tan sencillo como reunir a unos cuantos compañeros de trabajo, vecinos o amigos con ideas afines para compartir una taza de té y galletas, y tomarse el tiempo necesario para liberarse de la rutina habitual y hablar desde el corazón y escuchar realmente las preocupaciones de los demás. El resultado será muy positivo.

Una vez, cuando estábamos en Nueva York en una gira de enseñanza, nos invitaron a unos cuantos monásticos a dirigir una sesión de plena consciencia de dos horas para jóvenes periodistas en las oficinas de Nueva York del *Huffington Post*. Recuerdo que pensé: «¿Cómo podemos ayudar a generar un cambio en solo dos horas?». Finalmente, decidimos ofrecer no más de veinte minutos de meditación guiada y relajación, seguidos de una breve charla de diez minutos. Y el resto del tiempo (una hora y media) nos limitamos a escuchar. Creamos un espacio para que los jóvenes periodistas hablaran profundamente desde el corazón, y seguimos nuestra respiración mientras escuchábamos todo lo que tenían que decir. Les preguntamos: «¿Por qué estás aquí? ¿Por qué quisiste ser periodista en un principio? ¿Cuál es tu aspiración más profunda? ¿Cuál es tu miedo más profundo? ¿Qué hace cantar a tu corazón?». Recuerdo que algunos lloraban mientras hablaban. Al final de la sesión, alguien dijo que sentía que era la primera vez que llegaba de verdad al equipo, a la oficina, a su vida. Otra persona dijo que era la primera vez que escuchaba realmente quiénes eran sus colegas. A veces tenemos que quitarnos las máscaras y dejarnos ser seres humanos que hacen lo que pueden en un camino humano, juntos.

———————————*t.d.

¿Actuar o meditar?

La principal tarea de una comunidad de vida consciente no es organizar eventos, ya sea para la práctica de la plena consciencia, la justicia social o la acción comprometida. El objetivo principal de una *sangha* es cultivar la hermandad y la armonía. Y con una *sangha* así en la que refugiarse, todo es posible. Nos nutrimos y no perdemos la esperanza. Ahí radica la importancia de la comunicación consciente, la escucha profunda y la palabra amorosa: tenemos que encontrar la manera de mantener la comunicación abierta, compartir puntos de vista y llegar fácilmente a la visión profunda colectiva y al consenso. Esa es la verdadera construcción de *sangha*, y requiere tiempo y energía. Necesitamos mucha paciencia. Necesitamos tiempo para sentarnos juntos, comer juntos, hablar juntos y trabajar juntos, y cultivar una energía colectiva de plena consciencia, paz, felicidad y compasión.

De este modo podemos apoyarnos y nutrirnos mutuamente para poder seguir durante mucho tiempo sin agotarnos. Tu comunidad es tu refugio. Y aunque todavía tenga debilidades, se dirige sin cesar hacia la generación de más consciencia, más comprensión y más amor.

Cuando representaba a la Delegación Budista de Paz de Vietnam en las conversaciones de paz de París, muchos jóvenes se ofrecieron a ayudarnos. Trabajábamos juntos y compartíamos comidas sencillas. Por la noche, se quedaban con nosotros para practicar la meditación sentada o caminando, o la relajación profunda y el canto. Pronto empezamos a organizar meditaciones sentadas en una casa de reuniones cuáquera cercana. Al estar en contacto con jóvenes activistas que trabajaban por la paz y en el ámbito social, vi sus dificultades. Vi lo fácil que era quemarse y rendirse. Sabía que, sin la práctica de la meditación sentada, la meditación caminando, la alimentación consciente y el trabajo en común, no podría sobrevivir. Y así, la construcción de una comunidad se convirtió en una especie de medicina para sobrevivir. No es cierto que el budismo comprometido se dé solo cuando uno está comprometido con la acción social. El budismo comprometido tiene lugar en cualquier momento, ya sea caminando, sentado o tomando té con plena consciencia. Eso también es budismo comprometido, porque lo haces no solo para ti. Lo haces para preservarte a ti mismo y poder ayudar al mundo.

Podemos encontrarnos con personas muy activas, pero que no actúan desde la compasión. Están cansadas. Cuando la compasión es débil, no es posible ser feliz; te vuelves fácilmente celoso, frustrado y enojado. Tenemos que conocer nuestros límites. No puedes hacer más de lo que puedas; si lo haces, te agotarás. Tenemos que organizar nuestra vida para asegurar un equilibrio. Al trabajar con una comunidad, recibimos una energía colectiva que nos apoya. Nuestros amigos nos ayudan a no perdernos en el trabajo. De vez en cuando podemos dar un paso atrás mientras otros dan un paso adelante. Hay que tener el valor de decir que no, o nos perderemos muy pronto. Y eso sería una pérdida para los demás y para el mundo. Como maestro, una de las cosas más difíciles para mí es rechazar las peticiones de dirigir retiros por el mundo. Sé que los retiros pueden beneficiar a mucha gente. Pero tenemos que reconocer nuestros límites. Preservarnos a nosotros mismos es una forma de preservar nuestra capacidad de servir a los demás.

La plena consciencia comprometida en acción

V. D.

Cheri Maples, una agente de policía de Madison (Wisconsin), encontró la forma de alimentarse a sí misma y alimentar su aspiración con la energía de la plena consciencia y un espíritu de comunidad. Después de asistir a su primer retiro con Thay a principios de los años noventa, se unió a una *sangha* local de meditación y permaneció en ella. Cheri encontró la manera de alimentar sus propias fuerzas mediante una conexión con la comunidad y de nutrir de forma activa a la comunidad como escenario para el cambio. Cheri veía una comunidad no solo en su *sangha* local de meditación, sino *dondequiera* que estuviera, ya fuera en su lugar de trabajo o en su familia. Cheri se centró en tres áreas: su propio trabajo interior (la meditación y la práctica de la plena consciencia, que ella llamaba «la base de todo»), sus relaciones y su práctica comprometida. Descubrió la necesidad de encontrar lo que llamó sus propias «actividades zen» y de invertir tiempo y energía en ellas. Son «actividades que te absorben por completo, que se desarrollan de la misma manera que la plena consciencia: concentración, enfoque, encontrar lo extraordinario en lo ordinario». Para Cheri resultó ser el béisbol.

Como agente de policía que salía a atender llamadas, Cheri empezó a tomarse más tiempo y a desarrollar un enfoque diferente en la resolución de conflictos. En una ocasión, atendió una llamada sobre un padre divorciado que se negaba a devolver a su hija a su exmujer. Cuando se abrió la puerta, Cheri, que medía poco más de metro y medio, se encontró con un hombre de un metro ochenta muy enfadado. Él la amenazó. «Pero —contaba Cheri— podía ver su sufrimiento. Era muy evidente». En lugar de arrestarlo en el acto, le preguntó si podía entrar y hablar con él. «Violé todas las reglas. Sin refuerzos, con mi pistola al cinto y mi chaleco antibalas, me senté en el sofá junto a aquel tipo, algo que se supone que nunca debes hacer. Y se echó a llorar en mis brazos».

La madre recuperó a la niña y no fue necesario realizar ningún arresto. Tres días más tarde, Cheri se encontró con aquel hombre en la calle. O mejor dicho, él se topó con ella, la tomó en brazos y le dio un abrazo de oso diciendo: «¡Tú! ¡Tú me salvaste la vida aquella noche!». Al cabo de unos años, Cheri dirigía el programa de formación del departamento de policía y organizaba programas de meditación para profesionales de la justicia penal, jueces, abogados, funcionarios de prisiones y trabajadores sociales.

En sus equipos, Cheri facilitó la toma de decisiones por consenso siempre que fue posible e invirtió tiempo en pensar cómo integrar los cinco entrenamientos de la plena consciencia, de forma no sectaria, en la formación de nuevos reclutas. Explicó: «Tenemos que mostrarles a ellos y al resto de la organización que creamos comunidad juntos. No se trata de lo que hagan o dejen de hacer las personas que están por encima o por debajo de ellos; se trata de lo que hacemos cada uno de nosotros como individuos para crear entre todos una comunidad. La ética está ahora integrada en todas nuestras enseñanzas. No es un curso aparte». Se pidió a las parejas y familiares de los aspirantes que asistieran a algunas de las sesiones para ayudar a los agentes a aprender cuándo son apropiadas habilidades policiales, como la «presencia de mando» y la «toma de control», y cuándo no. «Si no pueden hacerlo —señaló Cheri—, no serán muy buenos policías y serán pésimos compañeros, cónyuges y padres». Cheri afirmó que quería que «pensaran en *lo que quieren ser* como seres humanos y en *cómo quieren interactuar con los demás habitantes* del planeta. Quiero que entiendan que, cuanto más abiertos sean, más probabilidades tendrán de realizar este trabajo con la apertura de corazón necesaria para ser eficaces».

¿Cómo podemos continuar con esa clase de trabajo de impacto sin sentirnos superados por los obstáculos o abrumados por las perspectivas? Cheri compaginó su talento profesional con una profunda fuerza espiritual interior y con un compromiso externo para trabajar por un cambio sistémico. He aquí una de sus reflexiones sobre la autocompasión: «El agotamiento es una señal de que estamos violentando de alguna manera nuestra propia naturaleza. Suele considerarse el resultado de dar demasiado, pero yo creo que es el resultado de intentar dar lo que no tenemos. Desde esa perspectiva, se trata de la consecuencia final de dar demasiado poco. Pero cuando el regalo que damos es una parte integral y valiosa de nuestro propio viaje, cuando proviene de la realidad orgánica de un trabajo interior, se renovará por sí mismo y tendrá una naturaleza ilimitada. Y eso significa que tenemos que mantener nuestra práctica muy fuerte y muy viva».

Cheri propuso formas ingeniosas de reformar el sistema de justicia penal, incluyendo una investigación de las causas profundas de la elaboración de perfiles raciales, una revisión de las normas policiales sobre la fuerza letal, una propuesta de formas concretas de crear confianza entre los agentes y las comunidades a las que sirven, y el desarrollo de nuevos programas para abordar la resiliencia emocional y el trauma en los agentes (tanto si lo reconocen como si no). Como parte del budismo comprometido, Cheri también examinó en profundidad las asunciones y culturas inconscientes que existen en las organizaciones, incluida la policial, y descubrió que la visión del interser puede ser tanto fortalecedora como transformadora:

«Al parecer, creemos que el problema está causado siempre por otra persona o cuestión, y que alguien tiene que mejorar para que las cosas cambien. Nos olvidamos de que nosotros somos miembros de esta organización. La gente sale de una reunión y dice: "Ha sido una reunión horrible". Y yo les digo: "¿Estuviste allí? Fue una reunión horrible porque todos nosotros la convertimos en una reunión horrible. ¿Qué podrías haber hecho para mejorarla?". Si somos verdaderos miembros de una comunidad, siempre nos hacemos responsables del bienestar de la comunidad en su conjunto. Nos convertimos en algo más que críticos y consumidores, y empezamos a creer que este mundo, esta organización, esta reunión, este encuentro, es algo que construimos juntos».

Cheri falleció en 2017 por complicaciones médicas tras un accidente de bicicleta. En su vida, con profunda valentía, Cheri logró la paz en sí misma y llevó la paz al mundo, y sigue brillando en la esfera de la acción.

—————————*t.d.

Éxito y libertad

¿Puedes ser ambicioso y consciente? ¿Puedes estar decidido a triunfar y, al mismo tiempo, llevar una vida simple? La cuestión del poder es importante porque muchos de nosotros abusamos de nuestro poder, aunque no tengamos mucho. Los padres pueden abusar de su autoridad sobre sus hijos y aun así sentirse impotentes, incapaces de hacer nada para cambiar a sus hijos o ayudarlos. El poder siempre es limitado, incluido el poder político o económico. Hasta el presidente de Estados Unidos de América puede sentirse impotente; y también los multimillonarios pueden sentirse impotentes. ¿Qué dice Buda sobre el poder y la autoridad? En el budismo se habla de tres tipos de poderes que todos podemos buscar. En chino se conocen como 三德 (*tam đức* en vietnamita). Buscar estos tres poderes no supone ningún peligro porque son la clase de poder que puede hacerte feliz a ti y a los demás. Es un poder diferente al de la riqueza, la fama, la influencia y el sexo.

El primer poder es *el poder de cortar* (斷德, *đoạn đức*). Es el poder de cortar con tus ansias, ira, miedo, desesperación o celos, que son como llamas que se encienden y te queman. En cuanto puedas liberarte de ellas, serás feliz. Cuando anhelamos objetos de deseo, somos como un pez que muerde un cebo. Y en ese cebo se oculta un anzuelo. La mayoría de nosotros no puede ver el anzuelo escondido en nuestro objeto de deseo, y quedamos atrapados. Pero, gracias a la espada de la comprensión, podrás ver ese peligro, ese anzuelo, en aquello que deseas y serás capaz de cortar el anhelo. Lo mismo ocurre con la ira y los celos: utilizamos la espada de la comprensión para cortar el deseo y liberarnos.

El segundo poder es *el poder de la comprensión* (智 德, *trí đúc*). Si tienes suficiente plena consciencia, cultivas la concentración. Y con la plena consciencia y la concentración, puedes mirar profundamente y conseguir penetrar en el corazón de la realidad. Puedes liberarte de los puntos de vista erróneos, los malentendidos y las percepciones erróneas. Y te liberas. Manjushri, el Bodhisattva de la Gran Comprensión, es representado siempre empuñando la espada de la sabiduría. Con esa espada puede cortar toda clase de malentendidos. Como meditador, como practicante de la plena consciencia, puedes resolver tus dificultades mediante la sabiduría. Te haces rico en visión profunda, rico en libertad. Nadie puede robártela; nadie puede usar un arma para robarte tu sabiduría. Así, el primer poder espiritual (el poder de cortar) te libera del ansia y la ira. El segundo poder espiritual (el poder de la comprensión) te ayuda a eliminar las ilusiones y los malentendidos. Y el tercer poder espiritual es el amor (恩德, *ân đúc*). Es *el poder de amar, de perdonar y de aceptar a los demás* y de ofrecer comprensión y amor. Hay quienes no podemos aceptar al otro, nos cuesta aceptar una situación tal como es. Pensamos: «Si ellos no cambian, ¿por qué debería hacerlo yo? Si ellos siguen siendo de esa manera, yo tengo derecho a seguir siendo de esta manera». Pero, en cuanto los aceptamos tal como son, en cuanto aceptamos la situación, somos libres de seguir adelante. Dejamos de reaccionar y empezamos a actuar de verdad. Si nos limitamos a reaccionar, no llegaremos a ninguna parte. Pero gracias al poder del amor y de la aceptación, eres libre de responder con bondad amorosa y sabiduría, y puedes hacer que cambie la situación. La capacidad de aceptar y de perdonar es una inmensa fuente de poder.

Si inviertes tu tiempo en cultivar esas tres clases de poder, no habrá ningún peligro. Y cuanto más poder tengas, más feliz serás y más felices serán quienes te rodean. Con esta clase de poder nunca te convertirás en víctima de tu éxito. Con estos tres poderes, no hay ningún peligro en tener cierta riqueza o fama: la utilizarás para ayudar a los demás, para ayudar a la sociedad y ayudar al planeta. No se trata de que un buen meditador deba buscar siempre la pobreza. Está bien tener dinero, pero debes saber utilizarlo para realizar tu ideal de compasión y comprensión. En las tradiciones espirituales se habla de «pobreza voluntaria». Quieres vivir con sencillez para no tener que dedicar todo tu tiempo a ganar dinero. Quieres tener más tiempo para disfrutar profundamente de otras cosas, ya sea de las maravillas del planeta o de tus seres queridos. Vivir de forma simple te proporciona más tiempo para disfrutar de la vida. Puede que seas «pobre», pero esa es tu elección. En realidad, eres muy rico, porque todo te pertenece: el sol, el cielo azul, el canto de los pájaros, las montañas.

Cada momento de tu vida te pertenece. Hay quienes son ricos en dinero, pero no tienen el cielo, las montañas o el tiempo necesario para cuidar de sus seres queridos. Las enseñanzas budistas son muy claras a este respecto. El budismo no se opone a tener dinero o una buena posición. Si gozas de un verdadero poder espiritual (si tienes el poder de cortar tus anhelos, si hay en ti visión profunda y amor), disfrutarás de mucha libertad y felicidad. Y todo el dinero, el poder o la influencia que tengas podrán ayudarte a realizar tu ideal de bodhisattva.

El arte del poder

No pienses que, si no tienes dinero o una posición, estás indefenso y no puedes llevar a cabo grandes cosas. He conocido a muchas personas ricas y poderosas que sufren profundamente, y muchas de ellas son incapaces de ayudar a los demás. Están tan pendientes de acumular riqueza que no tienen tiempo para sí mismas ni para su familia. Yo mismo soy muy feliz sin riquezas ni poder y, de hecho, he podido ayudar a mucha gente. Hay cosas que yo puedo hacer y que otros no pueden. Puedo pasar diez días sin comer. Cuando me insultan, no me enfado, soy capaz de sonreír. Hay mucha gente incapaz de hacerlo.

No pienses que sin dinero no puedes hacer nada. Eso no es cierto. Cuando eres libre, puedes hacer muchas cosas para ayudar a tu gente, para ayudar a tu comunidad. Y cuando te transformas en un bodhisattva, tienes mucho poder, un poder que te ayuda a ser libre y a llevar alivio a mucha gente.

Hay quienes tratan de conseguir poder político a cualquier precio porque creen que, sin él, no tendrán nada. Pero si intentas conseguir el poder destruyendo tus propios valores, te pierdes a ti mismo y pierdes la confianza de tu pueblo. Por eso no debemos intentar conseguir el poder a cualquier precio. Incluso sin poder, puedes fortalecer los cimientos y trabajar desde las bases, donde podrás cultivar más confianza, amor y solidaridad, e influir en la realidad. Y cuando tu partido se haga más fuerte y llegue tu turno de ejercer el poder, no necesitarás demasiado; de lo contrario, te corromperás. El verdadero poder debe contener siempre una dimensión espiritual.

La plena consciencia no es una herramienta: es un camino

Un periodista me preguntó una vez: «¿Es correcto introducir la plena consciencia (*mindfulness*) en las empresas para ayudarlas a obtener más éxito y beneficios? ¿Es correcto utilizar la plena consciencia para ayudar a los ricos a hacerse más ricos? ¿Es eso realmente plena consciencia?». Hay otros que se preguntan si es correcto enseñar la plena consciencia a los militares. Dicen que una cosa es utilizar la plena consciencia para ayudar a los veteranos de guerra y otra muy distinta es utilizarla para ayudar a soldados en activo. ¿Cómo puede ser ético entrenar a una persona en la plena consciencia para que mate mejor? ¿Se está explotando la plena consciencia para objetivos equivocados?

La cuestión es si la plena consciencia puede beneficiar a todo el mundo o solo a determinadas personas. ¿Podemos excluir a los líderes empresariales o a los militares de la práctica de la plena consciencia? ¿Qué pasa con otras profesiones, como los pescadores? Los pescadores también destruyen mucha vida, al igual que los fabricantes de armas o los productores de carne industrial. ¿Debemos excluirlos a todos?

Nuestro centro de práctica de Plum Village, en Francia, fue uno de los primeros en ofrecer retiros de plena consciencia a empresarios en la década de los noventa, porque sabemos que ellos sufren igual que el resto de nosotros. Hace dos mil quinientos años, Buda también enseñó a personas dedicadas a los negocios.

Ante todo, la plena consciencia no es una herramienta o un instrumento, sino un camino. La plena consciencia no es un medio que pueda utilizarse para llegar a un fin. Una herramienta es algo que puede usarse de diferentes maneras, al igual que un cuchillo. Si le das a alguien un cuchillo, puede usarlo para cortar madera o verduras, pero también puede usarlo para matar o robar. La plena consciencia no es como un cuchillo. No es una herramienta que pueda hacer el bien o el mal. Y, sin embargo, muchos de nosotros hablamos de la plena consciencia como herramienta. Decimos que con la plena consciencia podemos sanar, que con la plena consciencia podemos reconciliarnos, que con la plena consciencia podemos ganar más dinero, que con la plena consciencia podemos matar al enemigo de forma más eficaz.

La plena consciencia verdadera no es solo un camino *que conduce* a la felicidad, es un camino *de* felicidad. Cuando se practica el respirar en plena consciencia, tu inhalación no es un medio para alcanzar un fin. Si sabes cómo respirar, obtienes placer, paz y sanación de inmediato mientras respiras. Si sufres mientras respiras, si tiendes a pensar: «Ahora sufro para poder sentirme mejor más adelante», eso no es plena consciencia. En la plena consciencia, cada paso del camino es el camino mismo. Tenemos que seguir recordándonos a nosotros mismos que debemos practicar de tal manera que obtengamos paz, calma y alegría al instante.

¿Es ético enseñar la práctica de la plena consciencia a los militares?

Durante la guerra de Indochina, los comandantes de los ejércitos comunista y anticomunista ordenaron a sus soldados que atacaran. Pero los soldados no querían matarse entre sí. Los dos bandos se atrincheraron a ambos lados de un río, pero no dispararon. Permanecieron allí en silencio durante varias horas y luego, en cumplimiento de su deber, dispararon al aire, comieron su almuerzo y se fueron a casa. Esto ocurrió muchas veces en Laos y ha ocurrido a lo largo de toda la historia militar. Aquellos soldados tenían visión de futuro. No entendían por qué tenían que matar y ser matados.

Los soldados pudieron comprender que aquellas personas no eran el enemigo, que eran como ellos, hombres enviados al frente para matar y ser matados. Había plena consciencia, y allí donde hay plena consciencia, hay visión profunda. En este caso, la visión profunda es que el otro bando también es víctima de la guerra. Los soldados que se negaron a disparar contra otros soldados tenían plena consciencia y también tenían visión profunda. Los soldados pudieron ver la verdadera naturaleza de la situación en la que se encontraban, pudieron darse cuenta del valor de la vida. Eso disgustó mucho a sus comandantes.

Los líderes militares de nuestro tiempo tratan de entrenar a los soldados para que no lleguen a esa clase de visión profunda, a esa plena consciencia. Creen que sus soldados pueden aprender la práctica de la plena consciencia y la concentración como herramientas, para utilizarlas solo durante el despliegue con el fin de que estén más tranquilos y concentrados, y realicen mejor el acto de matar. Pero eso no es cierto. Cuando instruyes a alguien en la plena consciencia, esa persona aprende a respirar, a caminar, a ser consciente de sus sensaciones y emociones, a ser consciente del miedo y del anhelo que hay en su interior y a su alrededor. Cuando los soldados son conscientes de todo eso, logran una visión profunda, y esa visión les ayudará siempre a evitar los pensamientos, las palabras y las acciones erróneas.

Si alguien, como instructor de plena consciencia (*mindfulness*), ayuda a los líderes militares a que cumplan mejor su objetivo de destruir al enemigo, no está enseñando la verdadera plena consciencia. Supongamos que un soldado ha sido movilizado y está en su puesto. Practica la inhalación y la exhalación para ser consciente de que el enemigo se oculta en algún lugar justo delante de él. Está atento. «Al inspirar, sé que el enemigo está ahí. Al espirar, sé que tengo que matarlo antes de que él me mate a mí». Al soldado le motiva el miedo, la voluntad de sobrevivir y una visión errónea. Ha sido entrenado para ver al otro como el mal, como el enemigo de su nación, como una amenaza para la seguridad nacional. Cree que el mundo estará mejor sin ese enemigo. Como soldado ha sido entrenado para pensar así con el fin de que alimente el deseo de matar.

Un instructor de plena consciencia no puede entrenar a la gente para que tenga más atención y concentración con el fin de matar mejor. No podemos enseñar esto a un soldado: «Al inspirar, sé que mi enemigo está ahí. Al espirar, aprieto el gatillo». Eso es entrenarlos en la plena consciencia errónea, en la plena consciencia como una herramienta en lugar de como un camino, en la plena consciencia sin visión profunda. No es necesario practicar durante diez días o diez años para conseguir visión profunda. Con una sola respiración consciente podemos obtener la visión profunda de que la vida es preciosa. Si instruyes a un soldado en la plena consciencia, tendrá visión profunda, tendrá una visión correcta. Una vez que tenga una visión correcta, no podrá hacer nada malo. Por lo tanto, no hay nada peligroso en enseñar a los soldados la plena consciencia.

Los militares sufren y por eso necesitan ayuda. No hay nada malo en ayudarlos a sufrir menos. Lo que puedes ofrecer es una plena consciencia correcta. Hoy tenemos ejércitos profesionales, y un joven se alista en el ejército porque busca un salario y una carrera. Busca mejores perspectivas que las que le ofrece la vida civil. Piensa que una carrera militar le hará feliz.

El soldado que aprenda la plena consciencia descubrirá aquello que puede hacerle verdaderamente feliz. Será capaz de reconocer y aceptar su miedo, su ira y su desesperación, y sufrirá menos. Una vez que haya probado la verdadera felicidad, comprenderá algo sobre la vida y cambiará su motivación. Esto sucederá lenta y gradualmente. Como su instructor, no lo empujas a abandonar su trabajo. Solo estás ahí para ayudarlo a sufrir menos. Y cuando sufra menos y vea lo que es la verdadera felicidad, todo lo demás cambiará de forma natural.

Si los líderes militares y políticos mantienen puntos de vista erróneos, millones de personas pueden ser asesinadas, millones de vidas pueden ser destruidas. Durante la guerra de Vietnam, se instruyó a los soldados diciendo: «El comunismo es peligroso. Si se permite que Vietnam caiga bajo sus garras, el comunismo se extenderá por todo el sudeste asiático, luego a Nueva Zelanda y Australia, y muy pronto a Estados Unidos». Se trataba de una visión errónea motivada por el miedo. Hoy, Estados Unidos hace negocios con el Vietnam comunista.

Echando la vista atrás, nos damos cuenta de que derramar todo ese dinero, veneno, armas y vidas humanas en Vietnam no fue en absoluto inteligente. Una visión errónea en los niveles más altos condujo a una inmensa cantidad de muerte y destrucción. Una visión mejor, un enfoque mucho más inteligente, habría sido ofrecer ayuda tanto a Vietnam del Sur como del Norte, a comunistas y anticomunistas, para ayudar a reconstruir el país, recuperar la economía, invertir en educación, etc. Estados Unidos habría gastado mucho menos dinero en ayudar a que tanto el Norte como el Sur se convirtieran en países más felices, y habría ganado muchos amigos. La visión profunda (visión correcta) da lugar a una acción correcta.

Así que no solo tenemos que ayudar a los soldados a tener más plena consciencia correcta y visión profunda, también tenemos que ayudar a sus superiores: los comandantes, los jefes de personal, el Pentágono y los responsables políticos. No debemos excluir a nadie de la práctica de la plena consciencia. Mientras nuestros líderes políticos sigan teniendo opiniones equivocadas sobre la seguridad nacional y los intereses nacionales, muchos jóvenes seguirán siendo víctimas de la guerra y se verán obligados a matar y a ser matados. Hay formas mucho mejores de asegurar nuestros intereses nacionales y nuestra seguridad que utilizar medios violentos.

Creo que, si me invitaran a guiar y enseñar al ejército, aceptaría, porque sé que una práctica verdadera de la plena consciencia cambiará el mundo. Cambiará las ideas de los soldados sobre la felicidad; cambiará su forma de vida.

La plena consciencia verdadera contiene la semilla de la ética

En 2013, cien monásticos de Plum Village fueron a dirigir una jornada de práctica de plena consciencia para más de setecientos empleados de Google en su sede de California. Sabemos que los jóvenes de Google son muy trabajadores e inteligentes. Están sometidos a la presión de obtener nuevos logros e innovar para ser los mejores y ayudar a su empresa a ser la número uno. Su intención es tener más y más éxito. Y nuestra intención era darles a probar la verdadera felicidad. No podemos decir: «Queridos amigos, antes de que les enseñemos la práctica de la plena consciencia, tienen que abandonar sus motivaciones». Quieren tener éxito, y quizá quieran aprender la plena consciencia porque creen que los ayudará a alcanzar más éxito.

Mientras enseñemos la plena consciencia correcta, no debemos tener miedo. Con plena consciencia, cualquier persona puede saborear la verdadera felicidad, la libertad y el amor, y su propósito cambiará de forma natural. En lugar de querer ser el número uno, querrá ser verdaderamente feliz. Una sana intención de experimentar la verdadera felicidad y ofrecérsela a los demás, un propósito de vivir y trabajar de tal manera que ayude a la gente a sufrir menos puede traer mucha alegría y hacer del mundo un lugar más hermoso.

Cuando Buda enseñaba la plena consciencia correcta, siempre lo hacía como un elemento del noble óctuple sendero, el camino de la felicidad y el bienestar expresado en los cinco entrenamientos de la plena consciencia. Nunca se puede separar la plena consciencia del contexto del óctuple camino. Si lo haces, deja de ser verdadera plena consciencia. La plena consciencia no puede separarse de la concentración correcta, la visión correcta (o visión profunda), el pensamiento correcto, el habla correcta, la acción correcta, el modo de vida correcto y la diligencia correcta. La plena consciencia tiene la naturaleza de estar interconectada con todos esos otros elementos del camino. Si no has observado los otros siete elementos de la plena consciencia, no has observado realmente la plena consciencia.

Muchos de nosotros tendemos a pensar de forma dualista, y aplicamos ese pensamiento a las tradiciones espirituales cuyas enseñanzas *trascienden* el pensamiento dualista. Tenemos que ser conscientes de que esto puede ocurrir con la plena consciencia. Tenemos que entrenar y practicar la plena consciencia *como un camino de felicidad y transformación que está profundamente conectado con todos los demás elementos del camino*. La plena consciencia no puede separarse de los entrenamientos y de la práctica de la ética aplicada.

Necesitamos formar a miles de instructores de plena consciencia, cientos de miles de educadores, porque en todas partes se necesita la práctica de la plena consciencia. No necesitamos ser budistas para practicar la plena consciencia. Estas enseñanzas y prácticas son patrimonio de toda la humanidad, no solo de los budistas. Y debemos recordar siempre que lo que llamamos «budismo» está hecho *solo* de elementos no budistas.

Que la plena consciencia siga siendo plena consciencia correcta depende de nuestra propia formación y práctica. Siempre que sea *verdadera*, la práctica será de ayuda. No tengas miedo. Cada uno de nosotros tiene la capacidad de dominar esta práctica y aportar alegría, sanación y reconciliación al mundo.

Comunidades de resiliencia

V. D.

¿Cómo puede ayudarnos la visión profunda de la plena consciencia a sanar y transformar la violencia, la desigualdad y la injusticia sistémica de nuestro tiempo? Como dice el Dr. Larry Ward, hay una profunda «crisis humana» en el núcleo de la crisis de nuestra Tierra; hay un karma racial que pide ser sanado. Seguimos dañando y discriminando al planeta porque seguimos dañando y discriminando a los demás. Ambas cosas están profundamente interconectadas. Como explica Larry en su libro, *America's Racial Karma* (*El karma racial de Estados Unidos*), nuestra tarea es recorrer un camino de misericordia y sanación «para que nuestra consciencia impregnada de racismo se humanice en profundidad, para cuidar de nosotros mismos y de nuestro planeta».

Todos tenemos que hacer un trabajo interior y exterior. Tenemos que trabajar para transformar las políticas y los sistemas de consciencia racial institucionalizada en nuestra sociedad. También tenemos que hacer un trabajo interior: tener el valor de desarrollar nuestra propia práctica espiritual personificada y aplicada.

Como explica Larry: «Nuestros cuerpos contienen las energías de retribución del karma racial de Estados Unidos. Nadie escapa a este miedo y estremecimiento de lo más profundo de nuestros cuerpos. Ya sea que hayamos sido (o seamos) víctimas, perpetradores o testigos, estamos inevitablemente desestabilizados y perturbados biológicamente por nuestra experiencia sensorial o los recuerdos derivados de ella». La labor de nuestra práctica espiritual consiste en reconocer, abrazar y sanar ese trauma en nuestros propios cuerpos, corazón y mente, y en ayudar a los demás a hacerlo. Sin esta transformación desde la raíz, dice Larry, el potencial para un cambio profundo y sistémico quedará bloqueado.

Combinando la práctica interior y la transformación exterior, Larry nos invita a crear lo que él llama «comunidades de resiliencia», comunidades en las que hacemos un intento consciente de vivir juntos «en la bondad, la apertura, la generosidad, la sensatez y el amor». Estas acciones, dice, deben manifestarse de forma concreta y personificada. La sanación es un arte, y tenemos que ayudarnos unos a otros en el camino; tenemos que crear momentos y entornos para la sanación de nuestros propios dolores y traumas, y para la sanación de nuestra familia, amigos, compañeros de trabajo y conciudadanos.

Cuando visitó el Congreso de Estados Unidos, Thay propuso la creación de un «consejo de sabios» que organizara sesiones de escucha profunda para la nación. Se podría invitar a formar parte del consejo a personas sabias y amables, líderes espirituales capaces de escuchar con gran compasión, que puedan crear un entorno seguro para que los miembros de la sociedad que se sientan víctimas de la discriminación y la injusticia hablen y se expresen. Las sesiones podrían transmitirse en directo. Es posible que quienes han sufrido tarden días o semanas en reunir el valor suficiente para compartir todo lo que guardan en el corazón. «Algunos me llaman idealista —dijo Thay—. Y, sin embargo, resulta imprescindible practicar la compasión para salir de las situaciones de ira. Es la única salida. Es una puerta universal».

Como dice Larry: «El puente de la misericordia se encuentra en lo más profundo de nosotros y entre nosotros, por más que lo oculten las nubes del conflicto, la crueldad y el odio. Se puede sanar el karma, se puede transformar el karma, pero solo si elegimos girar la rueda siguiendo otro rumbo». Larry ofrece estos tres poderosos mantras, flores del jardín de su corazón, para apoyar un camino profundo, personificado y vivo de sanación racial:

«Plántate en la casa de la pertenencia.

No actúes como si esta no fuera tu tierra. No actúes como si no pudieras asumir la responsabilidad porque te parezca evidente que los mandatarios y los poderes que deberían estar a cargo de esta tierra en este momento son absolutamente incompetentes. Así que, ¡levántate! Actúa como si fueras un verdadero ser humano. No dejes que los mensajeros del racismo sistémico definan tu vida por ti. No dejes que definan tu poder por ti.

Toma asiento en la mesa de la sanación y la transformación.

Mi abuela decía: "No dejes que un tonto te quite el asiento". Toma tu asiento. Estate presente y cuida de ti mismo; ámate a ti mismo. A medida que te ames y te cuides, ese amor se expandirá hacia afuera. Se derramará a tu alrededor con una fragancia de santidad.

Cabalga los vientos del cambio, sin miedo.

Actúa como los valientes de antaño que no conocían el miedo. Abraza su salvaje resistencia y su visión sobre lo que podemos hacer juntos para sanar el karma racial de Estados Unidos.»

Estos vigorosos mantras de libertad y empoderamiento nos llaman a cada uno de nosotros a poner de nuestra parte para dar espacio y voz a aquellos cuyas súplicas de justicia e igualdad están siendo silenciadas o ignoradas. A la luz del interser, cada uno de nosotros tiene un papel que desempeñar en la transformación de nuestra consciencia racializada. Como dice Larry, todos tenemos que hacer un trabajo interior y exterior.

———————————*t.d.

El mundo como *koan*

Con una comunidad, nos apoyamos mutuamente para mirar profundamente en nuestra situación real y tratar de encontrar una salida. En los círculos zen se practica el *koan*. Un *koan* debe ser algo que te interese profundamente, tu preocupación más honda. Quieres comprender. Quieres transformar. Sostener un *koan* en tu corazón y en tu mente es como ser alcanzado por una flecha. De pie o sentado, despierto o dormido, llevas la flecha clavada en la carne. Un *koan* debería ser así. Lo sostienes día y noche, abrazándolo, mirando profundamente en él. Y un día llegará la visión profunda, comprenderás y te liberarás.

Es posible abordar el sufrimiento en Oriente Medio, o la injusticia racial, o el sufrimiento del planeta como un *koan* para toda la humanidad. Sin embargo, como familia humana, hemos estado demasiado ocupados para hacerlo. Como individuos y como sociedad, prestamos cierta atención a estas cuestiones urgentes, y luego nos dejamos distraer por la siguiente crisis, el siguiente gran problema.

Para trabajar con un *koan* no basta con utilizar el intelecto. Un *koan* debe estar enterrado en lo más profundo de tu mente. Debes ser capaz de movilizar toda tu fuerza, toda tu energía, toda tu plena consciencia y concentración para abrazar la dificultad, la situación, el profundo sufrimiento que es tu *koan*. Día y noche, a cada momento, haz tan solo eso: abrazar profundamente, con ternura.

Un día conseguirás un gran avance. La visión profunda puede venir de ti, o puede ser una expresión de la visión profunda colectiva. Cuando la práctica de un *koan* tiene lugar en el ámbito comunitario, se vuelve muy poderosa. Por eso, cuando organizamos una conferencia siguiendo el espíritu budista, tiene que organizarse en forma de retiro, con tiempo para la meditación sentada y la meditación caminando en silencio. Debe haber horas de contemplación para alimentar nuestra visión profunda. Nos abrimos a la realidad, abrazamos lo que escuchamos y experimentamos, y con esa energía de concentración, habrá más visión profunda.

¿Individual o colectivo?

En mi opinión, todo el siglo xx se caracterizó por el individualismo: cada cual para sí. Yo he entrenado a mis estudiantes de forma muy diferente. No nos formamos como individuos; nos formamos para desarrollar comunidades. Aprendemos a vivir juntos, a hacer cosas juntos y a cultivar el despertar juntos. Todo lo que hacemos, lo hacemos juntos. Si la próxima generación consigue diferenciarse de las anteriores, será porque sabrá hacer las cosas juntos. Mi deseo más profundo es que la generación joven pueda ser diferente: que aprenda a estar unida y a actuar unida. Todo lo que hagan puede hacerse con espíritu de comunidad.

Al igual que una flor de loto está hecha de muchas moléculas y todas las moléculas se unen en armonía para producir hermosas hojas y flores, también una comunidad puede reunir a personas individuales para dar lugar a un todo universal. Si quieres crear una sociedad pacífica, feliz y compasiva, tienes que visualizar una comunidad universal. Aprende a actuar como en un río. Si puedes hacerlo, cambiarás el mundo.

Hay una tendencia a resistirse a la idea de una comunidad como organismo porque queremos seguir aferrándonos a nuestra persona, a nuestro yo. Todavía no estamos preparados para vivir la vida de una célula en el cuerpo de la comunidad. Esto requiere un gran giro, una gran transformación. En mi propia vida, cuanto más reflexionaba y profundizaba en la sabiduría de Buda y en la forma en que organizaba su comunidad, más claramente veía el camino de la práctica.

En el momento en que obtuve esa visión profunda, adquirí una nueva mirada. Contemplé a mis amigos y estudiantes de una manera muy diferente. Vi que *yo soy ellos y ellos son yo*. Y vi que todo lo que hago, pienso y digo tiene por objeto alimentarles y transmitirles la visión profunda. En el futuro, el hecho de que yo esté o no esté ya no será un problema porque he penetrado en la visión profunda del no yo. Ya no hay discriminación entre los demás y yo, ya no hay resistencia. Aceptas a los demás como te aceptas a ti mismo. Y en una relación así, puedes ser muy feliz.

Queremos tener una comunidad joven que sea capaz de transformar el mundo y proteger a la Madre Tierra; que sea capaz de reducir el sufrimiento y promover más salud física y mental; que sea capaz de llevar la práctica a las escuelas, a las empresas e incluso al ejército. Podemos llevar la plena consciencia a todas partes, no como una religión, sino como una práctica que puede aliviar a todos los miembros de la sociedad.

Despertar para hacer posible un futuro

Si queremos ayudar a la sociedad a transformar la intolerancia, la discriminación, el ansia, la ira y la desesperación, podemos hacerlo siguiendo las orientaciones éticas de los cinco entrenamientos de la plena consciencia: una práctica concreta de amor y compasión verdaderos que muestra claramente el camino hacia una vida en armonía con los demás y con la Tierra.

Muchos de nosotros sentimos rabia y frustración cuando vemos la destrucción del medio ambiente, la injusticia y la desigualdad, y nos sentimos desesperados porque no parece que seamos lo suficientemente fuertes de forma individual para cambiar nuestra forma de vida. Reunirnos en comunidad nos ofrece una forma de aunar nuestra energía y actuar en sincronía. Nuestra práctica colectiva puede aportar transformación y sanación a nosotros mismos y a la sociedad.

El budismo es una fuente de sabiduría, una larga tradición de práctica de la comprensión y el amor, no solo de devoción. El espíritu del Dharma está muy cerca del espíritu de la ciencia; ambos nos ayudan a cultivar una mente abierta y no discriminatoria. Cualquiera puede contribuir al despertar colectivo, sea cual sea su cultura, sus raíces espirituales o sus creencias. La práctica de *maitrī*, de la bondad amorosa, la amistad y la unión está en la base del camino.

Solo con el despertar colectivo tendremos la fuerza suficiente para realizar los cambios que necesitamos a fin de protegernos a nosotros mismos y al planeta. Nada puede lograrse sin la energía de la unión, de la hermandad. Es fundamental para cambiar el momento presente y cambiar el futuro. La hermandad es una especie de monumento, y su construcción requiere tiempo. Pero si hay hermandad, hay esperanza.

El futuro le pertenece a la generación joven. Tienes que despertar. Puedes ser algo y hacer algo ahora mismo para ayudar. No desesperes. Siempre hay algo que puedes hacer. Aún hay una oportunidad. Así que reconoce lo que tienes que hacer, hazlo y tendrás paz.

Vive,
sé el milagro

EPÍLOGO

Ya tenemos más que suficientes bodhisattvas

El *Sutra del loto* cuenta una historia sobre un bodhisattva cuyo nombre es Gadgadasvara, que significa «sonido maravilloso». Es músico y compositor y sirve al mundo con su música. Dice la leyenda que Gadgadasvara es un bodhisattva que reside en otro planeta. De vez en cuando, mientras estaba sentado con su *sangha,* el buda Shakyamuni utilizaba su rayo de plena consciencia para adentrarse en el cosmos y ponerse en contacto con diferentes mundos. De ese modo, los bodhisattvas y budas de otros planetas llegaron a ser conscientes de que en este pequeño planeta Tierra había un buda enseñando.

Cuando el Bodhisattva Sonido Maravilloso recibió un rayo de luz de Shakyamuni, miró y vio el planeta Tierra, con Buda y su asamblea en el Pico del Buitre, y quiso visitarlo. Muchos otros bodhisattvas se unieron a él. Antes de su llegada, hicieron aparecer miles de enormes y hermosos brotes de loto alrededor del Pico del Buitre. Todo el mundo se preguntaba por qué aparecían de repente aquellos hermosos lotos. El buda Shakyamuni explicó: «Parece que tenemos visita». Y les habló del Bodhisattva Sonido Maravilloso.

En Plum Village también practicamos la música. La música puede crear armonía en nosotros mismos y en la comunidad. A veces hay muchas voces en nuestro interior que quieren expresarse y hablar a la vez. Al concentrarnos en la música de nuestra respiración, podemos apaciguar y armonizar todas las voces. Cuando la comunidad practica la meditación unida, el silencio y la respiración profunda y consciente se vuelven una música que disfrutamos juntos. No estamos haciendo nada; solo mostramos nuestro ser, nuestra plena presencia, y somos conscientes de la presencia de los demás. Eso ya es suficiente para nutrir y sanar. Por eso, la música a veces puede ser muy silenciosa. Puede calmar las cosas. Puede curar. Y el Bodhisattva Sonido Maravilloso es una persona que ha practicado profundamente la música sagrada a lo largo de muchas, muchas vidas.

El bodhisattva Gadgadasvara y sus amigos se manifestaron en el Pico del Buitre, presentaron sus respetos a Buda y ofrecieron los saludos del buda de sus tierras. Se dieron cuenta de que nuestro planeta es pequeño y, sin embargo, contiene mucho sufrimiento. Pudieron ver al buda Shakyamuni trabajando duro para ayudar a aliviar el sufrimiento, y muchos de ellos se ofrecieron para quedarse y ayudar. Fueron muy amables. Pero Shakyamuni les dijo: «Gracias por su buena voluntad, pero tenemos suficientes bodhisattvas aquí para cuidar de nosotros mismos». Y en ese momento, Buda miró profundamente en la Tierra y de repente muchos maravillosos bodhisattvas (cientos de miles de ellos) brotaron de ella. Todos se quedaron asombrados.

Shakyamuni estaba ayudando a todos a ver la dimensión última. En la dimensión última, la duración de la vida de un buda es ilimitada, y la tuya también lo es.

Esta imagen del *Sutra del loto* es un medio hábil para ayudarnos a tocar la dimensión última, a vernos a nosotros mismos en la dimensión última, a ver a Buda, nuestro maestro, en la dimensión última y a darnos cuenta de que contamos con suficientes hijos e hijas de la Tierra para cuidarla.

No estés tan seguro de que en la Tierra solo haya hijos e hijas de la Tierra. Quizá haya seres vivos de otros planetas. Los meteoritos pueden haber traído consigo vida incipiente. Y así, en la Tierra puede haber vida que no haya nacido exactamente de la Tierra, sino que haya llegado con los meteoritos y se haya naturalizado.

El *Sutra del loto* refleja una impresión muy clara de que somos un pequeño planeta, y de que Buda es uno de los hijos de este planeta. Él quiere cuidar del planeta y tiene muchos discípulos dispuestos a sostener la Tierra con ternura en sus brazos y a cuidarla. No hay que temer que no tengamos suficientes personas para cuidar nuestro hogar, el planeta Tierra. Sabemos cómo hacerlo. La bodhisattva Avalokiteshvara es hija de la Tierra y demuestra que la humanidad es muy capaz de abrazar el sufrimiento de la Tierra y preservar su belleza y las maravillas que contiene. Todos somos hijos de la Tierra y deberíamos cuidarnos unos a otros. Debemos cuidar de nuestro entorno. Y con una comunidad y en unión, esto es posible.

Esta mañana los pájaros saludan alegres al sol naciente.
¿Sabes, hijo mío, que las blancas nubes
flotan aún en la bóveda del cielo?
¿Dónde estás ahora?
En la tierra del momento presente
la ancestral montaña sigue en pie todavía,
aunque la ola, crestada de espuma,
esté llegando aún a lejanas orillas.
Vuelve a mirar: me verás en ti y en cada hoja,
en cada botón de flor.
Si dices mi nombre, me verás al instante.
¿A dónde vas?

Esta mañana, el viejo franchipán ofrece sus perfumadas flores.
En verdad, tú y yo nunca estuvimos separados.
La primavera ha llegado.
Los pinos se han vestido de nuevas y verdes agujas
y en el lindero del bosque,
los ciruelos silvestres se han cubierto de flores.

Extracto del poema En el lindero del bosque
Thich Nhat Hanh.

PALABRAS FINALES:
TÚ ERES EL FUTURO

Hermana Chan Khong

Como muchos de ustedes, yo también he sido joven, llena de determinación para cambiar la situación de sufrimiento en mí misma, en mi familia y en el mundo. Y, sin embargo, a menudo, cuando conseguía lo que creía «correcto», era a un alto coste para mí y para mis relaciones cercanas. Solo cuando conocí a Thay aprendí a lidiar con esos momentos difíciles en los que me sentía perdida, abrumada por la ira, el miedo y la desesperación. Thay me enseñó a recordar siempre que debía volver a la respiración, permanecer solo con la respiración, desde el interior. De este modo podemos ser lo mejor de nosotros mismos: podemos ser *calma* y hacer surgir una mente clara. Entonces, justo en ese momento, pueden manifestarse en nuestro propio corazón un profundo despertar y compasión, y es posible ver y tocar ese despertar y esa compasión también en el corazón de esa persona que llamamos «enemiga».

En ese preciso momento en el que estás perdido en la ira, el miedo o la desesperación, recuerda que el despertar y la compasión siempre están presentes en ti, en ese mismo instante. Es posible entrar en contacto con lo que es sagrado en ti, ya lo llames Dios, Alá, Brahma o naturaleza búdica. Entras en contacto con esta energía y vuelves de inmediato a tu inhalación y exhalación conscientes, y permaneciendo en silencio, sin hacer nada ni decir nada, incluso sin pensar. Quédate con tu sola inhalación y exhalación durante unos momentos y podrás tocar esa realidad de paz, compasión y claridad mental que ya está presente en lo más profundo de ti.

Esta semilla de despertar y de amor está ahí en ti y en todas las personas y todas las especies de la Tierra. A veces se nos olvida. Esa semilla puede estar perdida en lo más profundo de nuestra consciencia. Pero cuanto más tiempo puedas quedarte en paz con tu inhalación y exhalación, más crecerá en ti un refugio seguro de paz y compasión. Al inhalar, tocas profundamente esa semilla de compasión y bondad amorosa en ti; y al exhalar, irradias esa energía de compasión y bondad amorosa a los que te rodean y al mundo. Esa es la energía de la bodhisattva Avalokiteshvara que se manifiesta en ti.

Nunca olvidaré aquella madrugada en Vietnam, cuando encontré los cuerpos de mis cuatro amigos fusilados a orillas del río Saigón. En aquel momento me sentí abrumada por la ira, el miedo y la desesperación. Pero fui capaz de centrar la atención en mi respiración durante varias horas, sin tratar de pensar, de culpar, de gritar o de maldecir. Invoqué el nombre de la bodhisattva Avalokiteshvara e hice todo lo posible por tocar las semillas de amor, paz y compasión que había en mí. No fue fácil. La desesperación era abrumadora. Pero seguí volviendo a mi respiración y poco a poco creció en mí una profunda quietud y calma. Una suave paz me inundó el corazón, y junto con mis colaboradores encontré la manera de responder a los atacantes con amor, comprensión y perdón. Cuando la quietud se instaló en mí, me di cuenta de que solo actuaban siguiendo órdenes; no querían hacerlo, pero se vieron obligados a matar. Cuando en el funeral hablamos de nuestros queridos amigos, los informadores de los atacantes estaban presentes. El amor de nuestros corazones tocó el amor que había en los suyos, y no volvieron a atacarnos. Desde ese día, en todo nuestro trabajo comprometido siempre nos hemos encontrado con numerosos bodhisattvas a lo largo del camino.

Si yo puedo hacerlo, tú también puedes. Cada vez que recibas noticias devastadoras, o seas testigo de una injusticia, o te sientas impotente y lleno de desesperación, te pido que recuerdes, en primer lugar, volver a tu inhalación y exhalación conscientes. No hagas nada ni digas nada hasta que hayas tocado esa calma, esa paz, ese amor.

La Madre Tierra te necesita ahora mismo. Ella está pidiendo tu ayuda. Eres su amada hija, su precioso niño, y necesita que seas amor, que seas luz, que seas paz. Tienes luz en ti. Tienes la energía de los bodhisattvas en ti. Si hay en tu vida una dimensión espiritual, podrás mantener el equilibrio y vivir profundamente en cada momento, apreciando esta vida que te toca vivir. Y con esa energía, podrás actuar para proteger el planeta y proteger a los demás. Juntos, es posible hacerlo. No seas un guerrero solitario. Encuentra a tus aliados y construye una comunidad allí donde estés. La Madre Tierra y nuestros ancestros espirituales y terrestres cuentan contigo. Te están transmitiendo su energía de amor y confianza, y te acompañarán en cada paso del camino.

AGRADECIMIENTOS

Este libro es el fruto de una comunidad espiritual diversa y vibrante que trabaja unida para dar a conocer el rico cuerpo de enseñanzas de Thay. Desde su derrame cerebral en 2014, Thay ha sido un guerrero, un sabio silencioso y una fuente inagotable de amor, confianza y apoyo mientras continuamos su trabajo. Ofrecemos primero a Thay la más profunda reverencia de agradecimiento y respeto, así como a todos nuestros maestros y maestras ancestrales, por mostrar a nuestra generación el camino que hay que seguir.

Nos gustaría dar las gracias al equipo principal de editores de Plum Village que trabajó junto con la hermana True Dedication aportando a este libro sus hábiles ediciones, sus profundas visiones, su orientación creativa y su audaz visión, ayudando a seleccionar enseñanzas de Thay y a desarrollar los comentarios: el hermano Phap Dung («monje Arquitecto»), la hermana Lang Nghiem («hermana Héroe»), el hermano Phap Linh («hermano Espíritu») y Jo Confino. Si la flecha de este libro se ha acercado a su objetivo, es gracias a ellos.

No es una tarea pequeña investigar y editar un manuscrito mientras se participa activamente en la vida monástica, y estamos profundamente agradecidos a la comunidad extendida por su apoyo y confianza. En particular, damos las gracias a nuestros monásticos vietnamitas, que han ayudado a traer la tradición viva del zen vietnamita a Occidente, y han hecho posible que estas auténticas enseñanzas lleguen hoy a una nueva generación. También nos gustaría dar las gracias a los numerosos bodhisattvas de la comunidad Wake Up, a la *sangha* Sostén de la Tierra y a la *sangha* ARISE por ser pioneros en la búsqueda de nuevas formas de hacer realidad la justicia climática, la práctica espiritual, la construcción de comunidades y la sanación del planeta. Su ejemplo inspirador ha informado todo el libro, y muchas de las poderosas enseñanzas contenidas en estas páginas surgieron de la voluntad de Thay para guiarlos.

Por sus profundas enseñanzas, que han enriquecido los comentarios, quisiéramos expresar nuestra gratitud a la hermana Chan Khong, a la hermana Chan Duc, a la hermana Jina, a la hermana Kinh Nghiem, a la hermana The Nghiem, al hermano Phap Huu, al hermano Phap Lai, al hermano Phap Luu, al Dr. Larry Ward, a Cheri Maples, a Jerker Fredriksson, a John Bell, a Glen Schneider, a Kaira Jewel Lingo y a Christiana Figueres. Por ofrecer generosamente su amor, confianza y ánimo en las etapas finales de elaboración del manuscrito, la hermana True Dedication desea dar las gracias a Judith y Patrick Phillips, Rebekah Phillips, la hermana Huong Nghiem, la hermana Thoai Nghiem, la hermana Le Nghiem, la hermana Luc Nghiem, la hermana Tri Nghiem, Sashareen Morgan, Shantum y Gitu Seth, Denise Nguyen y Paz Perlman.

Nos gustaría expresar nuestra gratitud al equipo de HarperOne y a Gideon Weil por su compasión y positividad, y por tener fe en este libro desde su inicio; y a Sam Tatum, Lisa Zuniga e Yvonne Chan por aportar paciencia y habilidad a la producción y al diseño del libro. Gracias a la agente literaria de nuestra comunidad, Cecile Barendsma, por su orientación y sabios consejos más allá de cualquiera de sus obligaciones; y a la hermana Trai Nghiem, nuestra coordinadora de publicaciones, por conducir el libro hasta su publicación con habilidad, amabilidad y gracia. Nos gustaría mostrar nuestro agradecimiento a nuestros amigos de la Fundación Thich Nhat Hanh y de Parallax Press por compartir generosamente sus recursos y por permitirnos citar el libro del Dr. Larry Ward, *America's Racial Karma: An Invitation to Heal*, y las entrevistas con Cheri Maples en *The Mindfulness Bell*. Gracias a Helen Civil y al equipo de *The Resilience Shift* por su amable permiso para citar la entrevista de Seth Schultz y Peter Willis con Christiana Figueres en el episodio 23 del podcast *Resilient Leadership: What Does the Future of Resilient Leadership Look Like*. Y gracias al equipo de *Climate One* de *The Commonwealth Club* por su amable permiso para citar la entrevista de Greg Dalton en el podcast con Christiana Figueres: «*A Conversation on Mindfulness and Climate*».

Por último, nos gustaría dar las gracias a todos los que han asistido a los retiros, han estado entre el público de las charlas de Thay, le han hecho preguntas o han leído sus libros, y que están llevando activamente estas enseñanzas a sus vidas. Porque ustedes están ahí, todo es posible.

Plum Village

Conecta con la comunidad internacional de Thich Nhat Hanh

Para noticias, retiros en línea
y sesiones de plena consciencia
en persona, visita:
plumvillage.org

Descarga la aplicación Plum
Village para meditaciones
y relajaciones gratuitas:
plumvillage.app

THICH NHAT HANH FOUNDATION

Plating seed of Compassion

La Thich Nhat Hanh Foundation es una fundación benéfica dedicada a continuar las enseñanzas y el legado del maestro zen Thich Nhat Hanh. Al apoyar a la Fundación, te unes a muchos otros que quieren aprender y compartir sus transformadoras prácticas de plena consciencia y budismo comprometido, y que generan un cambio en nosotros mismos, en nuestra sociedad y en nuestro planeta. Para saber cómo puedes ayudar a apoyar su legado y suscribirte a nuestro boletín comunitario, visita: **tnhf.org**.

Sumérgete en la plena consciencia en un retiro residencial en uno de los centros de práctica de Thich Nhat Hanh en Estados Unidos:

Monasterio Deer Park, Escondido, California: deerparkmonastery.org
Monasterio Magnolia Grove, Batesville, Misisipi: magnoliagrovemonastery.org
Monasterio Blue Cliff, Pine Bush, Nueva York: bluecliffmonastery.org

286 • ZEN Y EL ARTE DE CAMBIAR EL MUNDO

Para saber más sobre los centros de Europa y Asia: plumvillage.org

Descubre las redes internacionales de budismo comprometido en la tradición de Thich Nhat Hanh:

Earth Holders:

Una iniciativa por una justicia terrestre consciente.

earthholder.training

ARISE:

Despertar a través de la raza, la interseccionalidad y la equidad social.

arisesangha.org

El movimiento Wake Up:

Jóvenes budistas y no budistas por una sociedad sana y compasiva.

wkup.org

Wake Up Schools:

Cultivar la plena consciencia en la educación.

wakeupschools.org